Charles Brook Dupont-White

Essais sur les relations du travail avec le capital

essai

ISBN : 978-1511751339

10 9 8 7 6 5 4 3 2 1

Charles Brook Dupont-White

Essais sur les relations du travail avec le capital

essai

Table de Matières

Chapitre I.

Défaveur où est tombé le libéralisme, c'est-à-dire la doctrine du droit individuel préféré au droit de l'État. — Avènement d'un dogme nouveau. La charité dans les lois. — Influence que ce dogme exerce sur la politique, l'administration, la littérature ; et qu'il doit exercer sur l'appréciation du rapport des salaires aux profits. — Gravité de cette question dans une société dont la grande affaire et de produire. — Énoncé du problème que présente ce rapport. — Énoncé de la solution et des éléments dont elle résulte.

Il s'est fait de nos jours une insigne découverte, celle du peu que vaut la Liberté.

Paradoxe et blasphème, allez-vous dire.... Nous en appelons de cet arrêt à une simple distinction qui sera toute notre apologie.

Certaine liberté est excellente sans doute, mais seulement celle qui signifie *gouvernement d'une nation par elle-même*. — Que si l'on entend par ce grand mot *le moins de gouvernement possible*, il n'y a là qu'une chose médiocre et trompeuse.

La liberté, pour quelques esprits, c'est la faiblesse du gouvernement, l'humilité de son rôle, la pauvreté de ses attributions. Peu leur importe que le pouvoir soit l'élu et le surveillé de la nation, leur maxime n'en est pas moins celle-ci : le tenir constamment en échec et en défiance ; substituer en toute matière l'action des individus à celle de la société ; exclure l'État de tout ce qui concerne le culte, l'enseignement, les travaux publics, et lui interdire notamment toute intervention dans les choses d'industrie.

C'est ce genre de liberté qui semble désormais frappé de défaveur, et dont l'expérience nous signale chaque jour les lacunes, les imperfections, les impuissances.

Que le pouvoir s'abstienne, qu'il soit inactif et par cela même inoffensif, c'en est assez pour le très petit nombre que la nature ou la fortune ont bien traité ; c'en est trop peu pour les masses qui veulent être non-seulement épargnées, mais assistées, et qui perdent à cette inertie du pouvoir leur meilleure chance de tutelle et de réhabilitation.

Autrefois, on le sait, le pouvoir avait la prétention d'exister par lui-même : il était propriété plutôt que magistrature, et à ce titre l'abus était de son essence. De là quelques publicistes ont conclu qu'il fallait circonscrire et entraver tout pouvoir que le bonheur et la dignité des peuples étaient uniquement à ce prix ; que le progrès n'avait pas d'autre voie à suivre, ni d'autre triomphe à désirer. C'est parmi eux que le gouvernement s'est appelé un *mal nécessaire*.

Étroite et fausse logique, comme si toute souffrance tenait aux institutions ! Comme si la nature n'avait pas fait les hommes inégaux en tous sens, c'est-à-dire esclaves nécessaires, victimes prédestinées les uns des autres ! Laissez donc force au pouvoir pour corriger l'œuvre vicieuse de la nature : Tout en le constituant sur d'autres bases, tout en assurant l'emploi tutélaire de cette force par des garanties d'élection et de contrôle, laissez-la lui vive et intacte pour les fins essentielles de la société, c'est-à-dire pour la protection de toute faiblesse, pour la répression de tout égoïsme.

S'en prendre à la nature du pouvoir des vices de son organisation ; le réputer malfaisant par essence, tandis qu'il ne l'est que par l'accident de sa constitution, telle fut la méprise de ces publicistes.

Les grandes assemblées de la révolution n'avaient eu garde de se fourvoyer de la sorte. Avec un juste sentiment de toute la mission de l'État, elles avaient dit : *liberté, égalité, fraternité.* C'est-à-dire, non-seulement le pouvoir sera l'élu de la nation, non-seulement il cessera de favoriser le patricien, mais encore il prendra sous son aile, il couvrira de sa protection, cette immense majorité du peuple vouée jusque-là aux spoliations et aux avanies : à l'œuvre de la délivrance, il ajoutera celle de la réparation.

Or, nous avons à cette heure l'égalité : c'est chose acquise que la ruine des castes, que le triomphe du niveau légal. — Nous acquérons chaque jour plus de liberté car chaque jour nous prenons plus de part à la collation et à la direction du pouvoir. — Mais l'exercice de ce pouvoir pour le bien du plus grand nombre, son effort constant pour la réhabilitation des masses, la fraternité, en un mot, voilà ce qui manque à l'exécution du programme révolutionnaire. — Est-ce assez que tous soient égaux devant la toi ? Est-ce assez même que cette loi ne soit plus l'œuvre d'un homme ni d'une caste, si elle permet, sous prétexte de liberté, les oppressions qu'elle ne consacre plus, et si le droit du plus fort, banni des institutions, peut revivre spontanément, et se déployer tout à l'aise dans des mœurs et dans des œuvres nouvelles ?

Chapitre I.

De cet espoir trompé, de cette illusion perdue une science est née, qui n'est point la politique, car elle n'a nul souci de l'équilibre et de la division des pouvoirs, — ni l'économie politique, car la distribution des richesses n'est que l'une de ses voies, — ni la philosophie de l'histoire, car à ses yeux la loi du développement social est toute trouvée : cette loi, c'est le progrès, et ce progrès, c'est tout spécialement celui des masses, en bien-être et en dignité.

Qu'on l'appelle science sociale ou autrement ; qu'on lui conteste même le nom de science, il importe peu : toujours est-il que *la charité dans les lois* est une donnée qui de nos jours a fait école, et qu'en dehors même des sectes socialistes, elle a mis dans tous les cœurs un trouble, un souci, une émotion inconnue au sujet des classes souffrantes. Relever et améliorer leur sort est aujourd'hui la préoccupation de tous, et en quelque sorte un cas de conscience publique. Point de matière si spéciale, point de débat si sec, point de production si légère où l'on ne sente que cette inspiration a passé par là. Elle n'est que d'hier, et elle éclate déjà de toutes parts — Administration, affaires, littérature, elle pénètre et modifie tout. Rien ne lui résiste, ni la malveillance des partis, ni l'optimisme des bureaux, ni la frivolité du roman. Nous en appelons ici à des souvenirs, à des impressions toutes récentes.

N'a-t-on pas vu l'opinion la plus ennemie du gouvernement actuel , le convier de toutes ses forces à exécuter lui-même les chemins de fer : grand moyen sans doute d'influence politique, grande disposition de places et de traitements, laissée aux mains du pouvoir, mais aussi moyen unique et infaillible d'admettre les classes inférieures au bénéfice de ces nouvelles voies, et de leur assurer par le bas prix du transport le prix le plus élevé de leur travail, transportable désormais à l'appel et au gré de toute demande.

Si le pouvoir, sollicité dans ce sens par un sage ennemi, n'y a pas précisément abondé, il n'a pas répudié non plus l'esprit de cette politique. Loin de là, il s'en est montré tout empreint et tout inspiré dans un curieux document où brillent les vues les plus hardies et les plus originales. Telle est en effet le rare mérite de la circulaire ministérielle qui soumettait naguère aux conseils généraux diverses questions de paupérisme et de charité légale.

Là, tout est digne de remarque — soit la franche initiative qui propose des créations tout à fait neuves, telles que maisons de retraite, recevant des pensionnaires à certaines conditions d'âge et de capital une fois versé ; telles encore que la substitution du prêt gratuit sur simple caution, au prêt sur gage des Monts-de-Piété — soit la subvention qui encourage les associations de charité vouées au patronage de diverses catégories d'indigents, — soit enfin la promesse de doter et d'ériger en personnes publiques les associations de secours mutuels entre ouvriers.

À chaque pas, on le voit, le concours de l'État, la munificence du budget sont offerts, engagés, imposés en quelque sorte.

Grave symptôme que ces questions mises officiellement à l'étude : si le pouvoir y prend garde, il faut croire que le sentiment public les lui a dénoncées depuis longtemps. Cet indice d'ailleurs n'est pas le seul qui témoigne de l'état des esprits. La littérature dans ses œuvres les plus légères, le roman dans sa forme la plus répandue, ont accueilli, ont propagé cette émotion qui les gagnait de toutes parts, et le feuilleton lui-même s'est mis en frais de plans et d'aperçus pour le bonheur des masses. C'est que chez un peuple libre, la littérature comme le gouvernement est une expression de la société : nul sentiment ne peut agiter les âmes qui n'aboutisse à des livres ou à des lois, qui ne soit inspiration pour l'artiste, ou impulsion pour l'homme d'état [1].

Parmi les controverses qui relèvent de cette matière, il en est une qui se recommande à plus d'un titre, assez précise pour faire état des faits acquis à la science économique et pour exclure la divagation sentimentale, assez compréhensive en même temps pour justifier et pour rallier toute investigation, toute critique, tout aperçu relatif à la condition des classes inférieures, — il s'agit des recherches qui ont pour objet les relations du travail et du capital.

Les salaires et les profits ont-ils les mêmes lois de hausse et de baisse, ou bien des lois distinctes ; ou bien même des lois contraires et ennemies ?

Quel que soit le rapport de ces deux termes, hostilité ou solidarité, quels sont les faits généraux en possession de le régler ? — Quelles lois élèvent ou abaissent ces deux termes, soit conjointement, soit contrairement ?

Telles sont les questions qui naissent à ce sujet et que l'on se propose

1 Lorsque l'incrédulité religieuse s'exprima en vers pour la première fois, lorsque Lucrèce fit son poème, il y avait longtemps sans doute que les Romains ne croyaient plus à leurs dieux, et que les Augures échangeaient le sourire proverbial dont parle Cicéron. Si un livre atteste une opinion, la forme du livre en atteste la consistance, la popularité, la diffusion. On ne met en vers ou en roman, on ne destine à tous que ce qui peut flatter les goûts et les sympathies de tous.

Chapitre I.

d'étudier ici.

Froides et sèches, dans leur énoncé, elles n'en cachent pas moins un des plus grands soucis de notre époque ; car il s'agit de démêler s'il y a identité d'intérêt entre le travail et le capital, ou bien si ce sont deux intérêts toujours distincts, souvent hostiles et antipathiques l'un à l'autre ; si le capitaliste et l'ouvrier marchent dans les mêmes voies, aux mêmes périls et fortune ; ou bien s'ils se rencontrent sur le terrain de la production, soit comme ennemis déclarés, soit tout au moins avec des chances qui se combattent et s'excluent essentiellement, alors même que la lutte demeure occulte et inaperçue.

Ramenés ainsi au cœur même des ennuis et des irritations qui troublent la société, nous avons devant nous un de ces problèmes pleins d'angoisses qui pèsent sur elle comme une menace ou comme un remords.

Cette inquiétude des âmes, cette alarme des intérêts, qui est le trait saillant de l'époque actuelle, il est malaisé de s'en rendre compte. On a peine à concevoir cette persistance d'imprécations ou plutôt même cette recrudescence de colère et de sarcasme qui s'élève et gronde à l'envi contre les classes supérieures. La querelle de Riche et Pauvre doit-elle donc s'éterniser ? N'y aura-t-il jamais amnistie et tolérance pour cette vénérable antithèse, victorieuse de tant de lieux communs, éprouvée par tant d'assauts qui l'ont laissée debout sur sa base immuable de fait primitif et nécessaire ? L'inégalité des conditions, ce vieux grief qui devrait être à bout d'invectives et de rhétorique, aurait-il encore dans ses flancs quelque diatribe inédite, quelque nouvelle pâture à l'usage des rêveurs et des énergumènes ?

L'humeur ni le dédain n'ont jamais résolu une question.

La vérité est que ce débat, aussi ancien que le monde, s'est transformé de nos jours, et que, dans sa nouvelle donnée, il s'est rajeuni, il s'est passionné au-delà de toute expression.

Ce qui est venu s'ajouter à l'antique controverse, le voici :

Le riche, au lieu seulement de jouir, s'est imaginé de produire ; au lieu de consommer le travail du pauvre pour un service tout personnel, dans un but d'ostentation ou de sécurité, il le consomme aujourd'hui dans un intérêt d'argent et de lucre qui est celui de toute production, c'est-à-dire qu'il le lui marchande sous l'empire de la passion la plus âpre et la plus intraitable. Ajoutez que le premier conseil de cette passion, que l'élément le plus certain de ce bénéfice, est la réduction du salaire ; que les lois économiques les mieux constatées n'ouvrent guère d'autre voie à l'accroissement des profits, et vous concevrez toute la révolution survenue dans les rapports du pauvre avec le riche ; vous démêlerez sous ce nouvel emploi de la richesse le nouvel abus dont elle est susceptible. — Tandis qu'autrefois l'intérêt du riche était de ménager le serviteur pour le bien même du service ou du relief qu'il en attendait, son intérêt dans la donnée actuelle est de faire à l'ouvrier le sort le plus misérable, c'est-à-dire d'acheter au plus bas prix le concours de cet auxiliaire, la collaboration de cet instrument ; intérêt évident et fatal, car tout ce qui sera ôté aux frais de production, sera autant d'ajouté au gain du producteur.

Nouveauté, avons-nous dit, que cet avènement de la production ; nouveauté radicale en effet, bien que de tout temps les hommes aient fait des tissus et des récoltes. Un économiste a pris la peine de comparer la production moderne à celle des sociétés antérieures dans quelques industries capitales, fer, coton, transport, mouture de blé : sur ce dernier point, par exemple, il a trouvé que le progrès, depuis Homère, a été dans le rapport de 1 à 144, et encore ce progrès est-il, à l'entendre, un des plus insignifiants.

Soin frivole, en vérité ! C'était chose claire à priori, ou s'il fallait une démonstration, les éléments en étaient ailleurs. L'altération profonde des croyances, le renouvellement politique de la société, voilà qui répondait de l'essor de la production. Les peuples pouvaient-ils changer de religion, de philosophie, de gouvernement, et rester fidèles en même temps au régime économique où ils languissaient depuis tant de siècles ? C'est là qu'il faut saisir et constater l'évidence du progrès.

Jusqu'à nos jours, toutes les époques, toutes les philosophies, toutes les civilisations n'avaient eu qu'une voix pour flétrir le travail. Servile, ignoble ou futile, tel il apparaissait à des sociétés qui ne prisaient que les armes, les lettres ou les soins de la vie à venir. La Grèce et la Germanie, le christianisme et la féodalité ne lui accordaient que tolérance et dédain. Si le consentement universel était le critérium de la vérité, il n'y en aurait pas de mieux établie que l'indignité de cet agent de la production. Mais l'humanité a désormais d'autres sentiments et d'autres doctrines. Le déclin des idées chrétiennes qui glorifiaient la souffrance, des idées spiritualistes qui niaient la douleur, des idées féodales qui appelaient la lutte et le combat, l'abolition des gênes hostiles au travail, le déplacement révolutionnaire de la propriété, telles sont les influences qui préparèrent dans les esprits et dans les faits la réhabilitation de l'industrie. Sur ces ruines et avec ces appuis, on a vu grandir et triompher une tendance jusqu'alors comprimée, celle qui entraîne tout vers le bien-être et la jouissance. De là d'abord la démocratie, c'est-à-dire la société prenant possession d'elle-même, de peur de subir un maître qui la détournât de cette fin ; de là ensuite la production, c'est-à-dire l'appropriation des moyens au but poursuivi.

La science n'a pas fait défaut à cet instinct social. Le dix-huitième siècle, celui ou s'est consommée cette révolution, a vu naître une théorie qui classait le travail parmi les fonctions sociales les plus éminentes, et cette théorie eut pour premiers adeptes les plus grands esprits, les plus nobles cœurs de cette époque. — Ce n'est pas tout : à la suite d'un philosophe célèbre qui ramenait tout à l'utile comme loi suprême, comme dernier mot des sociétés, une secte encore plus célèbre a traduit utilité par production. C'est ainsi que le saint-simonisme, né de Bentham, entendait et professait la prééminence souveraine de l'industrie. La réaction est allée jusque là dans certains esprits : Les faits et les œuvres l'ont suivie de près. — Que le sort des dernières classes en soit aggravé, il y aurait hérésie sans doute à le soutenir. Que la suprématie du riche soit moins humiliante que celle du noble, nous en convenons sans peine. Mais toujours est-il que cet état de choses, à défaut d'avanies, a ses mécomptes, ses désastres même, et comme chacun les impute volontiers à l'état du salaire, il en résulte une habitude de malveillance et d'hostilité entre les divers agents de la production, habitude qui doit mettre son empreinte et donner le ton partout, puisque partout le travail et l'industrie ont pris possession de la société.

Inutile d'approfondir ici les dangers de cette situation, la rectitude de ces sentiments : on aura lieu d'y revenir plus tard, en poursuivant le sujet partout où il mène ; quant au sujet lui-même, voici, sans plus d'exorde, comment on pense résoudre les questions dont il se compose et que l'on a énoncées plus haut.

Le rapport des profits avec les salaires est un rapport d'hostilité.

Cette hostilité résulte de ce que le taux des profits est en raison inverse de celui des salaires, les profits baissant quand les salaires montent, et s'élevant quand les salaires descendent. Delà, un effort permanent du capital, soit pour obtenir un bénéfice en réduisant le prix du travail, soit pour éviter une perte en résistant à son élévation. Les faits généraux qui régissent ce rapport, les lois qui président à cette lutte et qui en décident l'évènement, sont :

1°   L'état de l'offre et de la demande du travail, ou plutôt l'état respectif de la population et des capitaux. Quand le progrès des capitaux dépasse celui de la population, il en résulte une demande de travail qui, supérieure à l'offre, détermine la hausse des salaires et par conséquent la baisse des profits, et vice versâ ;

2°   Le prix des produits agricoles. — Il a pour effet de surveiller les salaires, dans le cas d'une élévation préexistante ;

3°   L'impôt. — Il ne saurait affecter les choses de première nécessité à l'usage du travailleur, sans entraîner dans des cas déterminés la hausse des salaires avec la baisse des profits.

Ainsi se résument les lois qui tantôt élèvent les salaires aux dépens des profits, tantôt les réduisent à l'avantage de ceux-ci.

Avant de les étudier à l'œuvre, justifions d'abord soit la réalité, soit la nature du fait qu'elles gouvernent, du rapport qu'elles régissent.

Chapitre I.

Chapitre II.

Hostilité des salaires et des profits, démontrée par la réduction qu'inflige aux profits la hausse des salaires. — Cette réduction résulte de l'obligation où se trouve le capital de supporter cette hausse sans répétition contre le consommateur. — Hausse des prix impossible ou infructueuse. — Impossible, parce qu'elle demanderait un surcroît de numéraire. — Infructueuse, parce qu'en présence de prix plus élevés, la consommation irait décroissant.

Que le profit ait ses destinées à part, qu'il ait même des lois de hausse et de baisse essentiellement hostiles à celle du salaire, c'est ce qui paraît au moindre examen de ses éléments constitutifs. Aucune notion n'est plus simple. Le profit c'est la différence entre ce que coûte et ce que vaut une chose, entre le chiffre des frais de production et celui de la valeur vénale, ou pour parler la langue du commerce, entre le prix de revient et le prix de vente. Il suit de là que tout ce qui élève les frais de production, le prix de revient, est dommageable au profit, et que tout ce qui les abaisse lui est favorable. Ajoutons que le travail fait partie intégrante de ces frais, et la conséquence se déduit d'elle-même. Tout ce qu'il reçoit en moins est une addition, tout ce qu'il reçoit en plus est une réduction faite au profit. Où l'un s'abaisse, l'autre s'élève, et *vice versâ*. Peut-on imaginer une antipathie plus flagrante, un antagonisme mieux caractérisé ?

Il est donc vrai de le dire, c'est un rapport d'hostilité qui divise ces deux termes.

Mais ce premier aperçu ne va pas sans quelques difficultés. Les hommes à prétentions pratiques, contestent non-seulement la nature de ce rapport, mais le rapport lui-même. Ce sont deux termes, à les entendre, étrangers l'un à l'autre, qui n'ont aucune occasion de se nuire ni de se servir, aucun contact de sympathie ni de collision. Les salaires haussent-ils ? Le fabricant élève ses prix au prorata de la hausse, et ses profits demeurent les mêmes qu'auparavant. Les salaires viennent-ils à baisser ? La concurrence détermine de la part des fabricants une baisse de prix proportionnelle ; les plus pressés de vendre en donnent l'exemple que les autres sont obligés de suivre sous peine de non vente, et les profits ne sont pas plus élevés qu'avant cette baisse. — Dans les deux cas, il n'y a d'autre intérêt en jeu que celui du consommateur. C'est lui qui supporte la hausse du salaire en payant tout plus cher ; c'est lui qui profite de la baisse en achetant tout à meilleur compte. Les profits demeurent complètement étrangers à ces vicissitudes, et ne sont jamais exaltés par la baisse des salaires, ni réduits par leur élévation. Comment dès lors apercevoir l'ombre d'une relation entre les salaires et les profits, entredeux termes dont l'un est immuable, et dont l'autre est sujet à d'incessantes alternatives ?

Raisonner ainsi, c'est s'en tenir à la surface des choses, c'est se payer d'une illusion. — Supposons d'abord qu'il s'agisse d'une hausse générale des salaires, déterminée par une influence qui se fasse sentir également partout et non pas d'une hausse accidentelle bornée à certaines localités, à certaines branches d'industrie. — Étant donné que les salaires sont partout à la hausse, l'entrepreneur de travail pourra-t-il conserver le même profit en élevant ses prix ? Non sans doute, car tout producteur en fera autant ; chacun vendra plus cher ses produits, mais aussi achètera plus cher tous ceux qui lui sont indispensables, soit comme consommation personnelle et domestique, soit comme approvisionnement de matières premières : à ce compte la supériorité des prix de vente est un avantage neutralisé par la supériorité des prix d'achat, et toutes choses se balançant de ce côté, la hausse des salaires, demeurée sans compensation, doit réduire d'autant le chiffre des profits.

La hausse des prix tromperait donc l'attente des entrepreneurs de travail. Ajoutons qu'elle est impossible et qu'elle n'a jamais lieu, car elle ne saurait ne s'effectuer sans un surcroît de numéraire. Il faudrait pour chaque échange une plus grande quantité de monnaie, puisque chaque objet échangé serait évalué à plus haut prix. Les marchandises devenues plus coûteuses ne sauraient circuler sans de nouveaux agents de circulation, tout comme si elles étaient devenues plus nombreuses et plus abondantes. Or, comment se procurer ce surplus de métaux avec des denrées renchéries ? Il est clair que sur les marchés étrangers où l'on irait demander de l'or contre ces denrées, ce renchérissement serait une défaveur, une exclusion même, et que les espèces métalliques préféreraient l'échange contre d'autres articles offerts à meilleur comptes.

Ainsi l'élévation des prix, calculée sur celle des salaires, serait non-seulement, infructueuse, mais impraticable, et la tentative même, en est interdite aux producteurs.

Mais l'on nous dira peut-être : si les industriels en élevant leurs prix ne gagnent rien les uns sur les autres (puisque tous pratiquent cet expédient), au moins est-il constant qu'ils gagnent quelque chose sur les classes non industrielles, tels que les fonctionnaires publics, les créanciers de l'état et généralement sur quiconque loue à forfait ses services et ses capitaux. Condamnées à payer tout plus cher, ces diverses catégories de personnes n'ont pas de revanche à prendre en vendant quelque chose plus cher à leur tour.

Cette dernière assertion est contestable jusqu'à un certain point. Si les denrées éprouvaient une hausse générale, le traitement des fonctionnaires publics recevrait sans doute une augmentation proportionnelle ; ce ne serait que stricte justice. Or, comme cette augmentation se résoudrait en un accroissement d'impôt et que la classe des producteurs en porterait sa part, il est évident que cette première catégorie, parmi les non-industriels, serait indemnisée de la hausse des marchandises et d'une indemnité prélevée en grande partie sur la classe manufacturière.

Quant aux capitalistes, créanciers de l'état, l'avantage obtenu sur eux ne serait que momentané et donnerait lieu à d'inévitables représailles. Rançonnés par la hausse dont il s'agit, ils mettraient désormais un plus haut prix aux capitaux que leur emprunte le gouvernement et ne manqueraient pas d'en exiger un intérêt plus élevé. Or, comme la dette publique est toujours défrayée par l'impôt, cette élévation de l'intérêt viendrait augmenter les charges de la classe industrielle, et réduire d'autant ses profits, sur une des catégories de personnes qui semblent destinées entre toutes à les endurer sans répétition.

En ce qui touche les capitalistes, créanciers des particuliers, les éléments de leur revanche sont encore plus assurés et plus infaillibles. Les particuliers emprunteurs sont en général éminemment producteurs, et ils ont en outre ce désavantage qu'ils n'empruntent pas à perpétuité comme les gouvernements. Que s'il leur plaît d'élever le prix de leurs produits, il plaira sans doute à la classe des prêteurs, quand viendra le jour de consentir ou de renouveler un prêt, d'élever le loyer de leurs capitaux. On vit en Angleterre, pendant les premières années de ce siècle, une hausse générale sur le prix de toutes les denrées sous la double influence de la dépréciation du papier monnaie et de la plus value des céréales ; mais en même temps, selon le témoignage de Mac Culloch, le gouvernement empruntait à 10 p. 100, et l'on peut juger, par les conditions imposées à l'État, de celles que subissait le crédit privé [1].

Ces aperçus ne font au reste qu'atténuer l'objection. La vraie réponse, la solution décisive est ailleurs : elle est tout entière dans ce fait indubitable que les classes non industrielles réduiront leurs consommations au fur et à mesure de la hausse des prix. Que faire avec des ressources demeurées les mêmes en présence d'un renchérissement universel ? L'unique parti à prendre est de s'abstenir, de se priver. Si la hausse n'était que partielle, et si elle portait sur un objet de première nécessité, [2] sans doute la consommation n'en diminuerait pas ; il y a tel autre objet moins désirable qui serait sacrifié à celui-là. Mais dans l'hypothèse d'une hausse générale des prix, il doit y avoir réduction générale de la consommation, à moins qu'on ne suppose des classes entières (les plus éclairées peut-être de la société), saisies de vertige et courant à leur ruine par les voies de la dissipation et de la prodigalité.

Si les fonctionnaires et les rentiers, contraints d'acheter toutes les denrées, plus cher, en achètent une moindre quantité, la hausse des prix n'allègera en rien la perte infligée aux profits par la hausse des salaires. Le profit supérieur de chaque opération en particulier, ne compensera pas le déclin des profits sur toutes.

En résumé, oui les classes dont il s'agit seront indemnisées de la hausse générale des denrées par un surplus, soit de traitement, soit d'intérêt, ou bien elles réduiront l'importance de leurs consommations, ou bien elles recevront une indemnité partielle et pratiqueront une réduction partielle. — De quelque côté qu'on se tourne, on ne peut échapper à l'une de ces trois hypothèses. Or, toutes trois condamnent le producteur à supporter seul la hausse des salaires et lui interdisent d'en rien rejeter sur aucune portion de la communauté.

Cette considération capitale d'une consommation décroissante, là où les prix s'élèvent, répond à plus d'une difficulté ; elle s'applique aussi bien, au cas d'une hausse partielle des salaires, c'est-à-dire bornée à quelques branches d'industrie. Celles-ci ne sauraient, sous ce prétexte, élever leurs prix et s'assurer par là les mêmes profits qu'auparavant, car elles perdraient à vendre peu ce qu'elles gagneraient à vendre cher. — Il faut répéter ici ce que nous avons dit plus haut de l'exception

1 Voir les Notes sur Adam Smith. — Édition ; Guillaumin, tome I, page 455.

2 Tel que les denrées alimentaires, et surtout les céréales. Nous verrons plus tard que le propriétaire échappe par le monopole naturel dont il jouit, à cette obligation de supporter sans répétition la hausse des salaires.

Chapitre II.

permanente que comportent les denrées de première nécessité.

Ainsi la hausse des salaires entraîne la dépression des profits. Le rapport est constant entre ces deux faits, dont l'un ne peut apparaître sans susciter l'autre.

Faut-il achever de répondre à l'objection ? Faut-il montrer que la baisse des salaires élève les profits et que le rapport de subordination déjà observé entre ces deux termes se retrouve encore dans cette seconde hypothèse ?

Les mêmes arguments y suffiront.

Si la baisse des salaires devait entraîner celle des prix, la hausse des profits ne serait pas moins constante, car la baisse de tous les prix dédommagerait chaque producteur de celle qu'il subit sur les siens, et toutes choses demeurant égales de ce côté, il lui resterait comme addition nette à son profit celui qu'il fait sur la réduction des salaires. Voilà ce qui se passerait si les prix pouvaient baisser sous l'influence dont il s'agit ; mais ils ne baisseront pas, si l'approvisionnement de numéraire est demeuré le même.

À quoi bon, en effet, un changement dans les prix quand la valeur relative de toute chose n'a pas subi de variation ? Pourquoi ce changement serait-il une baisse quand il y a même abondance de métaux que par le passé ?

Il faut sans doute que les prix changent et que la valeur des choses s'exprime en plus ou moins de monnaie qu'auparavant, quand il est survenu un changement dans leur valeur relative et qu'il est nécessaire d'exprimer cette modification.

Ainsi c'est le propre d'un pays avancé, que l'agriculture y devienne progressivement plus coûteuse, à raison du surcroît de travail et de capitaux qu'elle absorbe. Il est naturel, dès-lors, que la supériorité de valeur de ses produits sur ceux des manufactures marque une différence dans leurs prix respectifs et s'évalue en numéraire.

On conçoit encore un mouvement général de hausse ou de baisse dans les prix, quand les métaux destinés à l'appréciation opèrent un mouvement général de retraite ou d'affluence.

Rien de plus simple que la baisse universelle des prix chez un peuple qui est dans une période de déclin et d'appauvrissement, tel, par exemple, que le peuple espagnol. Inférieur en industrie aux autres peuples, il achète leurs produits, non pas avec les siens (il n'en a pas ou il n'en a guère), mais avec son or ou son argent. De là, l'abaissement nécessaire du prix de toutes les denrées : devenus plus rares, les métaux deviennent plus exigeants ; il leur faut en échange une plus grande quantité de marchandises. Mais en toute autre occurrence, l'altération des prix serait une anomalie, un phénomène inexplicable sans cause et sans but.

En résumé, les prix n'ont à se modifier et ne se modifient en effet que quand les choses changent de valeur, soit entre elles, ce qui dépend du plus ou moins de travail employé à les produire, soit à l'égard des métaux, ce qui dépend de l'abondance ou de la rareté de ceux-ci.

Si l'altération des prix est impossible et serait inefficace pour balancer les pertes ou les gains échus au capital en présence des vicissitudes du salaire ; si le prix du travail n'agit pas sur celui des marchandises, mais seulement sur le taux des profits, le rapport des profits aux salaires est chose constante et avérée. Nous verrons tout à l'heure quelle qualification il comporte.

Chapitre II.

CHAPITRE III.

Objection. — Rapport sympathique des salaires et des profits : ceux-ci ne peuvent hausser sans déterminer une plus grande production, une plus grande demande de travail et finalement des salaires plus élevés. — Réponses : 1° La hausse des profits doit au contraire déterminer les capitaux à quitter l'emploi productif pour l'emploi voluptuaire : si l'on produit pour gagner, on ne gagne pas pour produire, mais pour jouir. — Exemple de la Hollande et de l'Angleterre. — 2° La hausse des profits et l'emploi des machines sont deux faits qui se tiennent : or, il est de l'essence des machines de nuire au travail : cet effet ne cesse que dans l'hypothèse d'un grand débouché extérieur ouvert aux produits mécaniques. — Aveu de Malthus à cet égard : or, cette hypothèse est une chimère. L'industrie tend partout au niveau. — Aptitude et penchant général des peuples à se pourvoir eux-mêmes. La diffusion des lumières, le mélange des nations, la grandeur des États, la variété de leurs produits, le progrès des arts mécaniques chez les uns, le bas prix de la main-d'œuvre chez les autres, conditions d'égalité ou du moins d'indépendance industrielle entre tous les pays. — Faute de débouchés pour nos fils de lin mécaniques, la machine à filer le lin n'a vu d'autre effet en France que de réduire à la misère la population bretonne qui faisait métier de le filer à la main. — Observation à ce sujet d'un économiste officiel. — Les machines ne furent inoffensives pour le travail que dans les circonstances tout exceptionnelles qui signalèrent la lutte de la France et de l'Angleterre. — Étrange erreur de prendre ce prodigieux accident pour une règle, erreur née en Angleterre et qui passera comme ont passé déjà les illusions de même origine sur le papier monnaie et l'amortissement.

Les considérations précédentes nous révèlent la nature du fait en même temps que le fait lui-même. C'est un rapport de lutte et de collision essentielle qu'il y a entre les salaires et les profits : l'équilibre, le parallélisme, pour ainsi dire, est exclu de leurs relations, le travail ne pouvant obtenir de meilleures conditions sans nuire au capital, ni en subir de plus fâcheuses qui ne soient à l'avantage de celui-ci. Mais cette solution justifiée comme on vient de le voir, ne l'est encore qu'à moitié ; il lui faut subir en outre l'épreuve et le contrôle des objections. Nous n'en saurions prévoir de trop vives et de trop spécieuses.

Charles Brook Dupont-White

Dangereuse méprise, nous dira-t-on, que cette prétendue hostilité du capital et du travail. Suivez jusqu'au bout leurs relations normales, et vous y verrez reparaître la sympathie, la solidarité la plus intime. Quelle que soit la lutte apparente qui les divise, le niveau et l'harmonie ne constituent pas moins le fond et l'essence même de leurs rapports. Cela tient à la nature des choses et aux lois les plus constantes de la production. — Que les profits s'élèvent, il en résultera plus de fonds applicables à la production entre les mains des capitalistes, une plus grande demande de travail, enfin des salaires plus élevés : de telle façon que cette élévation des profits, fût-elle obtenue par la réduction des salaires, ne saurait nuire à ceux-ci ; finalement le capital restitue au travail ce qu'il lui a pris. — D'un autre côté, les profits s'abaissent-ils ? Tout diminue du même coup, capitaux, demande de bras, salaires : en sorte que si cette baisse dérive des prétentions excessives du travail, elle ne lui rapporte qu'un avantage précaire et passager. Ainsi le capital et le travail ne peuvent commettre d'entreprise l'un sur l'autre, sans une compensation prochaine et nécessaire. Où trouver dès lors deux intérêts mieux équilibrés, plus identiques et plus étroitement solidaires ?

Telle est l'objection dans toute son énergie. Arrêtons-nous à la considérer sous ses divers aspects, et cherchons d'abord si c'est chose sérieuse que la restitution promise aux salaires.

Il est une réflexion qui s'offre ici dès le premier pas : cette promesse, dût-elle se réaliser, ne corrigerait nullement l'état de lutte, le rapport hostile des profits aux salaires, signalé tout-à-l'heure. Il n'y aurait pas moins entre eux collision incessante, d'abord pour ôter le plus possible, aux salaires, ensuite pour leur restituer le moins possible. — La restitution aurait sans doute cet avantage que le débat ne se terminerait pas toujours au préjudice de l'une des parties, que la défaite et l'oppression ne lui seraient pas invariablement destinées. Quoi qu'il en soit, le fait même de l'antagonisme n'est nullement ébranlé ni méconnu par l'objection ; la lutte persiste, en présence et en dépit de la donnée qui lui sert de base.

Cette donnée même n'est d'ailleurs qu'une hypothèse fort gratuite.

Riche de ses entreprises sur le salaire, le capital, dites-vous, étendant la sphère de sa production, appelant à lui plus de bras, enrichira le travail à son tour et lui restituera, par une pluie de salaires plus abondante, tout ce qu'il avait absorbé de sa substance.

C'est ainsi qu'on fait souvent l'apologie de l'impôt. Écoutez certains docteurs : le fisc ne prend que pour rendre ; le contribuable ne fait que semer pour recueillir. Plus un pays se charge de contributions, plus il s'assure de prospérités. Que sais-je ? N'a-t-on pas célébré l'impôt comme le meilleur des placements ?

Je reproche à l'objection son étroite parenté avec ces sophismes célèbres, avec ces dérisions trop fameuses. Réparations ou vengeances collectives m'inspirent peu de confiance : les unes et les autres vont rarement à qui de droit.

En supposant même de meilleurs salaires là précisément où on avait pesé la réduction du salaire, est-il certain que la compensation vienne à temps, et que la justice (qui atteint toujours la faute) ne soit pas tardive pour la souffrance ? N'oublions pas les belles paroles de Turgot sur « ces avances du pauvre au riche, « dont l'attente est accompagnée de toutes les langueurs de la misère. »

Vicieuse et tardive trop souvent, cette restitution est d'ailleurs des plus incertaines. Ce n'est pas chose assurée, il s'en faut, que ce retour vers l'emploi productif de tous les capitaux acquis par la hausse des profits. Sans doute il en est beaucoup dans un pays livré à l'industrie, qui reprendront cette direction ; mais aussi, que de profits se liquideront pour se dépenser noblement, à l'abri des chances et des disgrâces de l'industrie ? C'est même, à vrai dire, l'inévitable fin de toute production. Si l'on produit pour gagner, on ne gagne pas pour produire indéfiniment, et la célèbre variante de Basile semble faite tout exprès pour les capitalistes. Mortelle atteinte dès-lors à cette prétendue restitution, à cette inévitable indemnité qui le lendemain d'un échec attend le travailleur !

On sait par des exemples fameux combien de circonstances peuvent intercepter l'emploi productif du capital acquis par la production. À la fin du dernier siècle, les Hollandais avaient, dit-on [1], 15 cents millions placés dans les fonds publics de toute l'Europe. Qu'est-ce que cela signifie, sinon que les profits hollandais avaient mieux aimé se prêter à l'étranger que de subir l'élévation des salaires qui est un fait propre à ce pays ? Quant à l'Angleterre, ce qu'il faut noter là, c'est l'immense absorption de capitaux, opérée par les emprunts ! Que de millions

---

1 *Rev. Britannique,* 2ᵉ série, t. I, p. 205.

Charles Brook Dupont-White

enlevés à la pratique ou à la commandite de l'industrie, pour passer sur le continent comme subsides de guerre ! Que de richesses crées par la production s'en détournèrent, attirées par l'intérêt élevé que l'État offrait à ses créanciers ! Combien il y eut de profits prélevés sur le travail, qui au lieu de le féconder comme éléments d'une plus grande demande, restèrent aux mains des capitalistes comme éléments de plus grandes jouissances.

Ainsi la hausse des profits n'a pas pour conséquence forcée une plus grande demande de travail et des salaires plus élevés. Lorsque les profits sont faits sur les salaires, ce qui est le cas habituel, il n'y a pas une loi de restitution inhérente à cet abus et qui vienne nécessairement le corriger. Les bienfaits de la rosée, après les sécheresses de l'absorption, seraient une image peu exacte de ce qui se passe dans le monde économique.

Au surplus, il est un obstacle autrement grave à ce nivellement des salaires et des profits, à cette demande supérieure du travail qui est l'hypothèse fondamentale de l'objection, ce sont les *machines*. La même ferveur de production, le même amour du gain, la même parcimonie des frais généraux, qui mesurent de si près la part du travailleur, sollicitent de tous côtés la découverte et le perfectionnement de cet auxiliaire. Vous ne verrez pas les profits s'élever, les capitaux grandir, l'industrie se tendre et s'exalter, sans que la puissance, la rapidité, l'économie des engins ne viennent répondre à cette fièvre des esprits, à ce déchaînement de toutes les entreprises. C'est le caractère de notre époque, et la mesure de toute civilisation que l'essor du travail mécanique.

Or, le triomphe des machines, c'est l'exclusion du travail humain, c'est du moins une grave altération dans la demande de travail qui s'était faite jusque-là. L'histoire de l'industrie, ou plutôt l'industrie elle-même, telle que nous la voyons fonctionner de nos jours avec ses chômages et ses crises, en est la démonstration vivante.

Serait-ce par hasard un accident tout momentané que le mal fait aux travailleurs par les machines ? Serait-ce un mal qu'elles répareront au centuple, en multipliant la consommation par le bon marché, et en appelant au service des machines plus de bras qu'elles n'en avaient licenciés.

C'est le dire, ou plutôt c'est l'axiome de toute une école : notons cependant que les disciples ont plus dogmatisé là-dessus que les

CHAPITRE III.

maîtres. Il y paraît au sophisme par lequel on généralise des faits de la nature la plus inouïe et la plus exceptionnelle.

Avant d'apprécier ce qu'ils valent, constatons d'abord l'influence intrinsèque des machines sur le prix du travail.

Là où les machines sont préférées au travail de l'homme, c'est apparemment qu'elles sont moins coûteuses. Il en résulte dès lors le bon marché des produits et le progrès de la consommation ; mais nous ne sommes qu'au seuil de la difficulté. Reste à démêler jusqu'où doit aller ce progrès pour accroître, ou même simplement pour maintenir le nombre des ouvriers.

Ici, plusieurs cas sont à prévoir.

Ce progrès sera peut-être uniquement dans la même mesure que le bon marché, la demande doublant, par exemple, alors que le prix des produits se dédouble. — À ce compte, il y a progrès de la consommation ; mais néanmoins le nombre des ouvriers restera au-dessous de ce qu'il était avant l'emploi des machines.

Cela se conçoit aisément : la consommation peut bien croître dans la même proportion que le bon marché, mais le bon marché n'a pas crû dans une proportion aussi forte que l'épargne faite sur la main-d'œuvre, c'est-à-dire que le nombre des ouvriers congédiés ; car la main-d'œuvre n'est qu'un des éléments du prix. La réduction qu'elle comporte ne peut donc être la mesure de la réduction à faire sur le prix lui-même ; ce serait en imposer une à d'autres éléments qui n'ont pas varié et qui n'en comportent pas. Si, par exemple, un produit venant à s'obtenir avec moitié moins de bras qu'auparavant, le prix par cela seul baissait de moitié, il serait uniquement réduit, car il ne rembourserait pas au capitaliste les autres frais de production, tels que matières premières et machines qui sont demeurées les mêmes. De là cette conséquence notable : si l'emploi des machines dans une branche d'industrie y fait baisser les prix, la proportion croissante de la consommation fût-elle égale à celle du bon marché, est nécessairement inférieure à celle des ouvriers licenciés ; car ceux-ci font simplement partie des frais de production qui déterminent le prix, et ce prix ne peut baisser proportionnellement à cette économie toute partielle — d'où il suit en définitif que ce progrès de la consommation, le plus naturel, le plus ordinaire, est impuissant à rappeler les ouvriers supplantés par les machines, bien loin d'en augmenter le nombre.

Charles Brook Dupont-White

Plaçons-nous maintenant dans une deuxième hypothèse, celle où l'appât du bon marché déterminerait une demande de produits mécaniques d'une proportion supérieure à celle de ce bon marché, où, par exemple, la consommation quadruplerait en présence d'une baisse de prix de moitié seulement. Dans cette branche d'industrie, l'accroissement de la demande ramènera peut-être aux ateliers plus de travailleurs qu'ils n'en occupaient avant l'emploi des machines ; mais remarquons-le bien : si la demande s'élève dans une proportion plus forte que le bon marché, c'est que des revenus plus considérables seront consacrés à l'acquisition des produits mécaniques, et détournés apparemment des autres consommations où jusque-là ils avaient l'habitude de se dépenser. Ce qui signifie quelque chose d'assez fâcheux, savoir : le nombre décroissant des ouvriers de certaines manufactures à côté du nombre croissant des ouvriers des manufactures mécaniques.

Telle est la condition nécessaire de ce dernier fait, tant que les produits mécaniques demeureront dans l'enceinte du marché national et à l'usage unique des consommateurs indigènes ; — tel est le prix de ce progrès qui, à vrai dire, n'est qu'un déplacement et non pas une augmentation dans la demande du travail.

Il y a un cas qui fait cependant exception il la règle, c'est celui d'un grand essor de l'agriculture, tel qu'on le vit en Angleterre lorsque la guerre avec la France lui ferma les ports de la Baltique d'où elle tirait une partie de ses graines, ou dans notre pays lorsque le sol passa révolutionnairement à des maîtres actifs et laborieux. Dans de telles circonstances éminemment accidentelles, il est vrai, il y a un surcroît de produits agricoles, échangeable contre un surcroît des produits mécaniques ; il y a une création de richesses foncières qui permet une plus forte demande de ces derniers, sans altérer la demande qui s'adressait à d'autres fabriques, sans diminuer le nombre de leurs ouvriers.

Il faut noter ici une opinion ou plutôt une concession d'une insigne valeur. Malthus a nettement reconnu que le mérite de la production mécanique, à l'encontre du travail, dépendait uniquement du commerce extérieur. De l'aveu même du célèbre écrivain, ce mode de produire n'est inoffensif pour l'ouvrier qu'à la condition de conquérir au dehors de nouveaux marchés. « Il faut convenir, dit-il, « que les grands avantages qui résultent de substituer les machines au travail « manuel, dépendent de l'extension du marché pour les objets produits et du « surcroît d'encouragement donné à la consommation. » Ailleurs il explique comment l'inoccupation des ouvriers et des capitaux remplacés par les machines, serait à craindre, faute d'une surexcitation du commerce extérieur. « En supposant, dit-il, que « sans aucune extension des débouchés étrangers pour nos « marchandises, on pût, par le moyen des machines, obtenir tous les objets dont on « fait usage aujourd'hui, en n'employant que le tiers du travail qu'on y met « actuellement, y a-t-il quelque probabilité que la masse des capitaux sans emploi « pût être avantageusement placée, ou que la masse des ouvriers sans ouvrage pût « trouver les moyens de se procurer une portion suffisante du produit national ? « S'il y avait quelques autres branches du commerce étranger susceptibles « d'acquérir un grand développement par le moyen du capital et du travail qui « n'auraient plus d'emploi, le cas changerait entièrement, et les retours de ce genre « de commerce pourrait fournir des stimulants suffisants pour maintenir la valeur « du revenu national. Mais s'il n'était possible d'obtenir qu'un surcroît de produits « indigènes, il y aurait tout lieu de craindre un ralentissement dans les efforts de « l'industrie. Le paysan qui, pour avoir de quoi s'acheter du thé ou du tabac, « pourrait être disposé à travailler quelques heures de plus, pourrait aimer mieux « ne rien faire que d'avoir un nouvel habit. » Ainsi, la production mécanique n'est favorable aux intérêts du travail qu'autant que de grandes demandes lui sont faites du dehors — c'est à ce prix seulement que la hausse des profits qui engendre ce mode de production, se résoudra en salaires plus élevés, et que l'on verra le travail d'une part, le capital de l'autre, grandissant, si ce n'est ensemble, sous l'influence au moins des mêmes causes.

Il nous reste donc à envisager cette troisième et dernière hypothèse, celle d'un grand commerce étranger qui permette aux machines de déployer toute leur puissance et d'élever la demande du travail, au lieu seulement de la déplacer, comme dans l'hypothèse d'un commerce et d'une consommation toute intérieure. Or, ce grand commerce, qui fut de tout temps une exception, est de nos jours une chimère.

L'industrie tend partout au niveau ; les prohibitions en font foi. On n'exclut les produits du dehors que quand on a où qu'on espère chez soi quelque chose d'équivalent. Comment expliquer ces nouvelles prohibitions établies de nos jours dans les états du Zollverein, aux États-Unis, au Brésil, en Russie, si ce n'est par la conscience d'un

Charles Brook Dupont-White

penchant, d'une aptitude générale à produire ? Tel fut le symptôme du développement de l'industrie en France et en Angleterre, au XVIIe siècle. Colbert et Cromwell n'eurent pas plutôt prohibé les navires et les tissus hollandais, que ces deux pays entrèrent en partage d'une suprématie réservée jusqu'alors à la Hollande.

Ajoutons que la persistance de la paix générale et l'amélioration du droit des gens, assurent toute liberté aux petits États pour leurs relations et leurs traités de commerce.

Est-ce dans un pareil état des faits et des droits qu'un peuple pourrait rêver la fortune de la Hollande ou de l'Angleterre, l'approvisionnement du monde, le monopole de tous les marchés ? Sans supposer même une si énorme prétention, peut-on croire qu'un nouveau produit mécanique resterait longtemps le secret d'un seul pays, et qu'il lui serait donné d'en pourvoir tous les autres ? Il n'en faudrait pas moins pour assurer gain de cause aux machines, et pour réconcilier les intérêts du capital qu'elles servent avec ceux du travail qu'elles supplantent ; mais qui oserait prendre confiance à un tel résultat ? Autant vaudrait nier la diffusion des lumières, le mélange des nations et le discernement de l'intérêt personnel, si inquiet, si éveillé sur tous les moyens de bénéfice. Qu'on suppose ce produit mécanique arrêté au dehors par des droits de douane, et c'en est fait du développement de production nécessaire au progrès du nombre des ouvriers. Qu'on le suppose au contraire librement admis, et vous verrez le fabricant étranger menacé par cette concurrence, rechercher, découvrir et réaliser les mêmes conditions de bon marché. Les partisans de la liberté du commerce ont observé de tout temps cette puissance de l'émulation ; ils en ont fait leur meilleur argument contre le régime prohibitif, contre l'obstacle qu'il oppose au génie de l'invention et à l'avancement des arts industriels, en les dispensant de ces efforts et de cette ardeur. S'il est une fabrication qui semble exclusivement française, c'est à coup sûr celle des soieries ; et cependant elle s'est naturalisée en Angleterre sous le régime de la liberté, en Prusse sous celui de la prohibition [1]. Tout est instrument

---

1 Un des hommes d'État les plus distingués de l'Angleterre a constaté l'état florissant de l'industrie des soies en ce pays, encore que, depuis 1825, l'importation des soieries étrangères y ait été permise moyennant un droit modéré, par un des bills de M. Huskisson (Voir le livre de sir Henri Parnell, *De la réforme financière*, p. 65). – « Pour ce qui est de la soie prussienne, on sait, dit M. Legentil, qu'en général la soie filée par le ver acquiert plus de finesse à mesure que la production s'avance vers le nord. Les fabricants de soieries que nous avons entendus à Berlin, nous ont confirmé cette

CHAPITRE III.

et facilité à des besoins, à des civilisations qui se confondent et se nivellent de toutes parts. — La Bohême elle-même n'a pas conservé l'antique monopole de ses cristaux si renommés. « Tout annonce, dit M. Legentil, dans son rapport sur l'exposition de Berlin, que « nos fabricants sont actuellement en mesure de pourvoir, en fait de verreries, à « notre consommation intérieure. »

À ces principes de nivellement industriel, il faut en joindre un autre qui est peut-être le plus énergique de tout : la hausse croissante des salaires chez les peuples les plus avancés, tandis que dans les pays d'une industrie arriérée, le prix du travail demeure stationnaire. Il s'ensuit que le bon marché est le même partout, obtenu qu'il est d'un côté au moyen des machines, de l'autre aux dépens des salaires. Rien ne ressort avec plus d'évidence du rapport officiel que l'on a déjà cité. C'est par là autant que par ses douanes que le Zollverein s'est soustrait aux importations anglaises.

De petits États qui n'ont ni la quantité, ni la variété des produits ; des gouvernements à bon marché qui usent sobrement du crédit et de l'impôt ; des peuples hostiles aux taxes de consommation, comme aux plus lourdes et aux plus illibérales de toutes, seront enclins ou peut-être même obligés à pratiquer la liberté du commerce : Telle est la condition de la Toscane et de la Suisse [1]. Il n'en est pas ainsi pour de grands États comme ceux que les traités de 1815 ont formé aux dépens de quelques nations abolies ; pour de grands marchés comme ceux que créent les unions douanières ; — ceux-là jouissent par leur étendue ou par leurs difformités mêmes des produits les plus variés et les plus nombreux [2] obérés d'ailleurs par l'effort des vieilles luttes et par les dépenses de la paix armée, insouciants du vœu des populations au sujet de l'impôt, ils peuvent, au grand avantage de leurs finances, et

---

observation, en nous assurant que la soie récoltée dans leurs pays était de première qualité, qu'ils l'achetaient avec empressement, et qu'ils seraient heureux d'en trouver un plus grand approvisionnement. » (*Rapport* adressé au ministre du commerce sur l'exposition des produits de l'industrie à Berlin, p. 125). – Ailleurs, le même document constate que l'industrie allemande est toujours en progrès Pour les tissus de soie et misoie (page 45).

1 Voir, M. Rossi, *Cours d'écon. pol.*, t. II, page 229.

2 On sait le mot de M. de Pradt : « La Prusse, dit-il dans son livre du congrès de Vienne, la Prusse « est semée par petits paquets sur la carte d'Europe Elle n'a qu'une façade sur l'Europe. – Elle « doit, à cette circonstance, de réunir sur ses marchés les vins du Rhin aux chanvres de la « Vistule. »

Charles Brook Dupont-White

sans altérer la soumission ni le bien-être de leurs peuples, se couvrir de droits protecteurs et battre monnaie avec les prohibitions.

Tel est le fait actuel dont il importe de bien saisir toutes les conséquences. Si produire et prohiber sont deux effets qui semblent dériver d'une seule et même cause ; si le premier essor de l'industrie en France et en Angleterre coïncide en effet avec la première apparition du régime prohibitif, la récrudescence universelle de ce régime peut passer à bon droit pour le symptôme d'un élan nouveau, d'un essor général de la production [1].

Il suit de là que les produits mécaniques inventés chez un peuple trouveront au dehors plus de barrières ou de concurrence que de consommateurs ; et que l'extension du commerce étranger, chance unique et favorable des salaires en présence des machines, devient chaque jour plus douteuse et plus problématique.

Restent les faits dont on a tant abusé dans le raisonnement économique, pour en induire que les machines étaient, non-seulement inoffensives, mais même bienfaisantes à l'égard de l'ouvrier. — on croit avoir tout dit là-dessus quand on a cité la première industrie du pays le plus industriel du monde, celle du coton, qui occupe en Angleterre des millions d'ouvriers depuis l'invention des machines, au lieu de quelques milliers seulement qu'elle employait il y a un demi-siècle environ. Voilà ce qu'on répète de toutes parts, et qui semble constituer la loi suprême, le bienfait essentiel de toute production mécanique.

Peut-on imaginer cependant un fait plus exceptionnel, né de circonstances plus fortuites et plus inouïes ? Peut-on oublier que l'Angleterre à la fin du dernier siècle avait pour débouchés toute l'Asie, toute l'Amérique, toutes les colonies de la France, de la Hollande, de l'Espagne ; qu'une partie de l'Europe n'avait plus de vaisseaux et

---

1 On n'aurait garde de se prononcer ici en faveur du régime prohibitif. On se borne à observer certains faits, et à constater, par exemple, que la liberté du commerce ne s'est vue que chez des peuples complètement impuissants à produire, et réduits à tout attendre du dehors, ou bien chez des peuples parvenus au plus haut degré de la puissance productive. Pour les forts, la liberté c'est la domination. C'est ce que l'Angleterre semble sentir de nos jours en conviant l'Europe, par son exemple, à répudier les droits prohibitifs ou protecteurs. Depuis 1842, 579 articles y ont été affranchis de tout droit, à l'entrée, sur 1 152 dont se composait la masse de ces articles : c'est plus de la moitié, ainsi que s'en vantait le ministre de l'intérieur, lorsque se discuta dernièrement la motion de lord John Russell sur la condition des classes ouvrières.

CHAPITRE III.

que l'autre n'en avait pas encore ; que la guerre enfin, sans lui fermer l'Europe (si ce n'est depuis 1806), lui avait livré le monopole de tous les marchés et de tous les transports ? Est-ce là une situation ordinaire, un commerce normal, et si la machine à filer le coton fut bienfaisante pour le travail, sous l'influence de cette prodigieuse demande, est-ce à dire que toute production mécanique le soit essentiellement ?

Ce progrès de l'industrie cotonnière a été observé et commenté de même en France. On a comparé le nombre d'ouvriers employé sous l'Empire par la filature mécanique de Rouen à celui de la filature manuelle d'autrefois. — On n'a oublié qu'une chose dans les données du problème, c'est que l'essor de la filature mécanique et le nombre croissant des ouvriers fileurs coïncidait alors avec le nombre croissant des consommateurs, avec l'extension du marché indigène : 40 millions de Français au lieu de 24, le marché national jusqu'à Hambourg et jusqu'à Rome, la faveur de nos produits partout où régnait notre influence, voilà ce qui encourageait la demande du travail, en présence et en dépit des machines. — Mais sont-ce là des circonstances vulgaires, naturelles, qui viendront toujours à point nommé soutenir les salaires et neutraliser la malfaisance inhérente aux machines ?

Il est périlleux quelquefois de raisonner d'après les faits, et de préférer les inductions de l'expérience aux lumières de la raison. Les faits sont-ils rares, il y a toujours imprudence à les tenir pour des lois. — Que si en outre ils sont complexes, s'ils se présentent entourés de mille accessoires qui en déguisent l'origine et le sens, il est encore moins permis de s'y confier et de les généraliser ; — mais que penser d'une logique qui prend toutes ces licences, lorsque le témoignage équivoque d'un très petit nombre de faits, a contre lui ce que la raison et le bon sens démontrent *a priori* ? N'est-ce point se complaire dans l'illusion et dans l'aveuglement ?

L'opinion accréditée au sujet des machines et du travail, est un mémorable exemple de ces témérités de logique expérimentale.

La production, avec le mode et l'essor que nous lui voyons de nos jours, la production libre et puissante, n'est que d'hier. Elle a des lois, sans doute ; mais a-t-elle eu le temps et l'occasion de nous les révéler, pratiquée par quelques nations seulement, et d'une pratique qui ne remonte guère à plus d'un demi-siècle, dans toute son énergie et toute sa ferveur. Pauvre d'antécédents, la production a surgi d'ailleurs parmi des faits prodigieux de révolution et de guerre universelle qui ont changé la face de l'Europe. Depuis le christianisme et l'invasion des barbares, rien n'avait pesé de ce poids sur le monde et sur les esprits. Or, est-il supposable que l'industrie seule ait échappé à cette influence, et qu'elle ait eu ses allures naturelles, régulières, normales, lorsque tout d'ailleurs en fait d'armée, d'impôt, de population, d'agriculture, de crédit, marchait dans des voies nouvelles et s'élevait à des proportions gigantesques ! D'immenses armées à pouvoir, une population croissante à nourrir, d'énormes capitaux employés comme revenus, les limites des états bouleversés, ici prohibitions absolues, plus loin complète liberté des échanges.... Quelles impulsions, quelles provocations à produire ! Que, malgré les machines, le nombre des travailleurs n'ait fait que croître alors, on le conçoit sans peine ; mais le sophisme est de leur attribuer ce qu'elles n'ont pas empêché ; l'illusion est de méconnaître leur effet naturel, qui est hostile au travail, pour leur faire honneur d'un tout autre effet qui appartient en propre à des influences transitoires, à des évènements tout passagers.

Veut-on rentrer dans le vrai ? Il faut le chercher à une époque où toutes choses ont repris leur assiette, et où l'industrie a retrouvé son cours naturel et régulier.

Demandons au présent ce que valent les machines pour le bien du travail. Nous avons sous nos yeux, et dans notre pays même, un fait qui mérite la plus sérieuse considération : c'est l'influence de la machine à filer le lin. Introduite en France depuis peu, elle a eu pour unique conséquence d'ôter le travail au bas peuple de la Bretagne qui faisait profession immémoriale de le filer à la main. Est-ce un état de choses passager et qui ne tiendra pas devant le bas prix, devant la demande croissante des fils de lin mécaniques ! L'assertion serait téméraire, car il faudrait pour cela un progrès marqué dans la consommation. D'où viendrait-il ? du dehors ? Mais les pays voisins nous ont précédé et nous priment encore dans toutes les branches de cette industrie, sauf celle de la batiste. C'est chose historique et notoire que la supériorité des toiles de Hollande, d'Angleterre et de Saxe. — Du dedans ? Mais ce serait au préjudice des autres tissus. Le travail rendu aux fileurs de lin serait enlevé aux fileurs de coton, de telle sorte qu'enfin de compte la concurrence des machines n'en serait pas moins féconde en malaises et en souffrances. Dernière considération qui n'est pas sans gravité, car elle repose sur des faits analogues constatés en Allemagne par les observateurs si compétents qu'on a déjà cités. « Dans les provinces

CHAPITRE III.

du Rhin, dit M. Legentel, il se fabriquait des toiles d'une très « bonne qualité qui se vendaient sous le nom de toile de Hollande. Ce tissage a été « abandonné et remplacé par celui du coton et de la soie.

Et ailleurs : « il nous reste pour terminer ce chapitre, à dire un mot sur les « rubans de fil. Ils alimentaient autrefois un grand nombre de métiers, notamment « à Barmen, près Elberseld, dont c'était la principale industrie. Il s'en importait « beaucoup en France. Aujourd'hui cette fabrication est bien déchue : le coton a « remplacé le fil et s'est emparé de la presque totalité des métiers (p. 406, 110). »

Au surplus cet enthousiasme irréfléchi pour la puissance mécanique, cette confiance aveugle dans les services qu'elle rend au travail, est loin d'être universelle, même parmi les économistes de l'école libérale. Nous avons vu déjà comment Malthus subordonne l'efficacité des machines, pour accroître, la richesse et la demande du travail, à l'extension du commerce extérieur. Le célèbre écrivain ne s'en tient pas là ; il prévoit avec une rare sagacité une autre cause plus intime du préjudice causé aux salaires par les machines, savoir la consommation essentiellement bornée de certains produits. Les machines y fussent-elles appliquées, ce n'est pas à dire que le bon marché qu'elles portent partout avec elles en élèverait la demande, condition essentielle pour augmenter ou même simplement pour maintenir le nombre d'ouvriers employés à cette production.

Châtellerault a une célèbre fabrique de coutellerie qui depuis peu s'est démembrée et modifiée par l'introduction des machines. Il s'est établi uniquement pour la confection des lames de couteaux, deux usines mues par des chutes d'eau [1], grande économie de main-d'œuvre, grand principe de bon marché. Mais les ouvriers *monteurs* sont seuls restés en même nombre qu'auparavant. Il résulte de renseignements pris sur les lieux mêmes, que dans les autres branches de la même industrie, le nombre des ouvriers est sensiblement réduit. Pourquoi ? Sans doute parce que le produit peu attrayant de sa nature n'était pas de ceux dont le bon marché élève indéfiniment la demande ; parce que les choses d'une nécessité rigoureusement appréciable ne se consomment pas au-delà de cette nécessité ; enfin parce qu'il s'agissait là d'une denrée uniquement faite pour le marché indigène et repoussée des marchés extérieurs par la supériorité des denrées similaires.

---

1 Sur une petite rivière dite le Klein à une lieue et demie de Chatellerault.

Charles Brook Dupont-White

Mais laissons là ce fait pour une hypothèse qui spécifiera mieux la pensée de Malthus.

Supposons de nouvelles machines appliquées à l'agriculture. Voilà le cas d'une altération irréparable dans le nombre des ouvriers, dans la demande du travail, dans le taux du salaire ; car les denrées agricoles, en tant que céréales, ne s'exportent guère ; ainsi point de débouchés au dehors pour rappeler, par le progrès de la consommation, les travailleurs congédiés par le mode de la production. — Au dedans, pas d'avantage, car ces produits s'adressant, non à des passions, à des caprices, à des modes, c'est-à-dire à quelque chose d'insatiable et d'illimité, mais à des organes d'une capacité essentiellement bornée, ne peuvent déterminer le même essor, la même effervescence de demande que les tissus et les cristaux. En résumé, le produit, comme dit Malthus, n'est pas d'une telle nature que sa consommation puisse augmenter par le bas prix. — De là les désastres et les souffrances qu'éprouverait alors le travailleur employé naguère à cette production.

Encore un mot avant de quitter ce sujet, un mot de défense et de précaution qui ne sera pas de trop. — Si les machines ont des adversaires, nous ne sommes pas de ce nombre, nous ne les tenons pas pour les fléaux naturels du travail ; nous ne croyons pas à leur malfaisance innée, à l'endroit de l'ouvrier. Dieu nous garde de tant d'ineptie et d'ingratitude.

Ces engins, qui ont souvent le double mérite d'épargner la peine et de multiplier le produit, ce sont des instruments de progrès et d'émancipation. Ils portent en eux, sous forme de loisir, le bien-être, la dignité, le spiritualisme. Ils appellent le travailleur, allégé dans sa besogne, aux choses d'esprit, aux soins de la famille, au sentiment de la cité. Si le plébéien doit retrouver jamais cette virile attitude, cette fierté de regard qui furent, selon le poète, les attributs de l'homme sortant des mains du créateur [1], c'est aux machines qu'il le devra. Mais si tel est leur effet virtuel, tel n'est point leur effet actuel et positif qui rapporte au maître plus de produits et non plus de loisir à l'ouvrier. Leurs bienfaits finissent au dernier échelon du tiers état qui leur doit un notable surcroît de bien-être et de jouissance : au-delà, tout est préjudice et malfaisance de leur part. Quand il n'est pas supplanté par elles, l'ouvrier n'en est que l'humble annexe, l'auxiliaire insignifiant, déprécié tout

---

1 « Pronaque dùm spectant animalia caetera terram
  « Os homini sublime dedit, cœlum que tueri,
  « Jussit, et erectos id sidera tollere vultus. »

CHAPITRE III.

ensemble et par l'inintelligence des fonctions qu'elles lui laissent, et par le nombre des concurrents qui la lui disputent au rabais. Au lieu du bien qu'elles pourraient faire, voilà le mal qu'elles font, étant donnés les libres rapports du travail et du capital.

Fermer les yeux à cette évidence, fut l'illusion d'un état de choses violent et critique qui suscita bien d'autres erreurs. N'a-t-on pas cru dans le pays même où cet aveuglement a pris naissance, qu'un état pouvait se passer de numéraire ? Comme s'il était humainement possible qu'un papier eût la même stabilité de valeur que des métaux, et que les besoins qui en déterminent l'émission, ne l'exagèrent pas outre mesure ? N'est-ce pas chez le même peuple, sous l'empire des mêmes infatuations, que fut inventée l'insigne folie de l'amortissement ? Comme si l'impôt demandé pour l'extinction de la dette ne serait pas plus fructueux laissé aux mains du contribuable ; comme si toutes les puissances de l'industrie humaine n'étaient pas supérieures à celles de l'intérêt composé, pour créer dans le même temps et avec le même fonds un capital égal à celui de la dette publique.

L'essor fabuleux du commerce extérieur, une immense circulation de produits, une infatigable création de richesses qui triomphait de toutes les prodigalités, telles sont les circonstances qui aveuglèrent la Grande-Bretagne sur les vices de l'amortissement, sur l'insuffisance du papier monnaie et sur les désastres inhérents aux machines [1].

---

1 De nos jours, la politique anglaise est bien revenue de ces aberrations. Nous avons entendu dernièrement un des membres les plus éminents du cabinet tory se faire un titre à la faveur populaire des changements apportés par ce cabinet dans le régime des banques et des monnaies.

« À toutes les époques précédentes de notre histoire sociale, disait sir J. Graham, rien n'affectait « les prix plus matériellement que les quantités continuellement variables de l'agent de « circulation. – Quand il y avait grande augmentation de cet agent, il y avait sans doute en « même temps une apparence de grande prospérité croissante ; mais ce n'était qu'une apparence. « Créée par une émission abusive de papier monnaie et avec trop peu d'or pour le racheter, le « bien qu'elle faisait n'était qu'un avantage purement transitoire ; et quand cette prospérité, « chose inévitable, venait à fléchir, personne ne le sentait plus amèrement, personne n'en « éprouvait un plus cruel effet que les classes ouvrières. – Mais le cabinet peut citer des faits qui « doivent être considérés comme le résultat d'une prudente et sage intervention de la loi, « nommément la position de la banque d'Angleterre aux deux périodes de 41 et 45, relativement « aux lingots et à la circulation :

1841.

	« Lingots	5,000,000 st.
« Billets	16,000,000 st.	

Charles Brook Dupont-White

Parmi ces erreurs et ces bévues, les deux premières ont à jamais disparu du domaine des faits et de celui de la science. Encore quelques épreuves, et peut-être viendra-t-on à la même clairvoyance, en ce qui touche, non pas l'effet essentiel, mais l'effet actuel et déplorable des machines sur la condition du travail.

Ainsi les profits n'ont pas la vertu qu'on leur prête d'élever les salaires en même temps qu'ils s'élèvent eux-mêmes. Il faudrait pour cela que leur élévation déterminât une plus forte demande de travail. Or, deux choses y font obstacle : la première c'est le penchant qu'ils ont à se détourner de l'emploi productif pour l'emploi voluptuaire ; la seconde c'est qu'ils impliquent l'usage des machines, c'est-à-dire d'un procédé qui tend à l'avilissement des salaires, et qui ne les a épargnés que dans des circonstances inouïes dont le retour semble désormais impossible. Il faut donc renoncer à fonder sur cette base la solidarité du travail et du capital.

	1845.
« Lingots	16,000,000 st.
« Billets	22,000,000 st.

« Voilà un point éclairci. Quant aux heureux effets de la mesure de l'année dernière sur les « banques de province en Angleterre, ils sont en cours d'application maintenant aux banques « d'Écosse et d'Irlande, et, par la suite, l'on ne verra plus ces fluctuations dans le cours du « papier, ce dernier inconvénient étant levé par la publicité donnée à l'émission de la plupart des « banques et par les précautions prises pour que cette émission n'excède pas ses moyens. » (Voir les débats sur la motion de lord Russell, relative à la condition des classes ouvrières, et spécialement le discours du ministre de l'intérieur du 26 mail 1845).

CHAPITRE III.

CHAPITRE IV.

La hausse des profits impuissante à déterminer celle des salaires, par le bon marché qu'elle introduit dans le prix des denrées. — Baisse des salaires parallèle à la baisse de ce prix. — Opinions de Turgot et de Necker. — Variation des salaires en France et en Angleterre, conformément à cette loi. — Livre de Ricardo sur ce sujet. — Objection prise de la puissance des mœurs, qui lutte contre la réduction des salaires. — objection empruntée au bien-être actuel des classes inférieures, qui ne permet pas d'y croire. — Réponse : on voit bien comment elles s'habillent, on ne voit pas comment elles se nourrissent. — Statistique officielle sur la consommation décroissante de la viande.

De ce qui précède, on ne peut conclure avec certitude que les salaires et les profits aient chacun leurs voies et leurs chances distinctes. — Il faut voir si la hausse des profits ne détermine point celle des salaires par un autre biais, c'est-à-dire en apportant à la production un surcroît de capitaux et de machines, qui doit entraîner le bon marché des denrées de toute sorte à l'usage du travailleur. La solidarité de ces deux termes, qui ne nous est point apparue jusqu'ici, pourrait se trouver là. Que l'ouvrier reçoive pour prix de son travail plus d'argent ou plus de denrées, l'amélioration du salaire n'en est pas moins constante, et si la seconde hypothèse coïncide avec la hausse des profits, il sera vrai de dire que salaires et profits ont un intérêt commun, identique, une seule et même fortune.

Il y a là quelque chose de vrai, c'est le bon marché qui ne manque jamais aux produits mécaniques ; mais il y a aussi quelque chose de chimérique, c'est l'immobilité du salaire en présence de ce bon marché. Le salaire baisse en pareil cas ; il baisse à cause et au prorata de la réduction qui s'est faite dans le prix des choses consommées par le travailleur.

Sans doute cette loi fléchit et se corrige dans l'application, si le travail est rare et recherché, s'il lui est donné de faire ses conditions ; mais à part cette circonstance, le bas prix du travail suit constamment celui des denrées.

C'est un fait notoire en France que la variation du salaire selon les provinces. Dans celles de l'Ouest et du Midi, le travail coûte moins cher

Charles Brook Dupont-White

à qui l'emploie, qu'en Beauce et en Normandie. La raison en est simple, c'est qu'aussi bien toutes les denrées y coûtent infiniment moins cher au travailleur.

Cet état de choses a marqué sa trace dans nos lois de finances, dans l'assiette toute mobile de l'impôt personnel. Chaque année le budget de recettes, en fixant cet impôt à la valeur de trois journées de travail, laisse le soin aux conseils généraux de déterminer cette valeur pour chaque département, sans qu'elle puisse descendre au-dessous de 75 c., ni s'élever au-dessus de 1 fr. 50 c. ; latitude qui a pour objet évident de mesurer l'impôt aux salaires, et de suivre la matière imposable dans toute les variations qu'on lui connaît. (Loi du 22 avril 1832. Art. 10).

Chez nos voisins, cette loi des salaires est d'expérience et de notoriété, à tel point qu'elle constitue le plus solide rempart de leurs lois céréales si odieuses et si décriées.

Admettez les grains étrangers, disent les partisans de ces lois, et sans doute le prix du blé baissera, mais le prix du travail subira la même baisse ; il n'y aura rien là pour les classes ouvrières dont on fait si grand bruit, et le bénéfice de la mesure ira tout entier au capitaliste. On le comprend : réduit à ces termes, le débat perd toute la gravité que lui prêtaient les grandes raisons de bien public, d'humanité, de salut des masses. Un pays qui a l'innovation si laborieuse, n'y sera guère porté dans un intérêt si médiocre : aussi est-ce contre cette objection qu'a porté le plus grand effort de lord John Russell dans les mémorables débats qu'a suscité sa motion sur le sort des classes ouvrières.

Cette loi, observée de nos jours dans les pays industriels, fut pressentie au siècle dernier par de grands esprits qui n'en furent pas moins de grands ministres. — Il faut entendre là dessus Turgot et Necker.

« En tout genre de travail, dit le premier, il doit arriver, et il arrive en effet, que « le salaire de l'ouvrier se borne à ce qui lui est nécessaire pour lui procurer sa « subsistance. »

À ses yeux, la classe du travailleur était une caste condamnée au strict nécessaire, et dès lors la baisse des salaires devait la poursuivre dans les jouissances attachées à la baisse des denrées. Cette conséquence, Necker l'a déduite et exprimée en termes fort exprès.

« S'il était possible qu'on vint à découvrir une nourriture moins agréable que le « pain, mais qui pût soutenir le corps de l'homme pendant quarante-huit heures, le « peuple serait bientôt réduit à

CHAPITRE IV.

ne manger que de deux jours l'un, lors même qu'il « préférerait son ancienne habitude : les propriétaires de subsistances, usant de leur « pouvoir et désirant multiplier le nombre de leurs serviteurs, forceront toujours les « hommes qui n'ont ni propriété ni talent à se contenter du simple nécessaire. Tel « est l'esprit humain, esprit que les lois sociales ont si bien secondé [1]. »

Assurément, ce sont là de graves opinions, d'imposants témoignages ! Où trouver des observateurs plus compétents, plus éprouvés, plus instruits des affaires et de la science de leur temps ? L'expérience d'ailleurs est venue confirmer leurs théories. L'histoire de l'industrie anglaise a donné pleinement raison à leur sagacité, à leur prescience : on n'en saurait citer de plus concluante, car c'est en Angleterre que se produisirent les plus étranges fluctuations dans le prix des grains, non-seulement en divers lieux, mais à diverses époques fort rapprochées.

La *Revue d'Édimbourg* cite une série d'observations fort curieuses faites par Malthus sur le prix du travail et du blé dans une localité (à Kirkokbridge), ou il n'y avait ni manufactures, ni secours pour les pauvres. Pendant un laps de trente années, ces prix ont offert les vicissitudes et les coïncidences que voici :

Années	Salaire d'hiver	Salaire d'été	Prix du blé – mes. qui contient 11 boisseaux de Winschester		
1793	9 den.	12 den.	2 liv.	15 schel.	0 den.
1798	11	14	3	1	5
1799	12	15	5	1	9
1800	14	16	7	14	0
1802	16	18	3	11	6
1811	18	22	5	8	6 ¼
1812	20	24	6	8	4
1816	18	22	3	19	9
1817	16	20	5	3	1 ½
1819	13	18	non cotés		
1822	12	15	2	7 schel.	5 ¼

---

1 *Sur la législation des grains*, p. 512, ouvrage publié en 1771.

Charles Brook Dupont-White

Ainsi le prix du travail suivait à peu près toutes les variations du prix du blé. De 1816 à 1822, les céréales ont baissé de prix, et pendant la même période de temps, on a vu les salaires diminuer de 39 p. 100. Jusque là, le prix des céréales avait été en hausse, et de son côté le prix du travail s'était singulièrement élevé ; mais la vraie cause de cette élévation des salaires fut l'immense demande de travail qui eut lieu en Angleterre de 93 à 1816, demande motivée par *la manie agricole,* comme dit M. Culloch, qui saisit alors son pays, et par le prodigieux élan du commerce extérieur.

Mais l'écrivain qu'il faut citer entre tous, quand il est question du rapport des denrées aux salaires, c'est Ricardo ; il le mérite à plus d'un titre. Industriel de race et de profession, il est né, il a grandi, il a prospéré au milieu des spectacles et des enseignements de l'industrie. Les traditions qu'il constate furent l'école de sa jeunesse ; les faits qu'il décrit furent l'observation et le calcul de toute sa vie, et si l'on juge du mérite des observations par le succès des calculs, il faut leur accorder une confiance sans bornes, comme la fortune prodigieuse acquise par l'observateur.

Le livre de Ricardo ne ment pas à cette origine ; il respire à chaque page une de ces convictions empressées de se produire, impatientes de se propager, qui ne se forment qu'à la lueur des faits et sous l'obsession de l'évidence. Cette conviction est celle d'un rapport intime entre la baisse des salaires et la baisse des denrées que consomme le travailleur.

« Un des objets que j'ai eu en vue dans cet ouvrage, dit-il, a été de montrer que « par suite de toute baisse dans la valeur des choses de première nécessité, les « salaires du travail doivent baisser [1]. »

Il n'y a pas dans tout le livre de Ricardo une conclusion qui ne se rattache à ce principe.

Veut-il combattre la doctrine d'Ad. Smith sur la mesure de la valeur échangeable ? Veut-il prouver qu'elle ne consiste pas dans la quantité de travail qu'une chose peut acheter ? Il raisonne ainsi : si le prix des tissus venait à baisser, l'ouvrier n'en recevrait pas davantage pour son vêtement, parce que le strict nécessaire, moyennant lequel un ouvrier peut vivre et continuer sa race, est la limite essentielle des salaires. À ce compte, la quantité d'une certaine denrée, qui suffisait avant qu'elle fût à bon marché, suffit après. Si cette denrée est devenue moins coûteuse,

---

1 T. II, p. 298. *Principes de l'économie politique et de l'impôt.*

CHAPITRE IV.

l'ouvrier n'est pas appelé pour cela à en consommer davantage, car *son salaire se réduit au prorata de cette baisse,* et lui ôte les moyens d'une consommation supérieure.

La conséquence qu'on tire de là se devine sans peine. Puisque le travail s'échange toujours contre le même approvisionnement, celui qu'il faut pour les plus stricts besoins du travailleur, il ne peut mesurer la valeur échangeable des choses. Il ne saurait accuser les variations de cette valeur, puisqu'il reçoit invariablement la même quantité de toutes choses, puisque l'abondance des denrées n'ajoute rien à sa consommation, *et que la baisse de leur prix a pour unique conséquence celle de son salaire.*

Le même principe se retrouve dans la célèbre théorie de Ricardo sur le revenu net, unique objet de sa considération et de ses vœux d'économiste. Peu lui importe que le revenu brut soit abondant et fasse vivre un grand nombre de travailleurs : ce revenu est pour lui sans valeur et sans puissance ; car il ne comporte ni l'épargne, ni l'impôt. Comment en effet attendre l'un ou l'autre du travailleur qui ne reçoit de son maître que le strict nécessaire, et dont le salaire doit baisser avec la baisse de prix déterminée par les progrès de l'industrie ?

On ne poussera pas plus loin ces analyses et ces citations. Qui sait Ricardo, ne niera pas l'essence de sa doctrine ; qui sait sa vie, ne méconnaîtra pas l'autorité qu'elle apporte à cette doctrine.

Mais une objection est toute prête : sans doute, nous dira-t-on, le prix des choses de première nécessité règle le prix du travail ; mais il le règle à un taux d'abondance ou de pénurie déterminé par les mœurs et par le climat de chaque pays. Ce qui suffit à l'ouvrier indou ou irlandais, paraîtrait le comble du dénuement au travailleur de France et d'Angleterre. Celui-ci ne subira jamais l'affront d'un pareil salaire. Rien ne se défend mieux que la puissance des usages et des traditions. Il faut bien qu'il en soit ainsi, puisqu'en Angleterre, les pauvres même entretenus par la charité publique, ont un régime alimentaire que leur envieraient les paysans du reste de l'Europe. — La baisse du salaire rencontre donc sa limite dans ces salutaires influences.

On s'expliquera plus tard sur la valeur de ce principe, sur la solidité de cette garantie. Contentons-nous de remarquer ici que cette règle est sans application, alors que la baisse des salaires corrélative à celle des denrées, a pour unique effet de maintenir l'ouvrier dans la même condition qu'auparavant. La baisse dont il s'agit, dans cette hypothèse, interdit sans doute au travailleur le surcroît de bien-être que semblait lui promettre l'abondance et le bon marché des produits, mais sans rien entreprendre sur celui dont il jouissait, sans rien faire pour aggraver sa condition. Comment ne serait-elle pas acceptée, dès-lors qu'elle n'est pas sensible ? Comment serait-elle sentie, dès-lors que l'effet fâcheux de la réduction du salaire est neutralisée par l'effet avantageux du bon marché des consommations usuelles ?

Ainsi l'essor de la production, qui grossit les profits, qui enrichit le capitaliste, ne peut rien pour l'ouvrier et le laisse dans la même situation qu'auparavant.

Étrange résultat, mais dont la recette est des plus simples. Il ne s'agit pas d'établir contre le travailleur, à son intention expresse et à son préjudice exclusif, des prix plus élevés ; il suffit de lui vendre au même prix qu'à tout le reste de la communauté, mais en diminuant ses moyens d'acheter, en réduisant son salaire, et en ajoutant aux profits le montant de l'épargne qu'il eût faite sur ce salaire, ou des jouissances qu'il en eût obtenues. C'est ainsi qu'on intéresse le travailleur au progrès de la civilisation et qu'on l'associe au bénéfice du développement industriel.

Cette conclusion trouvera sans doute plus d'un incrédule.

Eh quoi, nous dira-t-on, ne voyez-vous pas l'amélioration qui s'est faite dans le sort des classes laborieuses ! Habitation, vêtement, outillage, tout a gagné chez elles. Or, ce progrès, c'est le progrès même de l'industrie, qui, plus savante et plus productive, leur livre des produits moins coûteux, et leur apporte plus de bien-être au sein des mêmes ressources. Descendez aux détails : il ne s'est pas réalisé un perfectionnement dans quelques fabriques que ce soit, tissus, verrerie, poterie, quincaillerie, sans que l'ouvrier en ait pris sa part et ressenti le bienfait. Tout en lui et chez lui, rend témoignage de cet amendement. Comment admettre dès-lors la prétendue réduction qui s'opère dans le prix du travail, parallèlement à la moins value des denrées ? Si l'ouvrier a plus de bien-être que par le passé, c'est qu'il peut acheter en plus grande quantité les produits industriels offerts désormais à meilleur compte : s'il le peut, c'est que son salaire n'a pas été réduit, c'est qu'il consiste dans la même quantité d'argent et par conséquent dans une quantité supérieure de denrées consommables. C'est là que gît l'amélioration pour le travailleur, c'est par là que le bon marché des produits, l'essor de la production, le développement de la prospérité publique lui profite

CHAPITRE IV.

tout comme au capitaliste ; enfin c'est là le cas où les salaires et les profits, portés par le même souffle, s'élèvent de concert et partagent la même fortune.

Le fait qui sert de base à l'objection, le mieux qui s'est opéré dans l'habitation et le vêtement de l'ouvrier est chose indubitable ; mais que prouve-t-elle ? Rien absolument, si ce n'est que l'ouvrier reçoit son salaire en argent, et qu'il l'emploie comme bon lui semble. Il reste à examiner si certains de ses besoins plus largement satisfaits aujourd'hui, ne le sont pas aux dépens de quelque autre besoin plus essentiel et plus vital : rappelons à ce sujet un fait des plus significatifs et des plus avérés, la consommation décroissante de la viande [1].

Ainsi il y a surcroît de jouissances d'un côté, mais privation de l'autre. C'est le propre d'une civilisation avancée que le prix croissant des produits alimentaires à côté du prix décroissant des produits industriels ; il s'ensuit que le travailleur peut, en diminuant quelque chose de sa nourriture, ajouter beaucoup à ses autres consommations.

---

1 Si on consulte, en effet, les derniers tableaux publiés par M. le ministre du commerce, et notamment une note sur les bestiaux qu'il a fait distribuer récemment aux conseils généraux du commerce, de l'agriculture et des manufactures, on trouve que la France, qui consommait :

En 1850, 594 millions de kil. de viande, c'est-à-dire 22 kil. 2/3 par individu, n'en consommait plus, en 1840, que 370 millions de kil., c'est-à-dire, en tenant compte de la différence de population, 11 kil. par tête.

Non-seulement les relevés statistiques rédigés sous l'empire portent qu'en 1789, la consommation annuelle de la viande en France était de 13 kil. par tête, ce qui tend à faire croire que la décroissance n'est point accidentelle et qu'elle a, au contraire, un caractère de persévérance remarquable.

Mais voici un témoignage qu'il est tout à fait impossible de contredire : c'est le tableau des consommations parisiennes. On pourrait nommer Paris comme les musulmans nommaient Alger avant notre conquête, *la bien gardée*. Paris, en effet, est sous la rigoureuse garde de l'octroi. Elle a une ceinture de murailles, elle a des barrières où veillent, jour et nuit, les préposés ; rien n'y entre ni n'en sort sans leur passer sous les yeux. Les registres de l'octroi méritent donc une entière confiance. Or, d'après ces registres, la diminution de la consommation de la viande existe pour cette capitale à un degré bien autrement alarmant que pour l'ensemble du royaume. La consommation de Paris, en 1789, était de 75 kil. par tête, de viande de boucherie, c'est-à-dire veau, vache et mouton. Il convient de remarquer que depuis cette époque la consommation du porc et celle de la volaille se sont étendues dans Paris. Toutefois, cette extension est bien loin de compenser la réduction de la consommation de la viande de boucherie). En 1836, elle était tombée à 50, ce qui est une réduction d'un tiers. Depuis 1836, elle a encore diminué de quelque chose. (*Cours d'écon. Polit.* de Michel Chevalier, 5ᵉ leçon, p. 115 et 114).

Charles Brook Dupont-White

Mais dans cette satisfaction plus ample des besoins secondaires de l'homme, dans cet amendement de sa condition tout extérieur et tout superficiel, comment voir une amélioration sérieuse et désirable ? Comment souhaiter au travailleur un progrès qui soit aux dépens de sa vie, ou tout au moins de sa force et de son activité ?

CHAPITRE IV.

CHAPITRE V.

Limites du bon marché que détermine la hausse des profits. —
Comment ce bon marché ne concerne que les articles manufacturés
et nullement les denrées alimentaires. — Dans tout pays avancé, le
progrès des arts industriels amène la baisse des premiers, et le progrès
de la population, la hausse des secondes. — Théorie du fermage née
en Angleterre du spectacle de ces faits. — Hausse du blé en France :
hausse, par conséquent, du bois, du bétail et de ses produits accessoires,
dont le blé prend chaque jour la place. — Pourquoi les produits de
l'industrie manufacturière, composés en général de produits agricoles,
échappent à cette hausse.

Concédons un moment l'inexactitude et l'erreur de ce qui précède ;
admettons que le bas prix des denrées laisse les salaires *in statu quo* :
le travail n'en sera pas plus gratifié, si ce bas prix se borne à des objets
d'une nécessité secondaire, et s'il implique la hausse des objets d'une
nécessité supérieure.

Reste donc cette question :

Ce bon marché, qui est le fait des temps et des pays de grande
production, a-t-il lieu pour toutes les denrées indistinctement ? Ou
bien plutôt n'a-t-il pas ses limites précises et insurmontables ? Il faut en
convenir, si la même situation économique qui pourvoit plus richement
aux moindres besoins de l'homme, n'ajoutait aucune satisfaction à
ses besoins les plus essentiels, le bienfait serait médiocre. Que si à ce
dernier égard elle lui suscitait plus de difficultés et lui imposait plus de
charges, il y aurait offense et préjudice pour les masses.

C'est ce qui paraît en tout pays d'une industrie avancée, d'une
population et d'une richesse progressive. Le bon marché propre
à cet état de choses ne concerne que les objets manufacturés, et
spécialement les tissus. Quant aux produits alimentaires, ils y demeurent
complètement étrangers. Il y a plus : ils éprouvent une hausse telle, que
la nourriture, l'habitation, le chauffage sont désormais plus difficiles et
plus dispendieux.

Ce double fait tient à la même cause, c'est-à-dire au progrès de la
richesse publique. Un pays riche est celui où l'industrie a simplifié la
main-d'œuvre et perfectionné la mécanique, mais où se produisent

aussi bien les phénomènes suivants :

Accroissement de la population, demande supérieure de subsistances, exploitation de terres moins fertiles : d'où résulte la hausse de tout produit agricole, soit parce qu'il a été plus chèrement obtenu, soit parce que le prix du produit le plus coûteux devient nécessairement le prix régulateur, là où il s'agit de denrées nécessaires, et limitées dans leur quantité.

S'il y avait deux objets, dont l'un fût produit par des machines sans cesse perfectionnées, et l'autre par des machines frappées d'une dégradation incessante, la chose est claire : le bon marché des premiers, la cherté des seconds irait toujours croissant. Tel est le sort respectif des denrées industrielles et des denrées alimentaires. La terre est sans contredit la principale machine de l'agriculture. Or, n'est-ce pas une détérioration progressive de cette machine, que la qualité toujours inférieure des terres mises en valeur, pour répondre à la demande plus vive d'une population plus nombreuse ?

La Grande-Bretagne, qui nous précéda dans la voie où nous marchons aujourd'hui, fut la première à constater ces faits. De leur observation naquit la célèbre théorie du *fermage*, et Ricardo vint expliquer comment les terres d'une qualité supérieure rendaient le profit extraordinaire qui s'appelle ainsi, lorsqu'elles ne suffisent plus aux besoins de la subsistance publique, lorsque la culture s'adresse à des terrains d'une qualité inférieure et d'un produit plus coûteux, ce qui est le propre d'un état de choses où les capitaux et la population sont en progrès.

Pour ce qui est de la France, nous voyons baisser chaque jour le prix de toutes les denrées qui servent à l'habillement, à l'ameublement et à l'outillage. Les tissus de coton, les articles de verrerie et de poterie sont descendus à un bon marché inouï. Mais à côté de ce progrès, il y a la hausse constante des principales denrées alimentaires, et notamment des céréales.

Dupré de Saint-Maur a donné une table détaillée du prix du froment, laquelle remonte jusqu'au treizième siècle. — Il a en outre un tableau spécial du prix des grains de 1596 à 1746. Ce dernier document offre ceci de particulier, que l'auteur a consulté pour chaque année, le prix du blé vendu à quatre marchés de Rosay en Brie, et que chaque chiffre de cette table présente une moyenne calculée sur dix années ou sur quarante marchés : il est donc permis de le prendre au sérieux et d'y

CHAPITRE V.

mettre toute confiance. — Un habile et consciencieux écrivain, l'auteur des *Recherches sur l'origine de l'impôt*, a poursuivi la continuation de cette table en puisant aux mêmes sources, c'est-à-dire aux mercuriales du marché de Rosay ; et en observant la même méthode, c'est-à-dire en dégageant des prix moyens sur une période décennale. Or, voici le résultat de ses investigations pour les soixante dernières années.

De 1780 à 1789, le prix moyen du setier est de 20 fr. 66 cent.

De 1802 à 1820, il est de   25 52

De 1826 à 1835, il est de   30 65

Ainsi le prix du blé en un demi-siècle a haussé d'un tiers.

Ce résultat se recommande d'ailleurs pour sa parfaite concordance avec les observations d'un économiste anglais, justement renommé pour son exactitude et sa pénétration. — D'après Arthur Young, la livre de pain en France valait deux sols pendant les années 1787, 88, 89 et 90 : comme elle en vaut généralement trois aujourd'hui, l'opinion qui porte à un tiers la hausse du prix du blé, à partir environ de cette époque, acquiert naturellement le plus haut degré de vraisemblance, si ce n'est de certitude même [1].

C'est beaucoup sans doute que cette hausse de blé, c'est-à-dire d'un objet qui absorbe à lui seul plus de moitié du budget du pauvre.

Mais la hausse ne s'arrête pas là. La culture des céréales encouragée par la demande d'une population croissante, ne peut se substituer aux pâturages et aux forêts, sans que le bétail et le bois n'en deviennent plus rares et plus chers. C'est chose avérée, nous venons de le voir, que la hausse du prix de la viande. Ajoutons que tous les produits accessoires dérivant du même fonds, participent nécessairement à cette cherté, tels que lait, beurre, fromage, et que l'habitation comme le chauffage ne sauraient échapper aux effets de la hausse qui affecte les matériaux et les combustibles [2].

1 « Depuis 1820, le mouvement du prix des grains n'a pas augmenté sensiblement, tandis que le salaire s'est beaucoup élevé. » (V. le *Moniteur* du 22 octobre 1845, *Compte-rendu de l'Académie des sciences morales*). Telle est l'opinion de M. Passy, laquelle, signifie apparemment que le prix du blé a augmenté un peu depuis 1820, et qu'il avait beaucoup augmenté auparavant.

2 On peut citer à l'appui de cette opinion un fait récent et officiel qui est la commission nommée par le ministre de la marine pour réviser le tarif des salaires

Il est bien vrai que cette hausse des produits agricoles doit se faire sentir aux matières premières de quelques industries, par exemple à la laine. Si le prix du drap n'en devient pas plus élevé, la raison en est simple : c'est que la matière première n'est là que le moindre élément du prix, qui se compose presqu'entièrement de façons et de main-d'œuvre ; c'est que l'industrie joue un plus grand rôle dans cette fabrication que dans celle du pain. Il s'ensuit que le bon marché introduit dans la façon par le progrès des machines, doit vaincre le renchérissement qui affecte les matières premières en leur qualité de produits agricoles.

Une autre explication plus décisive peut-être, de ce bon marché persistant, c'est que la demande des denrées agricoles qui se convertissent en tissus, tels que laine et coton, est infiniment moins considérable que celles des denrées de même nature, destinées à l'alimentation. Le vêtement est un besoin moins exigeant que la nourriture, et quelque progrès qu'il fasse, il n'est pas arrivé, il n'arrivera peut-être jamais au point de déterminer la culture de terres inférieures à celles qui produisent aujourd'hui les denrées propres à le satisfaire.

Ainsi, la hausse des profits, et les moyens supérieurs de production dont elle détermine l'emploi, ne sauraient créer un bon marché qui soit de quelque secours au salarié. Là nous échappe encore cette prétendue communauté de vues, d'intérêts et de bénéfices, entre le capitaliste et le travailleur.

---

alloués aux ouvriers des ports. Cette commission est appelée à vérifier s'il n'y a point lieu à élever ce salaire, *eu égard à la hausse croissante du prix des vivres et des loyers d'habitation.* Tel est l'esprit de cette mesure, d'après les renseignements que nous tenons de l'extrême obligeance d'un des membres de la commission. – Si l'on nous opposait ce fait pour en induire, contrairement à l'opinion développée dans un chapitre subséquent, que les salaires haussent comme le prix des objets consommés par le travailleur, l'objection serait médiocre : l'État, c'est-à-dire un être de raison, qui ne produit pas avec ses propres deniers, ni pour un intérêt d'argent, peut aisément porter en ces questions un sentiment de justice inconnu et inaccessible à l'âpreté des spéculations particulières : il n'y à rien à conclure des procédés de l'un à ceux des autres.

CHAPITRE V.

CHAPITRE VI.

Néant des informations historiques sur la destinée commune des travailleurs et capitalistes. — La richesse antique, obtenue par le travail de l'esclave, profitait uniquement au maître, au capitaliste. — Au moyen-âge, la richesse ne fut que spoliation, exercée d'abord par la conquête, puis continuée par l'impôt. — Dans les temps modernes, hausse simultanée aux États-Unis des salaires et des profits, mais par des causes distinctes et inouïes : d'un côté, la rareté du travail en présence d'un continent à défricher ; de l'autre, la profusion des produits américains, et l'approvisionnement, à peu près exclusif, du marché anglais.

Il y aurait peut-être légèreté à quitter cette partie du sujet sans demander au passé ses leçons et ses lumières. Là cependant où il s'agit de capitalistes et de travailleurs, on se permettra d'élever quelques doutes sur la valeur des enseignements de l'histoire. On ne se figure pas, par exemple, que le moyen-âge et l'antiquité puissent justifier en quelque chose la solidarité de ces deux intérêts, le progrès sympathique de ces deux classes. Qu'attendre à cet égard d'un droit public qui comportait le régime des castes, et d'un droit des gens qui autorisait la spoliation et l'asservissement du vaincu ?

Quant aux temps modernes, les précédents de cette nature y sont trop récents, trop rares, trop complexes pour être réputés généraux et réguliers.

Au surplus, voyons les faits :

La première relation du travail et du capital fut celle de maître et d'esclave, car la première forme du travail humain fut l'esclavage ; on n'en sait ni de plus ancienne ni de plus universelle. Or, le maître put assurément s'enrichir par ce travail, et de nos jours encore, l'opulence de quelques seigneurs russes en fait pleinement foi. Mais comment cette richesse aurait-elle profité à l'esclave et relevé sa condition ? Par quel devoir, ou par quel sentiment, le capitaliste enrichi, aurait-il adouci le sort du travailleur, c'est-à-dire d'un instrument dont les œuvres lui appartenaient, dont la force et la dextérité lui étaient acquises ? Plus riche, le maître achetait plus d'esclaves au lieu d'assurer un surcroît de bien-être à ceux qu'il avait déjà. Plus riche, il se distançait encore plus de ce bétail humain acheté pour son service et pour ses plaisirs, et les premières restrictions mises au pouvoir des maîtres, lesquelles remontent au siècle d'Auguste, témoignent assez des abominables excès ou s'étaient emportées leur arrogance et leur cruauté [1].

Voilà pour la civilisation antique.

Au moyen-âge, plus d'esclavage domestique mais des sociétés issues de la conquête et fidèles à la violence de leur origine ; des gouvernements qui pratiquaient, sous forme d'impôt, de dîme, de redevance, une rapine et une spoliation permanente — c'est-à-dire point de richesse qui ne fût au prix de plusieurs misères ; point de grande existence qui ne fût composée de privations et d'avanies infligées à la tourbe des existences vulgaires. Faut-il demander si cette époque faisait tout à la fois le bonheur des classes riches et des classes inférieures ? Faut-il chercher là ce spectacle touchant d'une amélioration simultanée qui ne peut favoriser les uns sans élever et gratifier les autres ?

La richesse, aux temps passés, ne venait guère du travail ; ces temps ne peuvent dès-lors nous fournir aucun exemple du partage équitable des produits entre les divers agents de production. Quant à celle qui en venait, comme ce travail était servile, elle profitait tout entière au maître, au capitaliste ; il ne pouvait être question de partage dans l'état des mœurs et des institutions.

Il faut donc arriver de prime abord aux temps modernes et à l'exemple si souvent cité des États-Unis d'Amérique.

Oui, sans doute, il y eut là tout à la fois des salaires élevés, des profits élevés ; mais, notons le bien, sous l'empire de circonstances qui n'avaient rien de commun entre elles, et dont la coïncidence éminemment fortuite exclut toute idée de connexion intime, de filiation régulière entre ces deux faits. — Il est un cas où la lutte naturelle des salaires et des profits n'a rien d'apparent et de sensible : c'est celui où, par le plus insigne accident, la demande du travail, l'abondance des produits

---

1 On sait qu'à Rome la vie des esclaves ne fut jamais moins comptée qu'à l'époque où les patriciens jouissaient des dépouilles de l'univers. C'est Pline, l'ancien, qui nous parle de murènes et de lamproies nourries de cette chair.

« Invenit in hoc animali documenta sævitiæ Vedius Pollio eques Romanus ex amicis divi « Auguste, vivariis earum immergens damnata mancipia, non tanquam, ad hoc feris terrarum « non sufficientibus, sed quia in alio genere totum pariter hominem distrahi, spectare non poterat. »

Pline, Hist. nat., lib. XII, cap. 25.

CHAPITRE VI.

et l'étendue des débouchés, se réunissent pour assurer une magnifique récompense aux divers agents de la production. Permis alors au travail d'être exigeant, de se prévaloir de sa rareté, d'abuser même des avances dont il est l'objet. On lui passera tout, on subira ses conditions, et sa part prélevée ne laissera pas moins au capitaliste de quoi combler tous ses vœux de lucre et d'opulence.

En Amérique, les bras manquaient à l'immense besogne de pionnier qui s'offrait de toutes parts, à ce continent qu'il s'agissait de défricher : de là le haut prix du travail. Mais, en même temps, un sol vierge et fertile, doté d'un vaste littoral, fécondé par l'engrais séculaire de tant de dépouilles et de détritus, cultivé seulement dans ses veines les plus riches et les mieux situées, sollicité d'ailleurs par les méthodes de la plus savante industrie : telles étaient les sources inépuisables de la production américaine.

Si l'on ajoute que tous les capitaux de la colonie pouvaient se tourner vers cette merveilleuse exploitation ; que des capitaux anglais dispensaient ceux de l'Amérique de tout autre emploi, de tout autre fonction commerciale ou industrielle ; qu'ils y venaient même se charger du commerce de détail ; enfin que cette exubérance de produits avait pour marché la plus riche métropole du monde, et pour protection les droits supérieurs imposés aux produits similaires des autres peuples, on comprendra la prodigieuse accumulation de richesses qui a dû se faire aux États-Unis et l'impuissance des salaires, si élevés qu'ils fussent, sinon à réduire les profits, du moins à neutraliser tant de moyens de succès et de prospérité.

Mais ce qu'il faut bien saisir ici c'est le principe parfaitement distinct des deux faits qu'on nous oppose, comme naissant l'un de l'autre, ou comme naissant au moins de la même cause.

La fécondité de la production et la facilité de l'écoulement, voilà ce qui fit la hausse des profits en Amérique. Quant à la hausse des salaires, elle avait pour cause spéciale et distincte, la nature de cette production, nature toute agricole, c'est-à-dire exclusive de l'emploi des machines, qui demandait à l'homme son intelligence aussi bien que ses bras, et qui laissait au travail toute sa valeur avec toute sa rareté.

En résumé, l'exemple de l'Amérique est celui de la nature la plus féconde mise en valeur par la civilisation la plus raffinée, et jouissant pour ses produits d'une sorte de monopole sur le plus riche marché de l'univers.

Charles Brook Dupont-White

Peut-on imaginer quelque chose de plus exceptionnel, de plus inouï ? Et s'il ne faut pas moins qu'une pareille accumulation de circonstances pour élever tout ensemble les salaires et les profits, comment croire à l'union, à la solidarité essentielle de ces deux intérêts ?

Il est donc vrai de le dire ; les salaires n'ont rien à attendre de la hausse des profits. À quelque ordre de faits qu'on s'adresse, on n'y apprend que le néant de cette doctrine, la vanité de cette espérance. — Si l'affluence des capitaux, si le perfectionnement de l'industrie, engendrés par des profits supérieurs, pouvaient rendre quelques services aux salaires, ce serait uniquement à l'une ou l'autre de ces conditions : ou bien en commandant plus de travail, ce qui en élèverait le prix pécuniaire, ou bien en réduisant le prix des denrées consommées par le travailleur, ce qui en élèverait le prix réel. — Or, la première de ces conditions a contre elle, et l'usage des machines inhérent aux grandes accumulations de capitaux, et l'incertitude relative à l'emploi productif des profits grossissant : deux circonstances exclusives d'un plus grand appel de travailleurs — quand à la seconde, elle n'est pas moins illusoire, d'abord parce que la baisse qui s'opère dans le prix des denrées se borne à peu près aux tissus, c'est-à-dire à la satisfaction du moindre besoin de l'ouvrier, ensuite parce que s'étendît-elle aux objets alimentaires, elle aurait pour unique conséquence, et en quelque sorte pour pendant inexorable, la baisse parallèle des salaires.

CHAPITRE VI.

Chapitre VII.

Objection : La baisse des profits entraîne celle des salaires, en diminuant la demande du travail : Solidarité de revers entre le capital et le travail. — Réponse : le profit étant fait essentiellement sur le salaire, le mieux qui puisse arriver à celui-ci, c'est la baisse des profits. — Ce caractère essentiel du profit résulte de ce que le capital ne peut guère bénéficier sur le consommateur qui lui échappe, ni sur le producteur de matières premières qui le domine, tandis que le prix du travail est l'élément de gain le plus maniable et le plus désarmé.

Si le travail ne partage pas les prospérités du capital, peut-être est-il associé à ses revers et à ses échecs ? Peut-être les salaires baissent-ils avec les profits, qui se trouvent impuissants désormais à employer autant de bras que par le passé ? N'oublions point cette autre branche de l'objection, cet autre aspect de la doctrine qui nous oppose partout la solidarité de ces deux intérêts.

On s'expliquera brièvement sur ce dernier point.

Si le capital entreprend essentiellement sur le travail, le mieux qui puisse arriver à ce dernier, c'est la baisse des profits. Car cette circonstance signifie en général que l'entreprise a échoué, et même que le salaire a haussé.

Quant aux réductions ultérieures du salaire, inhérentes, dit-on, à la baisse des profits et à la demande décroissante de travail, l'inconvénient est médiocre. De deux choses l'une : ou cette baisse est déterminée par la hausse des salaires, auquel cas le travail est en mesure d'attendre et de patienter, les mains pleines ; ou bien elle l'est par la concurrence des capitaux, par l'émulation du bon marché, et alors elle n'a rien de fâcheux pour le travail ; elle en suppose au contraire un besoin plus vif, plus général, très propre à le faire valoir et renchérir.

On l'avouera cependant, cette réponse laisse fort à désirer ; elle pose en principe un point qui n'est pas suffisamment démontré, le plus épineux d'ailleurs et le plus délicat de toute cette controverse.

Il s'agit de savoir si l'entreprise des capitaux contre les salaires est essentielle, permanente ; il n'en faut pas moins pour les réputer ennemis, et pour constater entre eux le fait et le sentiment de l'hostilité. Or, cette question, nous l'avons résolue tout à l'heure en passant, résolue par l'affirmative ; mais elle vaut la peine qu'on s'y arrête, et qu'on prête l'oreille à tout ce qu'elle suscite de contradictions et d'emportements.

Oubliez-vous, nous dira-t-on, cette théorie des profits que vous venez d'exposer vous-même, il y a quelques pages ! S'ils se composent de tout ce qui élève les prix de vente, de tout ce qui réduit les frais de production, comment auraient-ils cet acharnement exclusif contre la main-d'œuvre, qui ne figure que pour partie dans ces frais, lesquels ne sont eux-mêmes que les éléments partiels, des profits ? Est-ce que la réduction des salaires serait l'élément capital, décisif, prédominant de la hausse des profits ? Mais à quels signes reconnaissez-vous ici un principe, et partout ailleurs des accidents ? Où prenez-vous cette classification d'influences, cette distribution de rôles, à l'endroit des profits ?

Quoi qu'on en dise, il n'y a rien là d'arbitraire ni de fantasque.

Il est vrai, théoriquement, le capital peut extraire le profit de plusieurs éléments ; mais de fait et d'ordinaire, il ne s'en prend qu'à un seul, au salaire. Pourquoi ? Parce qu'il n'en rencontre pas ailleurs de si facile à manier et à maîtriser.

Est-ce par hasard la hausse du prix de vente qui pourrait élever les profits ? Mais on démêle tout d'abord la pauvreté de l'expédient ; la moindre analyse y suffit. — Si cette hausse est le fait d'un seul ou de quelques industriels, le consommateur se pourvoiera chez d'autres. — Si de toute une classe de producteurs, il réduira sa consommation, — si de l'universalité des industries, il prendra sa revanche en mettant un plus haut prix, soit aux capitaux, soit aux services qu'il prête à l'État ou aux particuliers : traitements, honoraires, intérêt de l'argent, vous verrez tout s'élever du même essor que le prix des denrées. On l'a vu déjà en Angleterre à une époque récente, où la dépréciation du papier monnaie avait en quelques années doublé le prix des céréales et de presque tous les produits agricoles.

Voilà pour le consommateur indigène, protégé par la concurrence, par l'abstinence ou par des représailles contre les entreprises du capital. Celui-ci aurait-il meilleur marché du consommateur étranger ? Mais il faudrait pour cela lui plaire et lui parvenir. Or, nous l'avons reconnu tout à l'heure, la prétention n'est pas sérieuse en présence de ce progrès de l'industrie qui suffit partout aux besoins de chaque peuple, et de la prohibition qui s'en fait l'auxiliaire et la tutrice.

Chapitre VII.

Le capital ne peut donc élever utilement les prix de vente : ce n'est point par là que grossiront les profits. Lui serait-il plus aisé de réduire le prix des matières premières ? On ne peut le croire, car ces matières sont en général les produits plus ou moins directs de la terre, tels que soie, laine, chanvre, lin, bois, métaux, c'est-à-dire les produits d'une puissance essentiellement limitée dans son étendue superficielle et dans son énergie génératrice. De là, un monopole naturel qui doit en élever et en défendre les prix. — Rappelez-vous d'ailleurs que les règlements de douane, tout défavorables au producteur indigène de ces matières, ont créé un monopole légal qui confirme le premier, et vous concevrez comment le capital est aussi impuissant à réduire le prix de ce qu'il achète qu'à élever le prix de ce qu'il vend.

En résumé, ni le producteur des matières premières, ni le consommateur d'articles manufacturés, ne subiront la loi du capital : l'un, parce qu'il est maître de ne pas vendre : l'autre parce qu'il est maître de ne pas acheter à des conditions qui lui semblent désavantageuses. Si la conclusion paraît trop absolue dans ces termes, au moins est-il vrai de dire que leurs transactions avec le capital comportent délai, temporisation, liberté égale de toutes les parties. Peut-on en dire autant de ce marché d'urgence et de nécessité que le travailleur conclut avec le capitaliste. Impérieuse urgence ! car, en fait de travail, tout ce qui n'est pas vendu un jour est perdu le lendemain. — Inexorable nécessité ! car la chose à vendre est celle dont s'achète le pain de chaque jour. Voyez partout ailleurs : ni les denrées ne souffriront de déchet ruineux, ni le vendeur ne souffrira de la faim, pour attendre et épier le moment propice de la vente. Mais cette combinaison, ce ménagement de ces intérêts, est interdit au travail, c'est-à-dire à une classe d'existences qui veulent être quotidiennement gagnées, à une espèce de denrées qui veulent être quotidiennement vendues.

On le sait d'ailleurs, dans les grandes industries de la laine et du coton, le salaire absorbe à lui seul, soit la moitié, soit même les deux tiers des fonds engagés. — À ce compte, nous n'avons rien avancé de trop : stimulée par un tel intérêt, enhardie par de telles facilités, l'entreprise du capital sur le salaire est un fait nécessaire et fatal, le fait qui pénètre, domine et dégrade toute libre production.

Charles Brook Dupont-White

CHAPITRE VIII.

Exception et limites à l'hostilité des salaires et des profits. — Les profits ont un autre ennemi que le salaire, savoir : la concurrence des capitaux. — Les salaires ont un autre ennemi que les profits, savoir : la concurrence des travailleurs. — Les salaires et les profits ont quelquefois une prospérité commune, dans le cas, par exemple, d'un grand essor du commerce étranger ; quelquefois une adversité commune, celle que leur infligent les crises industrielles.

Nous ne voulons rien omettre, rien dissimuler, et nous reconnaîtrons sans peine que parfois les salaires comme les profits sont sujets à baisser, sans pouvoir s'en prendre l'un à l'autre. Les capitaux ont un autre ennemi que le travail ; c'est la concurrence des capitaux, la rivalité du bon prix, la captation du consommateur. Le travail, de son côté, a un autre adversaire que le capital ; c'est la concurrence des travailleurs dont l'offre ne peut surabonder sans lésion du salaire. Mais suit-il de là que ces deux intérêts ne soient pas ennemis et d'une inimitié qui passe toutes les autres en énergie et en permanence ? Parce qu'il n'y a pas entre eux tous les éléments possibles de conflit, est-ce à dire qu'il n'y en ait pas assez pour entretenir et ulcérer le débat ? Ne l'oublions pas, si la hausse des salaires n'est pas l'unique échec que puissent subir les profits, la réduction de ces mêmes salaires est l'unique avantage qu'ils puissent ordinairement obtenir. Comment dès-lors toutes les entreprises du capital ne seraient-elles pas tournées et concentrées de ce côté, où l'appellent à la fois et ses seules chances de bénéfices et l'une de ses chances de perte ? Comment le travail ne serait-il pas tout entier aux efforts et aux rancunes de cette lutte, bien que subissant parfois la malignité d'une autre influence ? Il faut en convenir ; s'il n'y a qu'hostilité, collision, froissement sur le terrain de l'industrie, la plus animée, la plus implacable de toutes ces luttes est entre le travail et le capital. Il n'en est pas où l'on se heurte plus assidûment, plus violemment. Entre eux, il y a plus que de l'hostilité, il y a de la malveillance ; l'antagonisme a passé des faits dans les sentiments. L'ouvrier ne peut vouloir du mal aux ouvriers qui sont de trop sur le marché du travail : ceux-ci ne sont pas nés pour le molester et l'avilir, tandis que toute œuvre de production compte expressément parmi les moyens de succès, la réduction des frais généraux qui comprennent la main d'œuvre, c'est-à-dire le pain du travailleur.

Une dernière insistance reste à prévoir. — Il y a des cas, nous dira-t-on, où salaires et profits souffrent ensemble, triomphent ensemble. La production a-t-elle été excessive ? La vente des produits sera lente, pénible, désavantageuse, au grand détriment du capital, et la reproduction s'arrêtera faute d'aliments, au grand préjudice du travail. — Supposez au contraire un vaste développement du commerce extérieur ; les profits hausseront par la hausse des prix, inhérente à toute vive demande, et le travail partagera la même fortune, appelé de toutes parts dans les ateliers pour répondre à cette demande. — Voilà, nous dira-t-on, deux cas bien frappants d'une intime solidarité entre les profits et les salaires.

Rien de plus exact, mais rien de moins décisif que ces faits. Ce qu'il serait intéressant de connaître au juste, c'est leur caractère permanent ou éphémère, normal ou exceptionnel. Comment les comparer, accidentels et passagers qu'ils sont, aux faits qui déterminent en sens inverse le taux des salaires et celui des profits faits généraux, empruntés au cours ordinaire des choses, aux mœurs notoires de l'industrie, aux instincts primitifs de notre nature.

Crise est le nom de ces époques de plénitude et d'engorgement qui affectent tous les agents de la production ; c'est assez dire qu'elles ne sont pas de tous les jours. Quant au brillant essor du commerce extérieur, nous avons déjà constaté les tendances toutes modernes qui y font obstacle, et le caractère éminemment transitoire des causes qui l'ont porté si haut chez quelques nations. Ce n'est pas de là que peut venir avec constance et régularité l'exaltation simultanée des profits et des salaires, accident sans avenir, si ce n'est sans exemple, et qui laisse debout le principe fondamental de leurs relations, l'hostilité.

Mais quoi ! direz-vous, tout ce que nous voyons autour de nous d'opulence et de prospérité, est-il donc une extorsion pratiquée sur le travail ? Cette accumulation de richesses, ce progrès des arts, ces merveilles du luxe, tout cela n'est-il fait que de spoliation et de rapines ? Hâtons-nous de le dire, ce reproche serait prématuré : la société française ne l'a pas encore mérité, et l'on n'aurait garde de la calomnier à ce point. — On n'a pas parlé d'oppression, mais seulement de lutte nécessaire : on s'est contenté d'expliquer pourquoi l'antagonisme est essentiel, implacable, incessant entre le travail et le, capital, pourquoi il est là et avec de tels caractères plutôt qu'ailleurs ? Quand à l'évènement de ce conflit, il nous reste à l'apprendre ; nous devons étudier pour cela les lois énoncées plus haut qui président à ce duel et qui en régissent les chances, les ressources, les vicissitudes.

CHAPITRE VIII.

CHAPITRE IX.

Comment le chiffre respectif des capitaux et de la population agit sur les salaires et sur les profits. — La lutte tourne à l'avantage des salaires, si la richesse croît plus vite que la population : exemple de l'Angleterre à la fin du siècle dernier ; si moins vite, à son désavantage : exemple de la Chine et de la Suisse. — Il suffit d'un faible progrès de population pour avilir le salaire, de même que d'un faible déficit dans la récolte pour exagérer le prix des céréales.

Si l'on interrogeait d'une manière isolée, soit les recensements officiels de la population, soit le degré d'opulence d'un peuple, il n'en sortirait aucune induction relativement aux salaires et aucune aux profits : ces données ne sont concluantes que réunies.

Qu'importe en effet qu'un pays soit abondamment peuplé, si de merveilleuses découvertes dans les arts industriels, si de nouveaux et immenses débouchés lui ont valu un surcroît de richesses, un élan de prospérité encore plus rapide et plus considérable : il est clair que le travail, demandé avec ardeur, y sera payé avec usure. — Telle fut l'Angleterre, à la fin du siècle dernier ; au moment où elle venait de s'armer des inventions de Watt et d'Arkwright, elle eut l'insigne fortune d'entrer en guerre contre la France, et de pouvoir traiter en ennemies la Hollande et l'Espagne entraînées dans l'alliance ou absorbées par la conquête françaises. Il lui fut donné alors d'approvisionner seule, et toutes ces îles de la mer des Indes qui avaient élevé si haut la richesse de la Hollande , et toutes les colonies des deux Amériques où la seule contrebande lui était déjà si fructueuse.

Que des générations d'ouvriers soient sorties de terre pour assouvir cet emportement de la production, que le travailleur ait pullulé à cet appel brûlant du capital, on le conçoit de reste : il le pouvait impunément ; son salaire était prêt, sa place l'attendait. Il n'était point ce convive parasite que Malthus éconduit ainsi :

« Au grand banquet de la nature, il n'y a point de couvert mis pour lui : la « nature lui commande de s'en aller et elle ne tarde pas à mettre elle-même cet « ordre à exécution [1]. »

---

1 Ce passage ne se trouve que dans la première édition de Malthus : on le cite d'après M. Blanqui. (*Histoire de l'économie politique*, t. II, p. 153).

Charles Brook Dupont-White

D'un autre côté, la richesse d'un pays ne suppose pas toujours que le salaire y soit élevé : elle peut être vaincue et débordée par le progrès démesuré de la population. Qu'importe qu'il y ait de grands capitaux pour alimenter le travail, si le travail se déprécie lui-même en s'offrant avec une abondance qui dépasse tous les besoins ?

Cette situation est, dit-on, celle de la Chine, un des plus riches pays du monde, et qui offre en même temps des spectacles de misère et de dégradation inconnus partout ailleurs. Il faut voir dans Adam Smith le récit lamentable de cette abjection : « Des familles entières qui n'ont pour toute habitation que quelque « petite barque sur les canaux et les rivières ; des affamés qui repêchent avec « délices les restes dégoûtants jetés à la mer par quelque vaisseau d'Europe.... »

Dans un pareil état de société, le salaire sera minime, nonobstant l'opulence publique ; mais en revanche, et en vertu du rapport qu'on a signalé, les profits s'élèveront de toute la médiocrité des salaires.

En résumé, le taux des salaires, et par conséquent celui des profits, sont subordonnés sans doute à la demande du travail ; mais il faut démêler soigneusement les circonstances auxquelles cette demande elle-même est subordonnée.

L'influence capitale à cet égard, ce n'est pas la richesse d'un pays, mais son enrichissement, et pour entrer plus avant dans la vérité des choses, ce n'est pas même le progrès de la richesse d'un pays, mais la supériorité de ce progrès sur celui de la population.

« Ce n'est pas l'étendue actuelle de la richesse nationale, dit Adam Smith, mais « c'est son accroissement continuel qui donne lieu à une hausse dans les salaires. »

Il en donne pour raison que l'accroissement des revenus privés peut seul leur permettre d'entretenir plus de travail, et que la fortune publique, composée de ces revenus, n'a pas d'autres lois à cet égard — il en cite pour exemple l'Amérique du Nord, moins riche que l'Angleterre, mais marchant d'un pas plus rapide dans une carrière de prospérité supérieure, et qui récompense le travail, non-seulement de plus d'argent, mais d'un argent qui s'échange contre plus de subsistances et de denrées de toute espèce. — À cet exemple on pourrait joindre, d'après le témoignage de M. Storch, celui de la Russie, qui a tout ensemble trop peu de capitaux pour son territoire, et trop peu de population pour ses capitaux [1].

L'écrivain écossais attachait tant de prix à cette lumineuse observation, qu'il y est revenu plus tard une seconde fois. — Cependant elle a besoin d'explication et de complément.

Chez un peuple adonné à l'industrie manufacturière, il se pourrait que la richesse fût en voie d'accroissement, mais en même temps que la population, sollicitée par les hauts salaires, se multipliât dans une proportion encore plus considérable. C'est même là, selon Ricardo, le résultat ordinaire de tout encouragement donné à la population.

« Presque toujours, dît-il, l'effet qui en résulte va au-delà de ce que les « circonstances exigent. La population peut augmenter et augmente réellement en « général, à un point tel, que malgré la demande croissante de bras, elle se trouve « plus forte par rapport aux fonds destinés à l'entretien des travailleurs, qu'elle ne « l'était avant l'augmentation de ces fonds [2]. »

Ce n'est pas en pareille occurrence que le progrès de la richesse publique assurerait celui des salaires.

Quelque chose d'approchant, selon le témoignage de M. Villermé, paraît s'être passé dans le canton de Zurich. « Depuis les évènements politiques de 1814 et « 1815, le commerce et l'industrie ont pris, dit-il, un accroissement très « considérable dans ce pays, et il est, après Lyon, celui où la fabrication des « soieries a le plus d'importance. » — Un peu plus loin, l'honorable écrivain fait une assez triste peinture des salaires minimes et de la chétive existence des ouvriers de ce pays. Après avoir donné le détail de leur régime alimentaire. « Il y a « loin de là, dit-il, au régime des ouvriers de Lyon et de Sédan : un mince ordinaire « de ces derniers serait « un repas de fête pour l'ouvrier de Zurich [X]. » On est tenté de croire, d'après ce compte-rendu, que la population zurichoise a répondu et au-delà aux incitations du salaire qui est venu la chercher, et qu'elle a gagné de vitesse l'accumulation des capitaux, encore que ce dernier fait fût réel et indubitable. Autrement, d'où viendrait cette exiguïté de salaires, au sein de cette prospérité croissante ?

Il n'est pas même besoin d'un accroissement exagéré de population pour paralyser les bons effets de l'accroissement des capitaux, et pour faire obstacle à la hausse des salaires. Il y a certaines marchandises

1 *Cours d'écon. polit.*, t. I, p. 313 et 343.

2 Ricardo, *De l'écon. polit. et de l'impôt*, t. I, p. 254.

Charles Brook Dupont-White

dont le cours est essentiellement factice : tel est le travail, tel est le blé. La moindre diminution de récolte peut élever considérablement le prix des céréales, de même qu'un faible progrès de population peut déterminer une baisse des salaires hors de toute proportion. C'est qu'il s'agit de la subsistance ; comme elle dépend de la vente de l'une de ces marchandises et de l'achat de l'autre, il s'établit une émulation de rabais ou de surenchère aussi vive que le besoin est impérieux, avec cette conséquence d'avilir ou d'exagérer les prix au-delà de toute limite naturelle et raisonnable.

Ainsi le progrès de la richesse publique ne suffit pas pour assurer la hausse des salaires. — Cette hausse est à deux conditions « Accroissement de l'opulence « nationale accroissement qui devance et qui domine celui de la population. »

CHAPITRE IX.

CHAPITRE X.

*La richesse d'un pays suffit-elle seule à y réduire les profits,
indépendamment de la hausse des salaires ? — L'affluence des
capitaux ne doit-elle pas en affecter le bénéfice par la surabondance et
l'avilissement des produits ? — L'échange de tous ces produits, les uns
contre les autres, pure chimère qui ne saurait en maintenir la valeur.
— Si cet échange était possible, pourquoi ces crises des pays riches,
lesquelles ont pour causes l'excès des produits, et pour effet l'altération
des profits ? — Faits constants qu'il ne faut pas imputer à la richesse
d'un pays, mais à la manière dont elle y est distribuée. Ces produits
excessifs sont la propriété de quelques-uns qui n'ont pas la faculté
physique de les consommer, tandis que les masses n'en ont pas la
faculté pécuniaire : de là, mévente et bas prix, au grand préjudice du
capital. — Les produits sont excessifs, dès qu'ils sont assez abondants
pour suffire aux besoins de la communauté tout entière.*

Quelques écrivains ont avancé que la richesse d'un pays avait une action
directe sur les profits, et que l'affluence des capitaux suffisait pour en
déterminer la baisse, indépendamment de la hausse des salaires. Selon
eux, les profits baissent, non-seulement à raison de ce que les capitaux
se disputent le travailleur, ce qui est le cas et la cause des salaires élevés ;
mais encore à raison de ce qu'ils se disputent l'acheteur, ce qui entraine
la baisse des prix.

Cette doctrine tient à plus d'un malentendu.

Elle part d'un fait observé chez les nations les plus opulentes, qui est
le taux médiocre du loyer des capitaux ; puis elle explique ce fait par
la baisse des profits : s'il était possible de tirer un parti avantageux des
capitaux, se loueraient-ils à si bon compte, et leur bas prix n'est-il pas
l'indice de la médiocrité des profits ?

Conclusion fausse ou du moins hasardée : le taux de l'intérêt ne dépend
pas seulement de celui des profits, mais encore d'une autre circonstance
fort essentielle, savoir : le nombre de personnes plus disposées à prêter
leurs capitaux qu'à les faire valoir. — Il y a tel pays, riche entre tous,
où néanmoins chaque citoyen exercera quelque industrie et tirera lui-
même un parti quelconque de ses capitaux, si les mœurs et les traditions
de ce pays n'admettent pas la réprobation nobiliaire du travail. La

Charles Brook Dupont-White

Hollande, d'après Adam Smith, offre un exemple assez frappant de cet état de choses.

Il est vrai que chez ce peuple renommé pour son opulence, les profits sont forts bas ; mais la cause en est bien connue. Elle n'est autre que le chiffre énorme et surtout l'assiette désastreuse des impôts. Établis la plupart sur les matières et les opérations des industries les plus usuelles, les plus vitales, ils ont pour effet nécessaire d'en élever le prix et d'en restreindre la vente [1] ; de là une influence fâcheuse sans doute sur les profits, mais qui ne procède nullement de l'abondance des capitaux et de la richesse publique.

Ainsi la baisse de l'intérêt n'est pas un indice assuré de celle des profits : c'est un effet qui peut appartenir à une toute autre cause, et l'on ne saurait, sur ce fondement, attribuer une action réductive des profits à l'opulence d'un peuple.

Mais on insiste sur une autre considération ; on fait valoir le rabais universel que doit opérer la concurrence des capitaux, en multipliant l'offre sans mesure, en forçant tous les ressorts de la production.

« Quand les capitaux de beaucoup de riches commerçants, dit Adam Smith, « sont versés, dans un même genre de commerce, la concurrence mutuelle tend à « en faire baisser les profits, et quand les capitaux sont pareillement grossis dans « tous les différents commerces établis dans la société, la même concurrence doit « produire le même effet dans tous. »

Il est certain que de grands capitaux doivent déterminer une grande production, une offre considérable ; mais nul ne produit que pour consommer soit personnellement soit industriellement : nulle offre n'a lieu qu'en demandant l'équivalent de la chose offerte. Si ce n'était point là le but de toute production qui excède les besoins personnels

---

1 La grande dépense où la Hollande fut entraînée par sa lutte révolutionnaire contre l'Espagne et par ses démêlés ultérieurs avec la France, l'obligea à contracter d'énormes emprunts et à mettre des taxes très lourdes sur les denrées de première nécessité pour subvenir au payement des intérêts et aux autres charges. Le blé, au moment de l'importation, la farine, au moment de la mouture, le pain, en sortant du four, étaient sujets entr'autres à des droits fort élevés : le poids de l'impôt comprimait toutes les sources de la richesse publique, et c'était un dicton populaire à Amsterdam que chaque plat de poisson servi à table était payé une fois au pêcheur et six fois à l'État. (Mac Culloch, *Édimbourg-Review*, March 1824, p. 125).

CHAPITRE X.

du producteur, il n'y en aurait aucun de raisonnable, et l'on aboutirait à l'absurde, c'est-à-dire à supposer un labeur sans intérêt, une peine sans espoir de récompense. Il suit de là que l'offre étant la mesure de la demande, l'offre et la demande sont égales entr'elles. — Si l'accroissement des capitaux entraîne une production plus abondante, comme cette circonstance est générale, simultanée, comme elle agit uniformément partout, elle ne saurait apporter de changement à la valeur relative des marchandises, ni dès lors influer sur les profits. Sans doute les prix viendraient à baisser, mais comme ils baisseraient partout, les profits n'en souffriraient pas, chaque producteur recouvrant sur le prix de ses achats la perte subie, sur le prix de ses ventes. En somme, les produits devenus plus nombreux s'échangeraient en plus grande quantité les uns contre les autres, c'est-à-dire qu'ils deviendraient moins chers : de là un surcroît de jouissances et de bien-être avantageux pour les masses sans nuire à personne, puisqu'il n'en coûterait aux capitalistes aucune altération de leurs profits.

Cette réponse laisse subsister, il faut, en convenir, une difficulté assez épineuse. Il est douteux que cet essor de la production, dans l'hypothèse d'un accroissement de capitaux, soit quelque chose d'uniforme et de général, ainsi qu'on vient de l'affirmer tout à l'heure. N'a-t-on pas vu maintes fois les capitaux affluer vers certaines branches d'industrie, tandis que d'autres étaient délaissées, et les prix s'avilir ici, tandis que là ils usurpaient un taux de monopole ? De ce que la demande et l'offre sont égales entr'elles, il ne s'ensuit pas qu'elles correspondent l'une à l'autre : les choses offertes par ici, pourraient fort bien n'être pas les choses demandées par là.

Au surplus, nous ne supposons rien : les impéries et les mécomptes de la production sont chose attestée par le retour presque périodique des crises commerciales. Est-ce un mal qui soit propre au régime manufacturier ? Est-ce le sort de toute industrie qui travaille pour un marché de quelque étendue, c'est-à-dire pour des besoins dont la variété l'énergie, la constance défient toute évaluation précise et rigoureuse ? Les risques du producteur se mesureraient-ils aux limites du marché ? Il faut bien le croire, alors que nos industries les plus calamiteuses sont celles des vins et des soies, d'une consommation européenne et pour ainsi dire universelle [1] !

---

1 Si l'on imputait la souffrance de ces deux industries au caractère tout voluptuaire de leurs produits, et dès lors tout précaire de leur consommation, on oublierait une

Charles Brook Dupont-White

L'école de Ricardo a sur ce point des solutions trop sommaires pour être scientifiques, quelque prétention qu'elle en ait.

« S'il se trouve au marché, dit M. Mill, une marchandise dont la quantité soit « au-dessus de la demande, il doit s'en trouver quelqu'autre qui soit au-dessous. »

Cela suffit sans doute pour sauver le principe de l'offre égale à la demande ; mais le côté pratique et rassurant de cette explication n'a pas à beaucoup près autant de valeur. — Le même auteur ajoute, il est vrai, que la tendance des profits vers le niveau ne peut manquer de remettre toutes choses à leur place, en attirant les capitaux vers l'article demandé, dont le prix est en hausse, et en les éloignant de l'article offert, dont le prix a baissé. Mais encore cette démonstration est-elle loin d'être suffisante. — L'ingénieux écrivain n'a eu garde de s'expliquer sur le point le plus délicat de cette controverse, à savoir :

Est-ce quelque chose de purement accidentel que ces écarts, ces bévues de la production, ou bien est-ce la pratique normale du régime de libre travail et de production illimitée ? La vie industrielle d'une nation se compose-t-elle essentiellement de hasards à courir, d'aveuglements à expier, de mécomptes à enregistrer ?

« Il peut y avoir, dit un éminent écrivain, des embarras partiels, des encombrements locaux, des désordres temporaires dans le phénomène de la production et de la consommation.

La bonne foi et la sagacité de l'honorable professeur ne pouvaient méconnaître ces faits ; mais faut-il ajouter avec lui que ce sont de simples accidents ?

Nous n'oserions le suivre jusque-là : du moment que l'industrie fonctionne aveuglément, c'est-à-dire avec les seules lumières de l'expérience et de l'intelligence individuelles ; du moment que le marché se dérobe par son étendue aux appréciations, du producteur, tout est hasard sur le terrain de la production et des échanges. Or, le hasard peut aussi bien amener l'antipathie et la disconvenance des produits, que leur appropriation et leur bienvenue réciproques ; dans une alternative dont les deux termes ont les mêmes chances, l'un deux ne peut être qualifié d'accident.

Ainsi l'échange des produits les uns contre les autres n'est pas l'expédient

---

chose : c'est que nos porcelaines, nos bronzes, nos cristaux, sujets aux mêmes chances de ce côté, n'ont jamais fait entendre les mêmes plaintes.

CHAPITRE X.

infaillible qui fera le salut des profits. Les vices de l'approvisionnement, mal assorti, mal approprié à l'état de la demande, y font généralement obstacle. — Ce n'est là toutefois que la surface des choses. Il faut y pénétrer plus avant pour se rendre compte de toutes les influences qui peuvent maltraiter les capitaux.

Les produits, en effet, peuvent pécher de plus d'une façon, non-seulement par leur disconvenance, mais encore par leur surabondance. Supposez un ensemble de productions variées avec bonheur, nuancées avec intelligence, et qui semblent toutes s'appeler, se compléter les unes les autres ; l'échange à ce compte semble facile et assuré. — Il y a cependant une limite où leur quantité seule fait obstacle à l'échange, et cette limite est atteinte le jour où les produits sont égaux aux besoins de tous les membres de la communauté. C'est pour le coup qu'il y a réduction des profits, impossibilité d'échange, plénitude et encombrement ruineux pour le capital. Rien ne s'explique plus aisément.

Cette somme de produits constitue le bénéfice et la propriété exclusive d'un petit nombre de capitalistes. L'ouvrier, s'il y a concouru, n'a rien à y prétendre, car il a été désintéressé d'avance par le salaire, par un traité à forfait sur les chances et les résultats de la production. On conçoit dès lors que ces produits ne trouvent pas à s'échanger les uns contre les autres ; par là même qu'ils sont suffisants et convenables pour tous, ils doivent être excessifs pour quelques-uns, c'est-à-dire pour ce petit nombre de capitalistes qui possèdent seuls toutes les matières échangeables. Il y a de trop pour leurs besoins dès qu'il y a assez pour le besoin des masses. Avec les facultés nécessaires pour tout acquérir, les capitalistes n'ont pas celles qu'il faut pour tout consommer, tandis que les masses qui ont naturellement toute aptitude de ce côté, y sont pécuniairement impuissantes.

Sans doute la société a des spectacles navrants de misère et de détresse ; elle a une multitude de créatures mal nourries, mal vêtues, mal logées, qui en déshonorent l'aspect. Cependant, il n'est pas moins vrai de le dire, les denrées surabondent qui satisfont aux besoins de la communauté tout entière, la production est en faute qui se préoccupe plus des besoins que des facultés de la consommation, et le producteur en porte la peine dans la réduction de ses profits.

Ici deux objections sont toutes prêtes. Comptez-vous pour rien, nous dira-t-on, le salaire des masses et la puissance de consommation qu'il représente, employé à satisfaire les besoins de toute une population ? Oubliez-vous encore tout ce que peut absorber de produits, le caprice, la sensualité, l'ostentation du riche ?

Pour ce qui est du salaire, notre réponse sera fort simple. Jamais le salaire d'un travailleur n'achètera le produit de son travail, parce que ce produit ne s'obtient pas seulement avec du travail ; parce qu'il a un prix composé d'autres éléments, qui, par cela même, est supérieur au salaire, au prix du travail. Autant vaudrait dire que la portion est égale au tout : il suit de là nécessairement que la totalité des salaires ne saurait acheter la totalité des produits.

Quant aux fantaisies et aux prodigalités de l'opulence, le domaine ne laisse pas d'en être assez restreint. Les organes et les appétits de l'homme ne croissent pas comme ses richesses. Il y a tout un ordre de produits où la consommation du riche a bientôt trouvé sa limite ; ce sont les produits alimentaires. Peu importe la production croissante des grains, du bétail, des vins, des légumes, ce n'est pas à dire que la classe riche consommera le surcroît de ces produits qui eût suffi aux besoins des autres classes et que celles-ci ne peuvent acheter ; elle y est physiquement impuissante ; elle ne saurait franchir les bornes que la nature a mises à la capacité de ses organes, et même à l'énergie de ses convoitises. — Ainsi il y aura une certaine quantité de denrées agricoles qui languiront sans échanges ou qui s'échangeront avec un profit médiocre, si ce n'est à perte. — Ajoutons qu'il y aura, parallèlement, même quantité d'articles manufacturés réduite à cette condition, faute d'être demandée par le producteur agricole qui ne trouve pas l'écoulement de ses denrées.

Cet échange des produits de la campagne contre ceux de la ville, ce fait capital sur lequel s'appuient avec tant de sécurité les apologistes de la production à outrance, est donc une base trompeuse et chancelante. Certains produits agricoles ont une consommation limitée par les organes physiques de l'homme, et cette limite existe par cela même pour tous les autres produits.

Nous reprocherait-on d'omettre une donnée décisive, c'est-à-dire la baisse des prix et la hausse des salaires, circonstances inhérentes à tout essor de la production, et qui doivent élever singulièrement la puissance de consommation des classes salariées ? Mais le premier de ces faits n'est exact qu'à moitié et n'engendre d'ailleurs aucune des conséquences qu'on lui prête. La baisse des prix qui accompagne tout progrès de

CHAPITRE X.

l'industrie, tout emploi supérieur des machines, n'a lieu que pour les produits manufacturés, c'est-à-dire pour la moindre consommation du travailleur : elle ne se fait nullement sentir aux produits agricoles qui constituent sa plus grande dépense. — Quant à la hausse des salaires, la circonstance qui détermine la baisse de prix qu'on vient de reconnaître, c'est-à-dire l'usage croissant des machines, ne permet pas d'y croire. Dans l'hypothèse où l'on s'est placé, celle d'un surcroît de production qui réponde aux besoins de tous les membres de la communauté, ce qui peut arriver de plus favorable au salaire, c'est le *statu quo*, au moyen du progrès agricole qui emploie au travail des champs les ouvriers congédiés par le progrès mécanique des manufactures. La classe salariée ne pouvant dès-lors acquérir plus de produits qu'auparavant, la classe riche ne pouvant consommer plus qu'auparavant d'une certaine espèce de produits, il en résulte ceci :

Tout le surcroît de denrées agricoles et tout le surcroît de produits quelconques, avec lequel les denrées agricoles devaient s'échanger, constitue un luxe, un excès, une surabondance de produits qui, se disputant l'acheteur, doivent préjudicier au capital et altérer gravement les profits.

Mais si l'on doit croire avec Ad. Smith à la possibilité d'un engorgement, soit partiel, soit universel, il serait téméraire peut-être d'en accuser comme lui la richesse du pays où se produisent ces faits.

Est-ce la disconvenance des produits qui détermine l'encombrement sur quelques points, la faute n'en est pas à l'abondance des capitaux, mais à l'ignorance des capitalistes, qui ne sauraient embrasser d'un coup d'œil toute l'étendue du marché, en pénétrer tous les besoins et mesurer leur production à la variété, à l'intensité des demandes. Il n'y a là de coupable que la concurrence, que l'emploi inintelligente indiscipliné des capitaux. Ces désordres pourraient, éclater dans le pays le plus pauvre et affecter l'usage des moindres facultés productives ; il suffit pour cela qu'elles opèrent librement sur un marché de quelque étendue. — On ne voit pas jusqu'ici le tort que fait aux profits l'opulence d'une nation.

Est-ce la surabondance des produits qui entraîne un engorgement universel, une réduction de bénéfice pour tous les capitaux ? On ne saurait en conclure qu'il y a trop de capitaux, trop de puissances productives. Cette conséquence ne serait exacte que si tous les besoins de chaque individu étaient satisfaits jusqu'à la satiété, hypothèse qui n'a pas sans doute la prétention d'être prise au sérieux. On ne peut soutenir qu'il y ait trop de produits, cela serait absurde et impie, en présence de tant de dénuements, à la face de tant d'affamés : on peut seulement dire qu'il y en a trop pour la classe qui seule est en état de les acquérir. Telle est la vérité des choses ! Mais qui ne voit alors que la surabondance des capitaux n'est pour rien dans cet encombrement de denrées, dans l'impossibilité des échanges, dans l'altération des profits ? Le principe du mal est ailleurs ; il est tout entier, non dans la quantité des capitaux, mais dans la manière dont ils sont répartis ; s'ils l'étaient avec plus d'égalité, leurs produits, au lieu d'être la propriété exclusive de quelques-uns, seraient celle d'un plus grand nombre, et rien n'en assurerait mieux l'échange, car les produits pourraient désormais répondre à l'appel des masses, sollicités, non plus seulement par le cri des besoins, mais par une demande pleine d'offres et riche de matières échangeables. Acquérir et consommer se confondraient plus souvent et tendraient à s'équilibrer. Plus il y aurait diffusion des moyens d'échange, et plus il y aurait facilité pour l'échange, accroissement pour la consommation et faveur pour les profits. — Que si les choses se passent autrement, il ne faut pas s'en prendre à la richesse en elle-même, mais à la richesse inégalement distribuée qui ne peut cumuler la puissance de produire avec l'assurance de vendre.

Il est vrai qu'en raisonnant comme on vient de faire, on admet une autre cause à la baisse des profits que la hausse des salaires, et qu'on se borne à disculper de cette baisse l'affluence de capitaux.

Mais on croit l'avoir déjà dit : tout en observant l'influence des salaires sur les profits, on n'a pas avancé que cette influence fût unique. Comme le profit est la différence du prix de revient au prix de vente, il doit subir toute influence qui altère l'un ou l'autre de ces prix. Or, le taux des salaires n'est que l'un des éléments du prix de revient, et ne peut résumer en lui toutes les modifications que comportent les profits.

CHAPITRE X.

CHAPITRE XI.

Les salaires sont-ils voués à la baisse par le progrès immodéré de la population ? — Oui, s'il fallait en croire Malthus. — Discrédit où est tombée sa doctrine. — Opinion de M. Dunoyer et de M. Rossi : C'est la baisse des salaires qui fait l'excès de la population, et non l'excès de la population qui fait la baisse des salaires. — Réaction contre Malthus, née en France du spectacle décisif de certains faits. — Accroissement médiocre de la population française, à côté du vaste développement de la richesse nationale. — S'il y a misère dans les classes inférieures, elle ne peut donc se rapporter à l'influence exclusivement signalée par Malthus.

Nous venons d'analyser un de ces faits généraux, une de ces lois qui règlent le rapport des profits aux salaires. Nous avons montré comment l'État combiné des capitaux et de la population, agissait sur le taux des salaires et par conséquent sur celui des profits. Il nous reste à rechercher la tendance de cette action. — Sera-t-elle constamment soit à la hausse, soit à la baisse du salaire, ou bien comporte-t-elle des vicissitudes, des oscillations ? En d'autres termes, la population est-elle vouée à un accroissement qui devancera toujours celui des capitaux, qui perpétuera sans fin l'avilissement du travail, ou bien a-t-elle des lois d'équilibre pour en modérer l'essor et en niveler le trop plein ?

Parmi ces prévisions, il en est une qu'il faut éliminer tout d'abord et qui ne saurait y figurer sérieusement. Les salaires n'ont pas une tendance constante à la hausse. Cela ne pourrait avoir lieu que de deux façons, soit parce que la population se réduirait en présence de capitaux non réduits, soit parce qu'elle demeurerait stationnaire en présence de capitaux progressifs : deux hypothèses également inadmissibles, contredites qu'elles sont par toutes les données de l'expérience et du cœur humain. Pourquoi le travailleur, qui peut transmettre à son fils une condition égale à celle dont il a joui, n'aurait-il pas un fils ? Pourquoi n'en aurait-il pas plusieurs, si la demande croissante du travail, liée au progrès des capitaux, promet à chacun d'eux un sort équivalent à celui de leur père ?

Le débat se réduit donc à ceci : le salaire doit-il subir une baisse constante accompagnée de la hausse des profits, ou bien lui est-il permis

Charles Brook Dupont-White

d'espérer des alternatives de hausse et de baisse ?

S'il fallait adopter la théorie de Malthus, la réponse serait toute prête. Les salaires, dirions-nous, sont voués à une baisse incurable. L'observation révèle bien des degrés dans l'échelle de la misère, dans les abîmes de l'indigence, et l'on ne sait pas précisément jusqu'où le travailleur pourrait tomber sans mourir ; mais on sait au juste qu'il y a toujours autant d'hommes qu'il en peut vivre, même de la vie la plus précaire et la plus dénuée. « La population tend constamment à dépasser les « moyens de subsistances, a dit le maître. » — Il y aura donc une partie de la population, celle qui touche à l'extrême limite des subsistances, toujours prête à s'accommoder du moindre salaire, à prendre le travail au rabais, et qui en réduira partout le prix au niveau qu'elle préfère à la mort.

Mais la théorie de Malthus éprouve à cette heure un singulier retour de fortune. Accueillie d'abord comme le dernier mot de la science, prônée à l'égal d'une révélation, il lui faut compter aujourd'hui avec les faits accomplis depuis quarante années, avec les démentis qu'ils lui ont apportés de toutes parts.

L'excès de la population, disait Malthus, est la cause unique de la misère. — Non, lui réplique-t-on de nos jours, c'est l'excès de la misère qui fait celui de la population. C'est là que résident, avec l'insouciance et le désespoir, ces influences prolifiques qui couvrent de misérables les contrées industrielles.

Jamais à coup sûr, réaction ne se produisit plus carrément. On a hâte d'ajouter qu'elle eut en sa faveur les noms les plus imposants de la science économique. Nous pourrions en citer plus d'un qui a renié les exagérations systématiques de Malthus.

« Je reconnais sans difficulté, dit M. Dunoyer, la justesse de cette remarque que « les classes très misérables croissent avec leur misère, et que c'est à l'extrême « limite du dénuement que les êtres humains se pressent en plus grand nombre, « comme pour se disputer le droit de souffrir. J'admets ce que l'on dit des pauvres « irlandais : que destitués de prévoyance parce qu'ils sont privés d'espoir, ils « pullulent au hasard comme des plantes sauvages dans un champ abandonné. »

M. Rossi a exprimé la même pensée en termes non moins affirmatifs :

« L'homme qui vit de privations saisit avec empressement toute excitation « physique qui peut lui faire oublier un instant sa misère.

CHAPITRE XI.

L'union des sexes, « dépouillée de toute idée de moralité et d'avenir, n'est plus pour le père de famille « qu'un moyen de suspendre momentanément le cours de ses souffrances.... Celui « qui n'a rien et qui désespère d'un meilleur avenir, celui qui a fini par croire qu'il « est abandonné de tout le monde, qu'il est en guerre avec le genre humain, celui-là « n'a rien à prévoir, rien à calculer ; il ne songe qu'au moment présent et qu'à lui-« même. Peut-il mettre au monde des êtres plus malheureux qu'il ne l'est ? « D'ailleurs, qui aurait le droit de se plaindre ! Il a bien vécu, lui, dans le besoin, au « jour le jour, sans autre appui que la Providence, elle ne manquera pas à ses enfants. »

Il faut s'en tenir à ces lumineux développements : c'en est assez pour conclure avec toute certitude que la population n'a pas une tendance essentielle a dépasser les moyens de subsistance ; que ce penchant regrettable est toujours un accident, et qu'il appartient, non pas à l'État normal de la société, mais seulement à certaines circonstances, à certaines classes visitées par la détresse et le désespoir.

Ce revirement des esprits était chose toute naturelle à la suite des faits nouveaux et décisifs dont nous avons le spectacle depuis le commencement du siècle actuel. C'est en France qu'il devait éclater, car c'est là que s'est produit tout un ensemble, toute une série de phénomènes dont la doctrine anglaise ne peut supporter l'aspect. C'est là que le progrès modéré de la population, que l'immense progrès des capitaux, que le rapide essor de l'agriculture constituent le démenti le plus formel, l'épreuve la plus insoutenable pour la théorie de Malthus.

Ces assertions semblent se justifier d'elles-mêmes ; il en est une toutefois qui vaut la peine qu'on s'y arrête, parce qu'elle choque les idées vulgaires, les préjugés du pays sur l'accroissement de sa population.

Cet accroissement, il faut bien le savoir, est inférieur à la moyenne de ce qu'il est dans le reste de l'Europe. Dans cet ordre de faits, il n'y a guère après nous que le Portugal et la Turquie.

La statistique la plus compétente n'a pas de notion mieux établie.

« Les populations de l'Europe réunies, dit M. Moreau de Jonnès, se sont accrues en moins de l'espace d'un demi-siècle (à partir de 1788), de 75 p. 100. Trois puissances : la Russie, la Prusse et la Grande-Bretagne ont dépassé considérablement ce terme moyen général. — Deux autres : l'Autriche et la Suisse l'ont atteint sans aller au-delà. — Huit sont demeurées au-dessous plus ou moins : l'accroissement *de la*

France ne s'est pas élevé à la moitié du terme moyen général de l'Europe ; il est inférieur à celui de tous les autres pays, excepté trois : la Suisse, le Portugal et la Turquie [1]. »

Nous sommes donc fondés à le croire : en France le progrès de la population a été des plus mesurés. Quant à l'essor prodigieux des capitaux, l'évidence exclut la preuve ; elle proclame avec toute son autorité, que ce développement a passé de bien loin celui de la population, et qu'il offre une ampleur, une puissance de résultats dont rien n'approche dans les allures prudentes et circonspectes du progrès qu'on a signalé d'abord. — Travail et richesse, valeurs et produits, tout a grandi, tout a gagné en nombre, en énergie, en diffusion.

Au milieu des indices de toute sorte qui composent cette évidence, s'il fallait s'attacher à un fait et à une époque, s'il fallait démêler les éléments d'une démonstration, on croirait les avoir trouvés dans le rapprochement du progrès de la population et du progrès de l'impôt des patentes depuis 1800.

Rien de plus propre que cet impôt à constater l'état et le mouvement de la richesse publique. Prélevé sur l'exercice et les revenus de toutes les industries, il ne peut s'élever ou s'abaisser sans révéler l'accroissement ou le déchet des capitaux industriels. À ce compte, il peut passer pour un critérium assez fidèle de la richesse générale, car les capitaux qu'il représente médiatement, ont l'éminente propriété de se reproduire avec une puissance incomparable et d'alimenter entre tous la production agricole et commerciale.

On se rend compte aisément de la supériorité productive de l'industrie. Les agents naturels qu'elle emploie, comme l'air et la vapeur, lui offrent un concours incessant, illimité : ce sont des forces qu'elle rencontre partout, qu'elle ne paye nulle part et qui ont l'avantage de ne jamais se lasser ni s'épuiser. Par où l'industrie l'emporte certainement sur l'agriculture, dont l'instrument de production, borné en puissance et en étendue, est toujours guindé à un prix de monopole. — Ces agents naturels, il est vrai, ne fonctionnent pas sans machines, et l'appareil nécessaire à leur mouvement semble constituer un capital fixe, analogue à celui que représente la terre ; mais comment comparer l'importance toute secondaire de ce capital dans l'œuvre industrielle, à celle de la terre dans l'œuvre agricole ?

---

[1] *Journ. des Écon.* - Janvier 1842, p. 168.

CHAPITRE XI.

Les recherches de M. Dutens pour 1835, portent à trois milliards le capital fixe de l'industrie française, et son capital circulant à quatre milliards ; tandis que la richesse agricole présente en capital fixe quarante-quatre milliards, et trois milliards seulement en capital circulant.

Telle est l'énorme différence qui distingue le rôle du capital fixe dans l'un ou l'autre de ces emplois. Inférieur au capital circulant dans le domaine de l'industrie, il lui est plus de dix fois supérieur dans celui de l'agriculture, où le sol représente à lui seul presque toute la valeur de ce capital.

L'industrie n'a pas à subir au même degré la charge de ce concours, le fardeau de cet auxiliaire. La nature lui prête gratuitement son aide, aussi lui est-il donné de multiplier ses produits avec une abondance, une profusion qui dépassent de bien loin tous les efforts de l'agriculture.

Les produits industriels ont cet avantage qu'il leur est permis d'aller au loin chercher des acheteurs, de choisir leur marché et de se présenter partout où la demande élève les prix, tandis que les denrées agricoles, retenues par leur volume aux lieux de production, doivent s'y débiter et s'y consommer [1]. Ajoutons que ces denrées s'adressent sans doute au premier de nos besoins, mais aussi bien à un besoin très limité et qui a sa mesure précise dans la capacité de nos organes physiques, tandis que l'industrie travaille pour des besoins illimités et insatiables, c'est-à-dire pour tous les caprices de l'amour-propre, de l'ostentation, de la sensualité, de la mode... Il est clair que, sous l'influence de ces deux causes, elle doit réaliser d'énormes profits, et fonder ces grandes opulences, ces grandes concentrations de produit net, devant lesquels s'extasie désormais la science économique de l'Angleterre.

Si l'industrie est en possession de produire avec une incomparable énergie, elle excelle aussi bien à féconder toutes les autres branches de la production. Les capitaux qu'elle crée ne conservent pas tous une destination industrielle ; il en est qui se versent dans l'agriculture, détournés de leurs anciennes voies par la lutte opiniâtre qu'ils y rencontrent tôt ou tard, attirés d'ailleurs vers le placement territorial, par les avantages de considération et de sécurité qui lui appartiennent ; de telle façon que si l'industrie a la propriété de réaliser les gains les plus

---

1 Tandis que le blé se vend à Marseille 22 fr. l'hectolitre, il ne se vend que 15 fr. dans les départements du Nord. (Rapport de M. Latné à la chambre des députés, sur la loi céréale du 17 juillet 1819. (Séance du 31 mars 1819.)

Charles Brook Dupont-White

considérables, elle est loin de les retenir invariablement dans l'emploi d'où ils sont nés ; il lui échappe tous ceux qui sont tentés par l'appât d'une consolidation foncière, par l'attrait inné de l'agriculture.

Ainsi le progrès de l'industrie est celui de la production dans tous les genres, de la richesse publique dans tous ses éléments. Dès-lors, s'il y a une échelle infaillible pour apprécier l'état de l'industrie, on peut la consulter avec toute sécurité sur celui de l'opulence nationale.

Cette échelle, nous croyons l'avoir trouvée dans l'impôt des patentes qui révèle le nombre des industries par le montant du droit fixe, et leur importance par le droit proportionnel, calculé sur le loyer de l'usine et de l'habitation, c'est-à-dire sur le revenu. Le produit croissant ou décroissant de cet impôt ne peut manquer d'être la traduction fidèle de chaque pas fait par l'industrie, soit en avant soit en arrière.

Or, voici le tableau des vicissitudes de cet impôt, à partir de 1802. On s'arrête à cette époque, parce que c'est celle où le recouvrement en fut confié aux agents des contributions indirectes, après avoir été jusque là une besogne municipale médiocrement accomplie.

1802	19,319,554 fr.
1813	16,922,003
1816	40,453,000
1829	26,880,000
1837	28,992,658
1844	31,600,000

On s'explique sans peine la diminution qui affecte l'année 1813, appauvrie par tant d'efforts et de sacrifices. — Quant à l'augmentation exorbitante qui se remarque en 1816, elle tient au doublement de l'impôt des patentes par voie de centimes extraordinaires, mesure nécessitée par les besoins de l'époque, et que fit cesser la loi du 25 mars 1817. Abstraction faite de cette circonstance, l'année 1816 doit figurer pour vingt millions seulement et présente encore, à l'état normal, quelque progrès sur les exercices précédents.

Tout compte fait, le produit de l'impôt des patentes a monté de 19 à 31 millions depuis le commencement du siècle actuel, d'où il suit que la richesse publique dont cet impôt est le critérium, s'est augmentée de plus de trois cinquièmes.

Cela posé, si l'on recherche quel a été pendant le même laps de temps le

CHAPITRE XI.

progrès de la population, on trouve qu'elle était, en 1802, de 27 millions d'âmes [1]. — Elle est aujourd'hui, d'après le dernier dénombrement officiel, de plus de 33 millions.

Ainsi, en France, l'accroissement de la population, dans un temps donné, a été de moins du quart, tandis que celui de la richesse publique était de plus des trois cinquièmes !

Que reste-t-il de la théorie de Malthus en présence de ces résultats ? Où sont-elles donc ces populations luxuriantes, qui devancent l'appel des capitaux, et qui s'entassent à l'extrême limite des subsistances ?

Dira-t-on qu'un peuple ne se nourrit pas de capitaux, mais de denrées agricoles ; que l'accroissement des uns n'est pas celui des autres ; qu'un pays peut-être riche par l'industrie, et néanmoins assez pauvre en céréales pour refuser tout encouragement à la population ?

Le principe est exact, et la Hollande en offrait autrefois une frappante application, mais qui ne se retrouve nullement dans la France actuelle.

Ou la richesse de notre pays lui vient de l'agriculture, et l'objection alors n'a plus même de prétexte ; ou bien elle s'est faite par l'industrie, c'est-à-dire à grand renfort de salaires. Dans ce dernier cas, la distribution de la richesse permettait une demande croissante de denrées alimentaires, en même temps que l'étendue du territoire et la qualité du sol garantissaient une production égale à la demande [2]. Si la population, maîtresse de commander plus de subsistances et certaine de les obtenir, ne s'est pas autrement multipliée, c'est qu'elle ne l'a pas voulu, c'est qu'elle n'était pas d'humeur à pulluler dans la seule perspective du strict nécessaire qui préserve de mourir.

Malthus l'a oublié : l'homme ne se nourrit pas seulement de pain. Il lui faut d'autres raisons de naître que la possibilité de vivre ; s'il se reproduit, ce n'est pas pour transmettre l'existence seulement, mais aussi bien toutes les conditions d'existence au-dessous desquelles il n'y a plus d'homme, s'il reste encore l'être et la vie.

Non, l'histoire de la reproduction humaine n'est pas celle du bouc et

1 En chiffre précis : 27, 349, 003. – V. *Statistique générale*. – *Territoire et population* p. 165.

2 Cela n'est pas une conjecture fondée sur la vraisemblance, mais un fait énoncé comme constant par les statistiques officielles. – La France, qui en 1818 ne produisit que 52, 200, 000 hectolitres de blé, d'après M. Chaptal, et en 92, 47, 300, 000 d'après Lavoisier, en produit aujourd'hui 69, 558, 000. (Voyez l'article Blé de M. Moreau de Jonnès, dans le *Journal des Économistes*, numéro de janvier 43, p. 146.)

Charles Brook Dupont-White

de la chèvre laissés dans l'île de Juan Fernandez, et qui, au milieu de la plus abondante pâture et de la plus complète sécurité, s'y multiplièrent jusqu'à l'étouffement [1].

Partout cette grossière explication vient se briser contre les faits.

En France, nous venons de le voir, grande richesse, grand essor de toutes les facultés productives, et cependant progrès médiocre de la population.

En Angleterre, progrès excessif de la population, mais qui s'explique par l'insouciance et par l'abrutissement du désespoir.

En Amérique, pullulation considérable, mais non démesurée, inférieure qu'elle est à l'exubérance de ressources alimentaires, offerte par la fertilité du sol et par l'immensité du territoire.

Telle est la tendance normale de la population ; telle est la loi de ses vicissitudes, observée en France et en Amérique, où l'homme de toute classe a conservé quelque respect de soi et des siens, violée exceptionnellement en Angleterre sous le régime des castes, c'est-à-dire de la déchéance et de la dégénérescence du plus grand nombre [x].

Ainsi, la population n'est pas sujette en soi à un accroissement démesuré qui menace les salaires d'une baisse incessante et qui promette aux profits une élévation progressive. Si cet effet se produit un jour, il n'appartiendra pas à cette cause. — Si jamais l'opulence du petit nombre et la misère des masses se déclarent en France, il ne sera pas vrai de dire que les masses se sont livrées et offertes elles-mêmes à l'exploitation du petit nombre, par l'abus du mariage, par l'excès de la procréation.

---

[1] Malthus. – *Essai sur le principe de la population.* – Voir l'appendice.

CHAPITRE XI.

CHAPITRE XII.

Comment le prix des denrées de première nécessité agit sur les salaires et les profits. — La hausse de ce prix ajoute à l'élévation des salaires, si le travail est rare et recherché : elle n'en arrête pas la baisse, si le travail est surabondant. — Sur ce dernier point, opinion contraire de Ricardo. — Souffrances énumérées par M. Say, qui ne permettent pas de croire à l'accroissement parallèle des besoins et des ressources. — Les subsistances sont-elles chères par rareté, la hausse du salaire ne fera aucun bien à l'ouvrier : elle lui en fera beaucoup, si les subsistances ne sont chères que parce qu'elles ont été chèrement produites. — 1ʳᵉ objection : Puissance des habitudes et des traditions qui maintient les salaires. — Réponse : Ces mœurs n'ont rien de stables : elles doivent s'éteindre dans les crises industrielles. — 2ᵉ objection : Salaires d'aujourd'hui supérieurs à ceux d'autrefois ; salaires des villes supérieurs à ceux des campagnes : donc le prix du travail croît comme celui des vivres. — Réponse : La supériorité du salaire, dans ces deux cas, tient uniquement à la demande supérieure du travail : fait attesté par la hausse des gages domestiques qui n'ont pas à se nourrir.

Lorsqu'on a montré l'influence exercée sur les salaires par l'état de l'offre et de la demande du travail, ou, en d'autres termes, par le rapport de la population aux capitaux, on croit volontiers avoir tout dit, et la matière paraît épuisée. Cette vue cependant serait erronée et défectueuse.

L'ouvrier n'applique pas immédiatement à ses besoins la portion de métal qui sert d'évaluation et de récompense à son travail ; il faut pour cela qu'il l'échange contre un approvisionnement de denrées nécessaires ou utiles à son entretien. Tel est le salaire réel, tandis que l'autre n'est que nominal. Or, ces denrées ne sauraient être d'un prix très élevé, sans agir, dans une certaine mesure, sur le taux des salaires et sans modifier l'action de la première cause que nous venons d'analyser.

Quand les objets de première nécessité sont montés à ce prix, si les capitaux abondent, si le travail est rare et vivement demandé, le travailleur, prenant en considération la plus value de ces objets, élèvera ses prétentions d'après la double base et du besoin qu'on a de ses services et de la plus grande cherté des subsistances. C'est chose naturelle que le renchérissement d'une marchandise plus demandée qu'offerte, et quand elle est le gagne-pain du vendeur, il est encore naturel qu'elle renchérisse, non seulement d'après l'état de la demande, mais encore selon le prix du pain.

C'est alors, mais uniquement alors, que le prix élevé des subsistances modifie le prix du travail. Cette circonstance ajoute à l'élévation des salaires, mais n'en arrête pas la baisse déterminée par l'offre surabondante du travail.

La hausse des produits agricoles n'a point pour suite inévitable, quoiqu'en dise Ricardo, la hausse des salaires ; son effet le plus constant est l'aggravation du sort de l'ouvrier. S'il est incapable désormais de se procurer avec son salaire autant de bien-être que par le passé, l'expédient est des plus simples ; il se réduira, il se privera : c'est là une des disgrâces, une des infériorités essentielles de sa position. — Que si même le strict nécessaire vient à lui manquer, s'il ne peut vivre et continuer sa race avec les seules ressources dont il dispose, ce n'est pas à dire qu'il mourra de faim soudainement sous les yeux de son maître : non, sans doute. L'effet ainsi rapproché de la cause n'aurait jamais lieu ; la hausse ne serait jamais refusée au salaire, si le refus devait avoir instantanément cette conséquence. — Mais l'ouvrier perdra d'abord ses forces sous un régime de privations et de souffrances continues, pour s'éteindre ensuite dans une lente exténuation, pour mourir enfin d'une simple impossibilité de vivre. Comme ce dénouement n'a rien d'une catastrophe, comme il est sans éclat et sans bruit, il passe inaperçu, ou même il s'impute volontiers à des causes particulières, accidentelles, que sais-je, ivrognerie, inconduite, excès....

Cette sombre peinture n'est pas exagérée à plaisir ; on la retrouve trait pour trait chez le plus classique de nos économistes.

« Tous les ans, dit M. Say, une partie de la population périt de besoin : cela ne « doit pas s'entendre comme si elle mourait positivement du défaut de nourriture, « quoique ce malheur soit beaucoup plus fréquent qu'on ne pense. Je veux dire « seulement que les hommes qui périssent de cette manière, n'ont pas à leur « disposition tout ce qui est nécessaire pour vivre, et que c'est parce qu'ils « manquent de quelque chose qui leur serait nécessaire qu'ils meurent. Par « exemple :

« Tantôt c'est un malade ou un homme affaibli, qu'un peu de repos remettrait, « ou bien à qui il ne faudrait que la consultation d'un médecin et un remède fort « simple ; mais qui ne peut ni prendre de repos, ni consulter le médecin, ni faire le « remède.

« Tantôt c'est un enfant qui réclame les soins de sa mère ; mais sa mère est « forcée au travail par l'indigence : l'enfant périt ou par un accident, ou par « malpropreté, ou par maladie. Sur un nombre égal d'enfants pris dans la classe « aisée et dans la classe indigente, je crois qu'on s'éloignerait peu de la vérité en « affirmant qu'au bout du même espace de temps, il en sera mort dans la seconde « deux fois autant que dans la première.

« Enfin une nourriture trop peu abondante ou malsaine, des habitations étroites, « humides ou surchargées d'habitants, l'impossibilité de changer souvent de linge, « de se vêtir plus chaudement, de se sécher, de se chauffer, causent la mort de bien « des personnes, et toutes celles qui périssent faute des moyens nécessaires pour « satisfaire à ces besoins, meurent de besoin. »

Les choses se passeraient-elles de la sorte si le prix du travail s'élevait avec celui des denrées que consomme le travailleur ? Si les ressources croissaient comme les besoins ?

La hausse des objets de première nécessité se résout donc presque toujours en un surcroit de misère pour le travailleur. Ricardo ne pouvait fermer les yeux sur cette déplorable nécessité ; mais s'il a prévu l'objection, comment l'a-t-il résolue ? « Il est impossible, dit-il de concevoir comment le prix en argent des salaires « pourrait baisser ou rester stationnaire pendant que celui des objets de première « nécessité hausserait graduellement. On peut donc regarder comme une chose « démontrée que, dans les cas ordinaires, il n'arrive point de hausse permanente « dans le prix des articles de première nécessité qui ne cause une hausse des « salaires ou qui ne soit l'effet d'une hausse qui se serait opérée auparavant. »

Voilà toute la réponse d'un des esprits les plus subtils, d'un des observateurs les plus profonds dont s'honore la science !

Oui, sans doute, la hausse permanente des produits agricoles amènera la hausse des salaires, mais à quel prix ? Par la souffrance et par la mortalité. C'est à cette condition seulement que l'armée de travailleurs s'éclaircit, que le trop plein se nivelle, et que le marché du travail, en se dégarnissant, voit remonter les salaires. Telle est l'unique voie par

Charles Brook Dupont-White

où s'opère le rapprochement du prix naturel et du prix courant du travail, l'un qui se détermine par les besoins de la vie, l'autre par l'état de l'offre et de la demande. Pour que l'ouvrier reçoive de quoi vivre en échange de son travail, pour qu'il en touche le prix naturel, il faut qu'il y ait autant et peut-être même plus de besogne que de bras. Dans le cas opposé, les salaires baisseront jusqu'à ce que la disparition des moins robustes parmi les travailleurs ait rétabli le niveau entre l'ouvrage et ceux qui s'offrent à l'accomplir. La circonstance de la hausse des produits agricoles touchera peu le producteur et n'arrêtera pas cette baisse. Peut-on s'en étonner, quand il se trouve des écrivains pour démontrer *ex professo* que cette hausse ne confère aucun droit à l'ouvrier, et n'ajoute rien aux obligations du maître ?

« Le prix du travail, dit Buchanan [1], n'a point de rapport nécessaire avec le prix « des subsistances, puisqu'il dépend entièrement de l'offre du travail industriel « comparée avec la demande. D'ailleurs il faut faire attention que le haut prix des « subsistances est un indice certain de la diminution de l'approvisionnement, et a « lieu dans le cours ordinaire des choses, afin d'en retarder la consommation. Une « moindre quantité de vivres partagée entre le même nombre de consommateurs, « en laissera évidemment à chacun une moindre portion, et le travailleur sera forcé « de supporter sa part de privation dans la disette. Pour que ce fardeau soit « distribué également, et pour empêcher que le travailleur ne consomme autant de « subsistances qu'auparavant, le prix monte. On prétend que les salaires doivent « monter en même temps pour mettre le travailleur en état de se procurer la même « quantité d'une denrée devenue plus rare. Mais si cela était ainsi, la nature « contrarierait elle-même ses propres desseins en faisant d'abord monter le prix des « subsistances, afin d'en diminuer la consommation, et en faisant ensuite hausser « les salaires pour fournir au travailleur le même approvisionnement « qu'auparavant. »

On ne saurait imaginer un sophisme plus flagrant. La moindre réflexion révèle deux causes possibles à la cherté des produits agricoles : l'insuffisance ou la cherté de la production. — Quand c'est la rareté des céréales qui en élève les prix, Buchanan a raison : la hausse des salaires ne fera qu'exagérer celle des produits agricoles demandés de toutes parts avec insistance, avec anxiété. L'ouvrier pourra sans doute y mettre un plus haut prix, mais il n'en aura pas davantage ; sa surenchère sera

1 *Comment.sur Ad. Smilh,* p. 591.

toujours couverte et dépassée. Dans la concurrence qui se fait autour de cet objet de première nécessité, il sera infailliblement vaincu par les classes riches, pressées qu'elles sont d'un égal besoin, et armées de moyens supérieurs.

Mais il en sera tout autrement si la cherté des subsistances tient à celle de leur production, si l'approvisionnement, devenu plus coûteux, est demeuré le même en quantité : alors, l'ouvrier n'est pas condamné par la force des choses à réduire sa consommation, et la hausse des salaires est désirable autant que juste, parce qu'elle le maintient dans les conditions dont il avait joui jusque là, et dont il serait déchu si elle n'avait pas lieu.

C'est dans ces limites que la hausse des produits agricoles agit sur les salaires et par conséquent sur les profits. Quand le travail est cher, il devient plus cher sous le coup de cette hausse. Le renchérissement ici se proportionne exactement à la cherté ; il cesse tout à fait si le travail, plus offert que demandé, est réduit à subir toute espèce de salaires.

Mais nous avons à compter avec une difficulté dont on fait grand état, et qui toutefois a quelque chose d'insaisissable dans le vague dont elle s'enveloppe. On prétend que le prix du travail ne peut demeurer stationnaire en présence du prix croissant des subsistances, et que les mœurs, les traditions, le climat de chaque pays déterminent un niveau, un minimum au-dessous duquel les salaires ne peuvent descendre. Il y a, dit-on, une limite naturelle à leur baisse, laquelle est fixée, non pas seulement par les besoins physiques de l'ouvrier dans chaque pays, mais encore par les opinions qu'on y entretient sur la valeur et la dignité de l'homme.

Nous avouerons sans peine que, dans un pays médiocrement peuplé, où la terre est ménagée par l'impôt, où l'agriculture est en crédit à côté d'une industrie florissante, où la vie et la liberté de l'individu sont hautement estimées et garanties, le salaire doit se ressentir de ces circonstances et de ces institutions. Plus rare, plus nécessaire, plus intelligent, le travail aura en outre quelque dignité virile, quelque fierté civique. Le maître et l'ouvrier, en traitant sous cette influence, prendront des habitudes de respect de soi-même et d'équité, inconnues ailleurs. C'est ainsi que les choses se passèrent peut-être dans la Grande-Bretagne, pendant la première moitié du 18e siècle. Mais ces habitudes ont-elles la puissance et la ténacité qu'on leur prête ? Mais l'Angleterre les a-t-elle conservées ? — Voilà ce qu'il faut vérifier.

Charles Brook Dupont-White

Elles sont incompatibles, selon nous, avec la prédominance du régime manufacturier. Elles doivent périr dans les crises périodiques inhérentes à ce régime ; car ces crises entraînent des intermittences de salaire qui préparent le travailleur à en souffrir l'insuffisance dans les temps réguliers. Lorsqu'aux époques de chômage, l'ouvrier est obligé de vivre pendant une semaine avec le travail de trois jours, il apprend à vivre de moins, à diminuer ses consommations, à réduire son bien-être. Si ces époques se renouvellent fréquemment, l'altération de régime, l'appauvrissement d'existence qu'elles comportent, finiront par détruire les habitudes anciennes et par en constituer d'autres, toutes de privation et de dénuement. Les crises ne sont pas éternelles, sans doute, et les salaires retrouvent des alternatives de stabilité, des périodes d'élévation ; mais ce retour, désormais inefficace, n'apporte pas d'amélioration dans le sort des classes laborieuses — elles ont appris jusqu'où la misère était compatible avec la vie ; une fois rationnées de la sorte, une fois faites à cette dégradation, des salaires meilleurs ne servent plus chez elles qu'à l'encouragement du mariage et de la procréation. En d'autres termes, cette hausse n'est que passagère, inaperçue ; au lieu d'adoucir l'intensité de la misère, elle ne fait qu'augmenter le nombre des misérables. C'est la quantité des salaires, et non leur montant, qui vient à s'accroître. Telle a été la marche des choses en Angleterre depuis un demi-siècle. Il n'y a rien de mieux attesté, soit par les enquêtes officielles, soit par les motions parlementaires, que la détresse croissante de ses classes laborieuses. C'est le grand souci, c'est le lieu commun de la politique anglaise, et qui n'est pas d'hier. Il y a vingt ans déjà que ce spectacle a suscité un schisme parmi les économistes. La crise anglaise de 1825 fut l'inspiration de M. de Sismondi dont les vues et les théories défraient aujourd'hui encore les nombreux adversaires de la concurrence.

Il ne faut plus citer le régime des pauvres secourus par les paroisses pour admirer à ce propos la toute-puissance des mœurs qui profite aux mendiants eux-mêmes, et pour supputer sur cette base la dose de bien-être qui revient nécessairement à l'ouvrier anglais. Le fait est qu'en Angleterre, le pauvre légal était plus heureux que l'ouvrier. C'est contre ce scandale que fut dirigé le bill d'amendement des *poor laws*, adopté en 1834. On peut voir dans un livre couronné par l'Académie des sciences morales et politiques, que coûte désormais l'asile du Workhouse, et comment toutes choses ont été remises à leur place, en réduisant l'aumône au-dessous du moindre salaire.

CHAPITRE XII.

Nous n'avons pas fini avec toutes les résistances, toutes les difficultés de ce sujet. Si les salaires ne haussent pas avec le prix des denrées, il y a des faits, nous dira-t-on, qui demeurent inexplicables. Pourquoi, par exemple, le prix du travail est-il plus élevé à la ville qu'à la campagne ? Pourquoi les ouvriers sont-ils mieux payés aujourd'hui en France qu'ils ne l'étaient il y a un demi-siècle ?

Si l'ouvrier ne trouvait pas à la ville un surcroît de salaire pour le surcroît de dépense qu'il y supporte, il n'y viendrait pas, ou il n'y resterait pas. Or, le citadin aime mieux payer un ouvrier plus cher que de s'en passer ? Tel est le secret de son équité, telle est la cause des salaires élevés dans l'intérieur des villes, laquelle n'est, après tout, que l'état respectif de l'offre et de la demande du travail. — L'offre cesse et le travail reste aux champs, s'il ne trouve à la ville que même salaire avec des charges de plus. — Quant aux salaires supérieurs aujourd'hui à ce qu'ils étaient il y a cinquante ans, ce progrès a une explication plus palpable encore : il tient à celui des capitaux qui détermina une demande croissante de travail, un plus grand emploi d'ouvriers. On n'a pas oublié la prudence, la réserve insigne qui présidait à l'accroissement de la population française, tandis que les capitaux pullulaient avec la plus encourageante fécondité.

Encore un mot sur ce point si capital. — Les gages des domestiques ont augmenté dans la même proportion au moins que ceux de l'ouvrier. À coup sûr, ce n'est pas en considération du prix croissant des denrées, car le domestique est défrayé de tout dans la maison de son maître. La seule dépense qui reste généralement à sa charge, est celle du vêtement, et encore les progrès de l'industrie viennent-ils l'alléger chaque jour.

Il faut donc reconnaître une autre cause, cause unique et exclusive à toute élévation des salaires, c'est la demande supérieure du travail.

Il n'y a point de pays où l'opulence soit plus ancienne et plus considérable qu'en Belgique, où elle ait guindée plus haut le prix de toutes les denrées ; cependant les salaires y sont moitié moindres qu'en France. Nous retrouvons ce fait à chaque page de l'enquête commerciale de 1834, sans qu'il soit contredit nulle part. Comment l'expliquer, si ce n'est par l'égoïsme essentiel du producteur, par sa profonde insouciance des besoins du travailleur ? Comment, dès-lors, là où se rencontre le fait inverse, en faire honneur à je ne sais quoi de mystérieux comme la puissance des mœurs ou de fabuleux comme l'équité du fabricant ?

Charles Brook Dupont-White

Nous avons montré plus haut comment la baisse des produits agricoles déterminait celle des salaires, sauf le cas où le travail est rare et recherché. — Que si la demande du travail est stationnaire, il est à croire que le taux des denrées sera sans effet sur sa condition, soit pour l'améliorer, soit pour l'aggraver, et que le salaire suivra à quelque distance la hausse des produits agricoles : c'est à de pareilles circonstances que se rapportent sans doute les observations de Malthus qu'on a déjà citées.

C'est peu d'avoir reconnu l'influence du prix des denrées sur celui du travail et d'avoir constaté là un de ces faits généraux, qui tantôt élèvent des salaires aux dépens des profits, tantôt les réduisent à l'avantage de ceux-ci ; il importe surtout de rechercher quelle est la marche probable de ce fait, quelle est la part d'oscillation inhérente au prix des produits agricoles. On en saura mieux les chances diverses qui attendent le travail et le capital, et l'avenir qui est au bout de leur lutte.

CHAPITRE XII.

CHAPITRE XIII.

Qualité inférieure des derniers terrains mis en culture, principe naturel de renchérissement pour les céréales. — Nulle appréhension, nulle dispute à ce sujet en France, mais en Angleterre clameurs et tempêtes. — Génie précurseur de la civilisation anglaise, la première qui s'émut de cette hausse et qui démasqua le monopole dont elle s'aggrave. — Toutefois, la question des céréales est la même en France qu'en Angleterre. — Analogie entre les deux pays dans le fait de la hausse : de 1780 à 1835, le setier de blé a haussé d'un tiers chez nous. — Analogie dans les proportions de la hausse : trois hectolitres de blé, qui valent ici de 60 à 66 fr., en valent 69 de l'autre côté de la Manche.

Les céréales doivent renchérir par une première cause et sous une influence naturelle qu'il est impossible de méconnaître, celle de la moindre fertilité des derniers terrains livrés à la culture. Nul doute que les meilleurs n'aient été défrichés dès le principe : tant qu'ils suffisent aux besoins et aux progrès de la population, le prix des produits agricoles n'a nul motif de s'élever ; mais si la population prend un essor tellement rapide et fait une telle demande de subsistances, que les terrains de première qualité soient impuissants à la satisfaire, la hausse doit se manifester aussitôt dans le prix des céréales. La raison en est simple : il a fallu recourir à des terres moins fertiles ou bien employer sur les terres de première qualité un nouveau capital avec de moindres retours. C'est en effet une propriété particulière du sol de répondre jusqu'à un certain point aux avances qui lui sont faites en capitaux, mais de ne pas y répondre indéfiniment. Nécessaire dans une certaine limite pour stimuler les facultés productives du sol, le capital n'est pas toujours récompensé par une production équivalente à ses nouvelles mises ; il a bientôt rencontré la limite de ce qu'il peut attendre de la terre.

Dans cet état, les denrées alimentaires, produites à plus de frais, doivent se vendre à plus haut prix. Tel est l'obstacle naturel et invincible que rencontre, non pas le bonheur des sociétés, non pas même la richesse d'un peuple, mais la puissance d'un État, bornée qu'elle est par le nombre d'hommes qu'il peut nourrir ; tandis que la félicité publique tient à la diffusion de tous les moyens de bien-être, et la richesse publique à leur importance.

Charles Brook Dupont-White

Toutefois, s'il y a là quelque chose de constant et d'inévitable, on ne peut disconvenir du caractère singulièrement abstrait de cette vérité ; elle ne laisse point de trace, elle n'exerce pas d'influence, rien ne la révèle à l'attention publique : soit que la hausse des céréales fasse son chemin à très petits pas, soit que le très grand nombre y trouve son avantage, personne en France n'y prend garde. S'il y a une matière réputée spéciale entre toutes, s'il y a un terrain neutre pour les partis, c'est assurément notre législation relative aux céréales.

Mais en est-il partout de même ? N'entendez-vous pas cette clameur qui nous arrive d'outremer, cette imprécation du peuple anglais contre le monopole foncier ? Il y a là, n'en doutez pas, une question profonde et brûlante qui doit nous gagner un jour, tandis qu'en attendant, elle éclate et frémit à nos portes. C'est ici le lieu de s'arrêter un instant et de contempler, au risque d'une digression, ce pouvoir d'initiative, ce génie précurseur qui a toujours distingué la civilisation anglaise.

Elle fut la première à protéger la personne et les choses, à stipuler des garanties, à réprimer l'arbitraire, à faire la part de la dignité humaine, en un mot à pratiquer le droit ; elle a mérité par là toutes ses grandeurs et ses prospérités.

Elle fut la première à subir ces épreuves de guerre civile et de révolutions sanglantes qui sont le baptême des grandes nations : aussi l'a-t-on vue, délivrée de ce souci, pourvue de cette avance, dépasser le reste de l'Europe dans tous les arts qui se proposent pour but la conquête de la nature et l'asservissement de la matière.

Elle fut enfin la première à tenter la grande industrie, la production sans bornes, l'approvisionnement de l'univers : aussi lui est-il donné d'agiter des questions qui ne sont pas même posées ailleurs, de réprimer l'abus là où nous sommes encore ignorants de l'usage, de servir enfin de sujet et de foyer permanent aux expériences économiques qui passent nos lumières et notre audace.

On le comprend de reste : c'est là que devait éclater d'abord la querelle de l'industrie et de la propriété, au sujet des céréales. Tout se réunissait en Angleterre pour mûrir et hâter ce débat. La population, sollicitée par le progrès de la richesse publique, par les hauts salaires qui en sont la suite, s'était multipliée avec promptitude et puissance, tandis que l'agriculture, grâce à la fixité de l'impôt, aux locations à long terme, à la dîme par abonnement et à la sécurité générale, avait acquis

CHAPITRE XIII.

rapidement la plus haute énergie productive : il était impossible que ce progrès parallèle fût de longue durée. Au bout de cette situation, il y avait le moment fatal où la terre, exploitée dans ses meilleures veines, demeure au-dessous de la demande et ne peut produire davantage qu'à grand renfort de capitaux. Ajoutons que dans un pays où se dépensent d'énormes revenus, où le luxe est à son comble, la culture des céréales devait être sacrifiée, sur une foule de points, aux cultures de luxe et d'agrément et surtout à celle des fourrages, c'est-à-dire à l'élèvement des animaux qui servent entre tous aux consommations et aux plaisirs de la classe élevée. De là, l'élévation du prix des produits agricoles. « Depuis un « siècle, dit Ricardo, le prix du blé a peut-être triplé en Angleterre. » De là, cette question : la hausse est-elle exactement proportionnée à l'accroissement des frais de production, ou ne serait-elle pas créée plutôt par l'abus du monopole ?

Il a vingt-cinq ans que l'Angleterre se débat sous cette controverse née de la guerre, mais qui éclata au retour de la paix. En France, on le répète, la question n'existe pas, et cependant les éléments de la question y sont à peu près les mêmes.

L'assertion est nouvelle et semblera peut-être mal sonnante ; il faut cependant aller jusque-là pour ne rien omettre de ce qui tient au sujet.

Il faut montrer que les produits agricoles sont voués à la hausse ici comme de l'autre côté du détroit, que cette hausse est favorisée dans les deux pays par les mêmes mesures législatives, qu'elle contient enfin la même menace, soit contre le travailleur, soit contre le capitaliste qui fait profession d'acheter et de nourrir le travail.

N'est-ce pas là un de ces faits généraux qui agissent sur les salaires et qui règlent le rapport des salaires avec les profits ? N'est-il pas intéressant de le suivre partout où il mène, et de lui demander compte de tout ce qu'il contient ?

Nous avons eu lieu déjà de signaler la hausse qu'a subie en France le prix du blé [1] — contentons-nous de renvoyer le lecteur aux documents si dignes de foi qui nous ont fourni cette conclusion. Cette hausse n'est pas, comme on l'a vu, quelque chose de particulier à l'Angleterre, à son climat, à sa civilisation : c'est un fait universel, attaché partout au progrès social dont il est l'inconvénient et l'imperfection.

Non-seulement le fait est commun aux deux pays, mais encore il s'y est

---

1 V. p. 84 et 85.

Charles Brook Dupont-White

presque toujours produit dans les mêmes proportions.

Notons en effet que le blé a généralement la même valeur en France et en Angleterre : aujourd'hui, comme au siècle dernier, ce sont deux prix qui se touchent et qui marchent constamment du même pas : s'ils ont eu une période d'écart, elle n'a commencé qu'avec les guerres de la révolution, et nous en voyons disparaître aujourd'hui les dernières traces.

Peu d'assertions semblent plus hasardées, et cependant il n'en est pas qui reposent sur une base plus solide de faits et d'autorités.

Ad. Smith avait donné la table des prix du blé en Angleterre : le plus habile traducteur et l'un des meilleurs disciples qu'il ait rencontré, Garnier, a enrichi sa traduction d'une table analogue pour la France.

De ces documents comparés, l'économiste français a conclu qu'au XVIIIᵉ, siècle, le prix du blé, était le même en Angleterre qu'en France. Les éléments de son calcul sont faciles à saisir : le prix moyen du quarter anglais était alors de 32 schellings, ou 40 de nos francs, tandis que le prix moyen du setier de Paris était de 19 francs. Le quarter étant au setier comme 46 est à 25, il en résulte une différence entre les deux prix, qui n'est guère que celle des quantités, c'est-à-dire point de différence.

Pour ce qui est de l'époque actuelle, l'identité de valeur entre le blé français et le blé d'Angleterre, est chose encore plus avérée. Chacun sait que l'hectolitre du blé le plus beau se vend aujourd'hui, chez nous, de 20 à 22 fr. ; d'autre part, le prix du quarter anglais est de 2 liv. sterl. 45 schel. 10 deniers, qui font 69 fr. de notre monnaie. Tel était en 1837 le prix courant de cette céréale [1]. Or, si nous en croyons l'*Annuaire du bureau des longitudes*, le quarter est égal à 290 litres, ce qui est bien près de 3 hectolitres. Comme ces 3 hectolitres valent ici 63 fr., il s'ensuit, qu'ils vaudraient le même prix en Angleterre à 6 fr. près, qui représentent l'excédant du prix anglais. — C'est à ce point que se nivelle la valeur du blé entre deux pays, dont l'un se tient pour content de cet état de choses, tandis que l'autre l'attaque depuis trente ans environ avec l'énergie et la constance d'une passion britannique.

Ici, deux choses sont à remarquer : la première, c'est que ce prix de 2 livres sterl. 45 sch. 10 deniers, qui est celui de 1837, est en même temps le prix moyen des 10 années qui se terminent à celle-là ; par où il mérite

---

1 Voy. Mac Culloch. *Supplemental notes and dissertations*, p. 527 de son édit. d'Ad. Smith.

CHAPITRE XIII.

la plus sérieuse considération, et ne saurait être traité de prix accidentel et fortuit.

La seconde, c'est que l'Angleterre, supérieure qu'elle est en industrie au reste du monde, doit à cette prééminence d'avoir en circulation plus de monnaie métallique qu'aucun autre. Comme à raison de sa prééminence industrielle, elle solde tous ses échanges en produits manufacturés, tandis que quelquefois elle est payée de ses produits en espèces, notamment par le Portugal, il s'ensuit que le numéraire doit abonder chez elle et y élever la valeur échangeable de toutes choses [X]. Cette élévation des prix est constante, par exemple, relativement à la France.

N'est-il pas extraordinaire dès-lors que le prix du blé fasse seul exception à cette règle et n'offre pas même une différence de 10 p. 100 entre les deux pays, tandis que, pour le reste, cette différence est généralement de 30 p. 100 ? Grand argument en faveur de l'agriculture anglaise, car on ne voit pas d'autre explication à l'infériorité réelle du prix de ses produits, si ce n'est qu'ils s'obtiennent moins chèrement que les nôtres, c'est-à-dire avec moins de travail, ce qui constitue l'excellence et le spiritualisme de toute industrie humaine. — Quoi qu'il en soit, cette dépréciation du numéraire chez nos voisins compense richement la légère différence des deux prix qu'on vient d'énoncer.

L'étrange similitude qui se remarque aujourd'hui dans cet ordre de faits, et qui remonte au dernier siècle, n'a pas été, nous le savons, d'une constance et d'une régularité à toute épreuve. Toutefois, la période d'écart a été moins longue qu'on ne pourrait le supposer, et sa durée comme ses causes la réduisent à l'état de simple accident.

Le prix des blés ne prit un essor très élevé en Angleterre qu'à l'époque où la banque cessa ses payements en espèces. Ce n'est pas que jusque-là il n'y ait eu dans ce pays un grand développement de population et d'agriculture. Les succès de la Grande-Bretagne, pendant la guerre de sept ans, qui la laissèrent toute puissante dans les Indes, après la défaite de Lally, et dans l'Amérique du Nord après la cession du Canada et de la Floride, avaient ouvert de vastes débouchés et donné une vive impulsion à toutes les branches de son industrie : toutefois les capitaux, qui dès-lors se tournèrent en grand nombre vers l'agriculture, n'ajoutèrent rien au prix des produits agricoles. Plus de trois millions d'acres furent défrichés, s'il faut en croire Mac Culloch, dans une période de vingt ans qui se termine en 91. Mais ces premiers défrichements, entrepris sans doute sur des terrains d'une valeur égale à ceux qui étaient déjà en culture, ne changèrent rien au prix du blé.

Il en fut tout autrement lorsqu'en 97 la banque d'Angleterre suspendit ses payements en espèces, et que commença le règne du papier-monnaie. Il y eut alors le laisser-aller des crédits, l'abondance factice de capitaux, la fièvre de spéculations, qui appartiennent naturellement à cet état de choses [1] : or, la spéculation fut toute agricole. N'était-ce pas la seule possible chez ce peuple qui avait déjà épuisé ou fatigué toutes les combinaisons mercantiles, toutes les sources et tous les ressorts du lucre ? Que d'entraînements d'ailleurs dans toutes les circonstances de cette époque ? Les prix fabuleux qui avaient suivi les mauvaises récoltes de 95 et 96, la fermeture des marchés du Nord, le sol national invoqué comme unique ressource, enfin le reflux des capitaux inutiles et languissants désormais dans les divers emplois qui s'adressaient naguère au continent européen.

Mais les capitaux qui s'adressèrent au sol n'en trouvèrent plus alors que d'une qualité secondaire et médiocre ; aussi le prix du quarter s'éleva-t-il à 85 schellings, dans l'intervalle de 96 à 1805, tandis que la précédente période de dix ans offrait une moyenne de 56 schellings. De 1806 à 1815, la hausse fut encore plus signalée ; le blé monta à plus de 120 schellings. Cette recrudescence avait pour cause l'émission exagérée du papier-monnaie qui, en 1809, perdit 30 p. 100 contre l'or, et dont la dépréciation éleva démesurément le prix de toutes les denrées. La hausse survécut à la guerre, mais grâce à la prohibition mise en 1815 sur les grains étrangers, mesure impérieusement sollicitée par la classe des propriétaires et des fermiers qui avait opéré des défrichements et contracté des obligations, sur la foi des prix élevés qu'on avait vus pendant toute la guerre.

Lorsque le papier retrouva son niveau, lorsque la banque commença la reprise des payements en espèces, le prix du blé descendit quelque

1 Si l'on en croit l'*Histoire de la régence* par Lemontey, le système de Law, si renommé comme désastreux, laissa quelques traces durables et bienfaisantes de son passage. On construisit à cette époque un grand nombre de casernes, une grande étendue de routes, et c'est le papier-monnaie qui fit les fonds de ces dépenses. On pourrait dire également que les États-Unis d'Amérique ont défriché un continent avec du papier ; mais il faudrait savoir au prix de combien de détresses et de désespoirs. Comme les désastres de ce régime sont presque tous pour le pauvre dans les mains duquel vient s'éteindre le papier monnaie, cette circonstance explique l'animosité populaire sous laquelle succomba, il y a quelques années, la banque nationale des États-Unis.

CHAPITRE XIII.

peu du taux exorbitant où l'avaient guindé les circonstances. À partir de 1818, il n'atteignit jamais 4 livres sterling et s'achemina dès-lors, par d'insensibles dégradations, au prix où nous l'avons trouvé en 1837, prolongeant une halte qui durait depuis dix années.

En résumé, la crise céréale fut pour l'Angleterre un des accidents, un des épisodes de sa lutte contre l'Empire. Pourquoi le Parlement prohiba-t-il les grains étrangers qui eussent amené la baisse des céréales, si ce n'est par égard pour les capitaux engagés depuis le commencement de la guerre dans la production agricole ? Et pourquoi ces capitaux s'étaient-ils engagés de la sorte, si ce n'est à cause de la guerre elle-même ? Il est certain que la guerre les y avait doublement poussés : d'abord en fermant les marchés du Nord aux Anglais, elle leur faisait une loi de cultiver leur sol à tout prix ; ensuite elle prêtait une assistance exagérée à cette culture, en créant, pour remplacer le numéraire exporté sous forme de subsides, un papier-monnaie qui entraîne toujours des largesses inusitées de crédit et de commandite. C'est la part de désordre et de détresse que l'Angleterre devait supporter dans cette lutte.

Charles Brook Dupont-White

CHAPITRE XIV.

Même protection accordée aux propriétaires en France et en Angleterre soit pour le mode, soit pour le degré. — Analyse des lois anglaises sur les céréales. — Analyse des lois de la restauration sur le même objet. — Vues du gouvernement plus favorables à l'intérêt des masses que celles des chambres.

Nous venons de voir : 1° que le prix du blé en France est sujet à une hausse progressive comme en Angleterre ; 2° que l'identité de ce prix, observée à différentes époques, dans les deux pays, révèle l'identité de la hausse ; 3° que l'essor exorbitant du prix des céréales, en Angleterre, fut une crise, un phénomène né de la guerre et destiné à s'éteindre dans la paix, en passant par les transitions nécessaires au ménagement des intérêts agricoles.

Le rapport qui existe à cet égard entre ces deux pays ne se borne pas là.

Chacun d'eux, en son temps, a entendu et pratiqué de la même manière la protection de l'agriculture. Plus précoce chez nos voisins, qui eurent plutôt que nous les embarras d'une civilisation avancée, cette protection ne date en France que de 1814. C'est à cette époque que remonte un ensemble de lois et d'ordonnances toutes calculées à l'avantage des propriétaires fonciers. Singulier contraste ! Tant que la nation fut en dehors du gouvernement, les édits sur les céréales, ineptes et insoutenables à mille égards, n'eurent en vue d'autre intérêt que celui de la consommation, c'est-à-dire apparemment celui des masses et de la communauté tout entière. Cette défense d'exporter des blés d'une province à l'autre, ces barrières absurdes que Turgot fit tomber, n'avaient pas d'autre sens, d'autre intention....

L'intérêt du pays ne fut sacrifié, sur ce point, que du jour où le pays passa pour se gouverner lui-même. Le système représentatif, cette grande promesse de bien public, se signala dès l'abord par une série de faveurs répandues sur une classe qui n'était ni la plus intéressante, ni la plus nombreuse, mais sans doute la mieux représentée. Faut-il en conclure que la représentation de tous, ou la monarchie pure, soient les seules combinaisons qui laissent place à l'intérêt général ? Faut-il joindre cet exemple à celui des États constitutionnels d'Allemagne, les seuls où le Zollverein rencontra une longue et vive résistance ? Faut-il prononcer ici le mot le plus compromis de la langue, celui de suffrage universel, ou le plus odieux, celui de gouvernement absolu ?

Quoi qu'il en soit, la Grande-Bretagne, dotée la première d'une représentation territoriale, fut la première à protéger et à encourager la production agricole par un déploiement de mesures, dont voici l'historique et la substance en peu de mots.

Statut de Charles II permettant l'exportation toutes les fois que le prix du blé n'excèderait pas 40 schellings le quarter. — *Statut* du même souverain, d'une date postérieure, quasi prohibitif de l'importation.

Statut de Guillaume et Marie établissant une prime de 5 schellings par quarter à l'exportation tant que le prix du quarter est au-dessous de 46 schellings.

Acte de 1773 permettant l'importation quand le prix du quarter est à 48 schellings, et faisant cesser la prime quand il est à 44 schellings.

Acte de 1792 opposant une barrière plus haute à l'importation, c'est-à-dire élevant la limite de prix où elle est permise, de 48 schellings à 54 schellings. C'est dans cet acte qu'on voit pour la première fois la combinaison des marchés régulateurs imitée par nos lois céréales.

Acte de 1804 portant aggravation du précédent, car il élève cette limite de 54 schellings à 63. L'importation est permise quand le prix du quarter dépasse ce chiffre, et le même acte établit une échelle de droits calculée sur les divers degrés de hausse du quarter par delà ce chiffre.

Acte de 1815 qui ajoute encore des entraves à l'importation des grains, en décidant qu'ils ne seraient point admis tant que le prix du quarter serait au-dessous de 80 schellings.

Acte de 1828 qui est un premier pas dans une voie meilleure. — Il permet l'importation quand le quarter est à 73 schellings, à la charge d'un droit de 1 schelling seulement. Aux termes de cet acte, les grains étrangers sont toujours admis, francs de port, à l'entrepôt, et moyennant des droits, à la consommation : la prohibition d'importer est supprimée.

L'Angleterre en est là aujourd'hui, et tout semble lui promettre l'adoucissement progressif des droits qui ferment ses ports aux blés de la Baltique.

Quant à la France, nous avons dit quelles entraves arrêtaient autrefois le commerce des grains à l'intérieur, bien loin qu'il fût question d'en faire un objet de trafic avec l'étranger. Ces entraves durèrent jusques aux dernières années de l'ancien régime, c'est-à-dire jusqu'à l'avènement de Turgot et de Louis XVI ; alors fut permis le transport des céréales d'une province à l'autre. Sous la république et sous l'empire, la France, isolée par la guerre, et destituée de toutes relations maritimes, n'avait qu'un médiocre intérêt au commerce des grains. On n'a pas oublié les soins terribles d'un de ces gouvernements pour les subsistances publiques ; mais des actes de dictature ne sont pas des monuments de législation. On ne saurait non plus assigner ce caractère aux règlements transitoires et aux mesures toutes fiscales de l'empire. Sous ce gouvernement, il n'y eut de réglé que l'exportation : permise envers certains pays, par certains ports et sous un droit de deux francs le quintal, elle fut à peine pratiquée ; la faculté périt sous le règlement. C'est dans cet état que l'empire laissa la question des céréales. — À vrai dire, elle ne fut sérieusement résolue que sous la restauration ; elle devait l'être alors et ne pouvait l'être auparavant.

Par une de ces analogies qu'on retrouve à chaque pas dans cette matière, la protection accordée aux propriétaires eut chez nous le même début qu'en Angleterre ; elle commença par leur permettre l'exportation des grains et poursuivit son œuvre par un crescendo d'entraves opposées à l'importation.

« Il est urgent, dit le préambule de l'ordonnance du 26 juillet 1814, de « permettre l'exportation du superflu de l'approvisionnement de la France, ce « moyen étant le seul qui puisse favoriser la reproduction, encourager « l'agriculture, *et faire cesser l'état de gêne où sont réduits les propriétaires et les « fermiers* par le défaut de vente de leurs grains. »

Dans cet esprit, la loi du 8 octobre 1814 divise les départements frontières en trois classes ; — elle permet l'exportation du blé tant que le prix du blé n'a pas atteint 24 fr. dans la première classe, 22 fr. dans la seconde, 19 fr. dans la troisième. Le prix d'après lequel l'exportation est permise dans chaque département, est un prix moyen relevé sur les mercuriales des trois principaux marchés du département. Ce prix se calcule et se publie une fois par semaine à la diligence des préfets.

Les mesures ultérieures prises sur le même sujet sont uniquement relatives à l'importation ; — la même pensée qui avait ouvert nos ports à la sortie et à l'écoulement des grains indigènes, les ferma aux grains étrangers.

CHAPITRE XIV.

La loi du 17 juillet 1819 prohiba l'importation quand le blé était au-dessous de 20 fr. ; — elle le chargea d'un droit permanent qui variait de 1 fr. 25 c. à 25 c. par hectolitre, selon que l'importation avait lieu par un navire français ou par un navire étranger ; et d'un droit supplémentaire de 1 fr. par hectolitre, quand le blé était à 23 fr. — Prévoyant le cas où le blé serait au-dessous de 23 fr., cette loi établissait un second droit supplémentaire de 1 franc, à raison de chaque franc de diminution dans le prix.

La loi du 4 juillet 1821 a des dispositions encore plus prononcées ; elle prohibe l'importation quand le prix du blé est au-dessous de 24 fr. ; — elle établit un droit de 1 fr. sur l'importation quand le blé est à 26 fr., de 2 fr. quand il est à 25. Au-dessus de 26 fr., le blé s'importe sans droits. — L'exportation est prohibée *quand le blé est à 26 francs.* Inutile d'ajouter que dans cette loi et dans la précédente, la limite de prix varie selon la classification de chaque département. Si le prix le plus élevé est le seul dont on s'occupe ici, c'est qu'il mérite considération entre tous, étant celui des provinces du midi où les besoins sont plus considérables et la prohibition plus désastreuse que partout ailleurs.

Nous trouvons encore sur cette matière la loi du 20 octobre 1830, à laquelle on doit quelques améliorations de détail ; par exemple, le redressement des lois de douanes qui frappaient d'une surtaxe les blés provenant de pays autres que les pays de production, c'est-à-dire de l'Égypte, des ports de la Baltique, de la mer Blanche et des États-Unis. Cette surtaxe abolie, la surtaxe des les navires étrangers, réduite à 1 fr., les droits variables limités à un maximum de 3 fr. l'hectolitre, telles sont les principales dispositions de cette loi. Elle fut suivie de la loi du 15 avril 1832, qui abolit la prohibition éventuelle à l'entrée des grains et farines, mesure toute favorable aux propriétaires ; car, d'une part, elle exclut ces immenses arrivages de grains qui s'entassaient dans nos ports tandis qu'ils étaient ouverts, et qui pesaient comme une crise sur l'agriculture indigène ; de l'autre, elle établit une surtaxe de 1 fr., 50 c. par hectolitre, pour chaque franc du prix des grains indigènes au-dessous de celui où la loi de 1822 prohibait l'importation.

Rien de plus clair que la tendance et la pensée de ces divers règlements : ils révèlent une préoccupation constante et progressive en faveur du propriétaire foncier.

Permise d'abord quand le blé est au-dessous de 24 fr., l'exportation finit par l'être alors même que ce prix s'élève à 26 fr. Même progrès dans les entraves mises à l'importation. En premier lieu, elle pouvait venir en aide au consommateur, dès qu'il payait le blé 20 fr. l'hectolitre ; en dernier lieu, il fallut que ce prix montât à 24 fr. pour comporter ce secours.

Ce n'est pas tout, le prix qui permet l'exportation est plus élevé que celui qui admet dans nos ports des grains étrangers ; d'où il suit que le producteur a plus de facilité pour vendre que le consommateur pour acheter. Supposons le blé à 24 fr. — le premier a deux marchés, celui de l'étranger et celui de son pays ; car il peut exporter tant que le prix est au-dessous de 26 f. Quant au second, il est réduit pour son approvisionnement au marché national ; car lorsque la limite de 24 fr. est atteinte, l'importation lui est interdite par une quasi prohibition ; il doit s'abstenir de grains étrangers, et subir le monopole des grains indigènes.

Il faut le dire, les intérêts généraux de la consommation ne furent pas sans organe et sans représentant lorsque se discuta la loi de 1821. Mais ils n'eurent pour eux que les bonnes intentions du gouvernement, exprimées dans un projet de loi que la chambre élective travestit et aggrava.

« On exagère beaucoup le bas prix des blés d'Odessa, disait le ministre de « l'intérieur (M. Siméon) ; il résulte de la correspondance des consuls du roi, que le « prix moyen est de 12 fr., le fret de 3 fr. 50 c. — ajoutez le droit de 5 fr. 50 c., il « reviendra à 20 fr.

« On a beaucoup exagéré le bon marché des grains étrangers et leur « abondance ; il est constant que, nonobstant l'importation, le blé se vend à « Marseille 23 fr. l'hectolitre. Ces blés n'influent donc pas autant qu'on le dit sur « les prix des blés indigènes.

« On veut favoriser les propriétaires de l'intérieur : on a raison ; mais faut-il « pour cela écraser la population des côtes, et la rendre tributaire des « propriétaires ? Faut-il détruire notre commerce de blé dans le Levant, qui ne peut « se faire qu'à Marseille ? Faut-il, par des dispositions exorbitantes, détruire des « entrepôts qui peuvent être si utiles dans des temps de disette ? »

La loi du 20 décembre 1830 fut faite dans le même esprit que les précédentes. Un amendement avait été proposé (par M. Dugas Montbel), tendant à baisser la limite de l'importation ; il fut rejeté sur les observations suivantes du ministre de l'intérieur.

CHAPITRE XIV.

« Je prie la Chambre de ne pas perdre de vue le véritable caractère de la loi ; il « n'a aucunement pour objet de changer la législation actuelle ; il ne se prononce « pas sur le mérite de ce système : il le prend comme un fait.

« L'administration n'a pas voulu changer le système ; elle a pensé qu'un tel « changement ne pourrait avoir lieu qu'après un long examen, qu'après des « enquêtes qui n'ont pas même été faites, et que ce serait un ébranlement général « donné au système de la propriété territoriale ; elle a ajourné la question générale « et s'est bornée à résoudre la question qui tient aux circonstances actuelles et « momentanées. »

Cette protection, dont le mode est littéralement emprunté à nos voisins, est-elle au moins plus conciliante en soi et plus tempérée que la leur ? Il est permis d'en douter. La dernière loi française a pour but d'assurer aux producteurs un prix qui varie de 72 à 54 francs pour trois hectolitres. — La dernière loi anglaise tend à leur assurer un prix de 87 francs 60 centimes. — Peut-on dire que la différence entre ces deux prix soit uniquement celle de la valeur du numéraire dans les deux pays, et que dès lors la protection soit aussi énergique dans un pays que dans l'autre ? Nous pencherions pour l'affirmative.

Charles Brook Dupont-White

CHAPITRE XV.

Objection : Le haut prix des céréales n'offense pas les classes inférieures en France comme en Angleterre parce qu'ici ces classes participent à la propriété du sol et profitent de la hausse de ses produits : il y a 24 millions de propriétaires en France. — Réponse : Tout propriétaire qui achète plus de blé qu'il n'en vend, est intéressé au bas prix du blé. Telle est, d'après les statistiques officielles la condition et par conséquent l'intérêt du très grand nombre. — Pourquoi la question des céréales est-elle si orageuse en Angleterre seulement ? — Progrès de l'agriculture, amendement des routes, importations de blé étranger ; circonstances qui peuvent, chez nous, en retarder l'explosion par le retard qu'elles apportent à la hausse des céréales.

Les lois anglaises fussent-elles encore plus favorables que les nôtres à l'intérêt des propriétaires, la chose est de médiocre conséquence. Il n'y en a pas moins de tels rapports dans la législation des deux peuples, qu'on a lieu de s'étonner de tous les ressentiments déchaînés contre elle, de l'autre côté du détroit, tandis que chez nous elle se classe entre la police du roulage et la pêche fluviale, pour le degré d'émotion qu'elle excite même chez les esprits les plus curieux et les plus progressifs.

Que faut-il accuser ici, l'agitation anglaise, ou bien notre silence et notre apathie ? Ou bien encore, l'une et l'autre attitude auraient-elles raison, parce que dans la Grande-Bretagne la hausse des céréales ne profite qu'à un petit nombre de privilégiés, détenteurs du sol, tandis qu'en France elle est presque un bienfait pour les masses, admises qu'elles sont à la propriété foncière, et intéressées dès lors aux mesures qui en relèvent les produits ?

Il existe peu de faits, constants d'ailleurs, dont on ait plus abusé dans le raisonnement politique ou économique, que de la division du sol.

Il y a, dit-on, six millions de propriétaires en France ; or , en supposant chaque propriétaire chef de famille, et chaque famille composée de quatre personnes, ce chiffre représente vingt-quatre millions d'individus participant à la propriété du sol — et, de là, des considérations à perte de vue sur l'identité d'intérêt qui unit toutes les classes de la nation, sur le bien-être et la félicité universels, sur les garanties qui en résultent pour l'ordre public, sur le sol qui ne saurait trembler, retenu apparemment par tant de mains qui s'y emploient et se le partagent.

Facilis feminarum crodulitas ad gaudia, a dit Tacite — l'optimisme des partis a quelque chose de cette naïveté, de cet aveuglement. Qu'on ose donc le décomposer ce fait si triomphant, et l'on verra bientôt, ici comme partout, l'illusion tomber devant l'analyse. On verra par exemple :

Deux millions six cent mille propriétaires à   50 fr.

875,000   à   100 de revenu

757, 000   à   200

369,000   à   300

Voilà les patriciens qu'on assimile à ceux de la Grande-Bretagne, en leur accordant les honneurs de la même hygiène, du même traitement prohibitif, à l'endroit des céréales étrangères ! Voilà les splendides existences ; voilà les intérêts aristocratiques qui se confondent, dit-on, avec ceux du grand propriétaire, et qui sont implicitement représentés en même temps que les siens !

Quoi qu'en disent de trompeuses apparences, l'immense majorité du pays est intéressée au bas prix du blé : en gêner l'importation, c'est attenter au plus essentiel de ses besoins. Pour qu'il en fût autrement, il faudrait que cette même majorité vendît plus de blé qu'elle n'en consomme ; or, calculons :

Il faut, pour la nourriture d'une famille, six livres de pain par jour, ou 2190 livres par an. — Étant donné, 1° qu'une livre de blé fait une livre de pain, poids pour poids, parce que l'eau remplace le son [1] ; 2° qu'un hectolitre pèse 160 livres ; 3° que l'hectolitre de blé de la qualité que consomment les classes laborieuses est de 16 fr. ; il en résulte ceci :

Une famille consomme quatorze hectolitres de blé par an, qui lui reviennent à 218 fr. . D'où il suit que la majorité des propriétaires ne récolte pas les deux cents et quelques francs de blé qu'elle consomme, loin d'en récolter plus de 436 fr., ainsi qu'il le faudrait pour lui créer un intérêt à la prohibition des céréales.

Ne faut-il pas en effet, sur nos six millions de propriétaires, en déduire plus de quatre dont le fonds ne peut les nourrir, borné qu'il est à un

---

1 La Boulinière, tome II, page 140, *De la disette et de la surabondance en France.*

Charles Brook Dupont-White

revenu de 200 fr. [1] ?

Il est trop clair, en vérité, que des propriétaires de cette sorte sont intéressés au bas prix du blé. Quel bien leur revient-il de la plus-value de leurs produits, s'ils ne peuvent les vendre, s'ils doivent les garder pour leur propre consommation ? Où est le bénéfice de manger du pain qui a plus de valeur ? Bien loin de là, cette hausse du blé n'a pour eux qu'inconvénient et désavantage. Ils en sont les premières victimes, toutes les fois qu'obéissant à la convoitise innée du paysan français, ils

---

1 Cette classification des propriétaires, d'après leur revenu, est empruntée à l'excellent travail de M. Daire, qui sert de préface à la nouvelle édition (Guillaumin) de la *Dime royale* de Vauban. Quelque confiance qu'on y eût le fait valait la peine d'être vérifié dans ses sources : or, en remontant à M. Macarel d'abord (*De la fortune publique*), puis au premier volume de la *Statistique de la France*, publiée par le ministère de l'agriculture et du commerce, nous y avons trouvé plutôt les éléments de cette classification que la classification elle-même. Ces éléments consistent dans l'énumération des cotes foncières, comme il suit :

5, 205, 401	cotes	au-dessous de			5 fr.
1, 751, 994	cotes	de	5 fr.	à	10 fr.
1, 514, 251	–		10	à	20
739, 206	–		20	à	30
684, 160	–		30	à	50
553, 230	–		50	à	100
541, 459	–		100	à	200
57, 355	–		300	à	500
33, 196	–		500	à	1, 000
13, 361	–		1, 000	et au-dessus	

Il y a sans doute quelque chose de très hasardeux à demander aux cotes l'indication des revenus, c'est là le côté arbitraire du travail en question. Mais un fait demeure constant, c'est la prodigieuse quantité des petites cotes, c'est-à-dire des petites fortunes immobilières. Sur dix millions, il y en a plus de neuf qui ne passent pas 50 fr. Or, ce fait suffit à révéler toutes les différences de condition qui se cachent sous ce titre uniforme de propriétaire, et à faire pressentir toutes les différences d'intérêt qui doivent en résulter par rapport au commerce des blés.

Le nombre des cotes, nous le savons, n'est pas nécessairement celui des propriétaires ; mais que gagnerait-on contre nous à réunir, sur moitié moins de têtes qu'il n'y a de cotes, ces neuf millions de cotes qui ne passent pas 50 francs ? Notre conclusion n'en serait nullement infirmée. – Pour qu'un propriétaire ait intérêt à la prohibition du blé, il faut qu'il en vende plus qu'il n'en consomme, c'est-à-dire il faut qu'il en produise pour plus de 394 fr. Or, 60 fr. d'impôts supposent-ils un revenu beaucoup plus considérable ?

CHAPITRE XV.

ajoutent un morceau de terre à leur avoir. Alors, ils payent la terre au prix surélevé qu'autorise le prix croissant de ses produits. Quant aux avantages de cette hausse, ils n'en profitent aucunement, puisque le premier tribut, et en quelque sorte le premier devoir de la terre ainsi parcellée, est envers son propriétaire qu'elle doit nourrir.

Si la classe même des propriétaires offre une majorité d'intérêts acquise au libre commerce des grains, seul et véritable élément de baisse, il faut en conclure, à plus forte raison, que cette majorité se retrouve dans toutes les classes, dans le pays tout entier. Pour quoi donc, encore une fois, cela n'est-il pas senti en France comme en Angleterre ? Pourquoi l'agitation anglaise remonte-t-elle à une époque où les classes intimes, c'est-à-dire celles qui semblent le plus directement intéressées dans cette question, étaient aussi étrangères que chez nous à toute représentation parlementaire ?

À cela plusieurs réponses. Nous nous en tiendrons à la plus saillante, savoir : Que l'intérêt le plus froissé en Angleterre par la prohibition des céréales, était celui des industriels, condamnés généralement par là à subir la hausse des salaires ; que cette classe est de beaucoup la plus nombreuse dans le pays, sans être la moins remuante et la moins avisée ; qu'elle ne le cède à aucune en richesse, en lumières et surtout en intelligence de ses intérêts ; enfin que ce pays est celui par excellence où règne l'esprit de corps, la pratique de l'association, la science et la persévérance de l'action collective. En un mot, de l'autre côté du détroit la question touche au vif, non pas seulement le journalier des champs, non pas seulement l'ouvrier des fabriques, mais le capitaliste, qui a voix partout. C'est entre le capitaliste et le propriétaire qu'elle est posée : de là, son importance.

Chez nous, elle n'est ni importante, ni même posée, parce que la classe qu'elle concerne entre toutes, est une masse inerte sans réflexion comme sans énergie, aussi incapable de défendre que de discerner son intérêt, et qui n'a pas une idée au-delà des pénibles travaux où s'absorbent ses facultés et ses forces : résultats bien naturels de l'ignorance et de l'exclusion politique.

L'élément industriel en France est intéressé sans doute à la baisse des céréales ; mais outre qu'il est fort inférieur en nombre, en capitaux, en considération à l'élément territorial, comme il lui arrive souvent de s'amalgamer avec cet élément, comme les profits du fabricant affectionnent le placement foncier, celui-ci ne saurait conserver une perception nette de la solidarité qui l'unit, sous ce rapport, aux classes inférieures de la population.

Quant aux classes également étrangères au sol et à l'industrie, telles que les rentiers et les fonctionnaires publics, elles ont un intérêt évident au libre commerce des grains ; aussi bien elles ne manquent ni de lumières pour concevoir cet intérêt, ni de l'énergie qu'il faudrait pour le maintenir, s'il leur était donné de le prendre à cœur ; mais comme l'aliment essentiel de la vie est la moindre de leurs dépenses, cet intérêt, tout certain qu'il est, ne saurait les passionner, et ce n'est pas de là que peut partir le cri de réforme.

Telles sont les causes qui nous préservent pour le moment de la brûlante controverse allumée chez nos voisins ; pour le moment, disons-nous, — car, engagés dans les mêmes voies, nous devons tôt ou tard rencontrer les mêmes épines et lutter contre le même obstacle.

Cependant, la hausse des produits agricoles, qui doit mûrir et faire un jour éclater la question, n'a pas une marche irrésistible et fatale qui ne puisse s'ajourner ni se ralentir : Elle comporte de fréquentes oscillations.

On convient assez généralement que notre agriculture, comparée à celle d'Angleterre, de Belgique et de Lombardie a devant elle une longue carrière de progrès à réaliser, c'est-à-dire de facultés productives, inconnues à elle-même, qu'il s'agit de développer et de féconder. Le perfectionnement des méthodes appliquées aux meilleurs sols, nous dispensera donc pendant quelque temps de défricher les plus mauvais. Il y a en outre un progrès qui se réalise de nos jours et qui vaut une addition de territoire, puisqu'il restitue toute sa valeur à celui que nous avons déjà, c'est l'amendement de nos voies de communication : à cet égard, la face du pays s'est renouvelée. On sait telles localités où la production est aujourd'hui facile et avantageuse, tandis que jusqu'ici les frais de transport y avaient paralysé la culture des meilleures terres. Plus éloignées du marché par l'état que par la longueur de la route, elles devaient en céder l'approvisionnement aux produits voisins qui pouvaient s'y offrir à meilleur compte, parce qu'ils y étaient transportés à moins de frais. L'amélioration des routes et chemins de toute espèce, a détruit ces inégalités, ces privilèges factices. Elle tend au nivellement et à l'abaissement des prix, et l'habile écrivain que nous avons déjà cité [X], exprime quelque part la ferme confiance que l'avènement des chemins

CHAPITRE XV.

de fer sera celui du prix uniforme de cette denrée si nécessaire et si diversement payée. Cet espoir semblera peut-être prématuré, si l'on vient à réfléchir sur la nature volumineuse de ce produit, et sur le bon marché très équivoque aujourd'hui de cette voie de transport, au moins en ce qui touche les marchandises.

Quelques esprits même iront plus loin encore : ils étendront cette défiance aux importations de blé étranger. Il peut s'élever, en effet, les doutes que voici sur l'efficacité de cette ressource :

Un pays tel que la Hollande, très médiocrement peuplé, pourvu d'ailleurs d'une marine considérable, a pu tirer tout son approvisionnement de Hambourg, de Riga, de Dantzick. — L'Angleterre, la première des puissances maritimes, percée à souhait de routes, de canaux et de ports, moins peuplée d'ailleurs que la France, a pu, jusqu'à ce jour, compléter son approvisionnement de céréales avec du blé exotique ; mais la France est en dehors de ces diverses conditions. — C'est un calcul fait il y a quarante ans déjà [1], qu'elle ne pourrait trouver en Europe de quoi suppléer, et dans sa marine de quoi transporter un huitième de sa consommation qui serait en déficit ; — s'il faut en croire l'historien de la révolution française, l'immense convoi de grains pour lequel fut livrée la bataille de prairial an II [2], n'apportait à la France que pour trois jours de vivres.

À vrai dire (c'est toujours l'objection qui parle), un peuple de 34 millions d'hommes répandu sur une superficie considérable, lequel ne touche que par un coin de son territoire aux arrivages du blé, dont le pain est l'aliment national, ce peuple ne doit rien attendre des importations de grain étranger.

Ce sont là, fort heureusement, des hyperboles qui ne tiennent pas devant les faits.

La vérité est que, depuis 27 ans, la France achète tous les ans une moyenne de 17 millions de blé à l'étranger. — Ce prix lui procure, également en moyenne, deux jours et un tiers de subsistance par an.

Si la somme n'est pas insignifiante, le résultat qu'elle achète, le déficit qu'elle répare, l'est encore bien moins. On comprend, en effet, que

---

1 *De la disette*, par Benj. Bell, p. 146. – Le passage de cet auteur, auquel on fait allusion, est relaté dans une note du traducteur de Malthus (Prévost, de Genève), tome III, livre page 197 de la 2e édition en 4 volumes.

2 Où périt le *Vengeur*.

Charles Brook Dupont-White

ce déficit ne se répartirait pas également sur toutes les classes de la population, que certaines en supporteraient tout le poids, parce que d'autres entreprendraient sur leur part en y mettant un prix plus élevé. La privation serait déjà fort dure ; mais quelque chose de plus grave encore, c'est la hausse factice que cette surenchère imprime toujours à la valeur du blé, c'est la souffrance réelle et le surcroît de détresse qui en résultent pour une partie de la société. Ainsi, il y a, non-seulement un service matériel à attendre de l'importation, mais encore un service moral, un effet à produire sur les imaginations, une confiance à leur rendre : utilité qui n'est pas médiocre dans ce domaine de la panique, sur ce marché des cours factices et des demandes forcenées.

L'importation des grains est donc destinée, de même que le perfectionnement des méthodes agronomiques et que l'amélioration des routes, à ralentir et à retarder la hausse menaçante des produits agricoles.

CHAPITRE XV.

Chapitre XVI

Outre la hausse naturelle des denrées alimentaires, qui tient à la qualité inférieure des derniers terrains mis en culture, il y a une hausse abusive, imputable au monopole. — Principe du monopole : absolue nécessité de tout le blé produit. — Effet du monopole : vente de toute espèce de blé au prix du blé le plus chèrement produit. — Théorie et apologie de ce fait par Ricardo. — Inconséquence de cet écrivain, fondant le prix des choses sur le travail dont elles sont faites, et toutefois admettant pour le blé un prix indépendant du travail, et basé sur le monopole ; sa théorie de la valeur contredite par sa théorie du fermage. — Pourquoi cet aveuglement après cette clairvoyance ? — Réaction de l'optimisme contre J. -J. Rousseau et Godwin. — Opinions d'Ad. Smith et de M. Rossi sur le monopole foncier.

Cependant, il faut le dire, nous n'avons analysé jusqu'à présent qu'une des causes de cette plus-value des céréales, cause toute naturelle, toute innocente ; car elle n'est autre que la nécessité de recourir à des terrains plus ingrats, pour répondre à une demande de subsistances plus considérable.

Si cette cause était réduite à sa seule influence, elle agirait dans des bornes étroites : elle serait essentiellement locale et partielle. Supposons, par exemple, un trentième de l'approvisionnement de la France produit à plus grands frais que le reste ; il se vendrait plus cher sans doute, mais sans entraîner le reste dans le même mouvement de hausse. Cette portion de grain serait la dernière vendue : la cherté n'aurait pas ici d'autre conséquence.

Mais cette cause n'agit pas seule et livrée à ses effets naturels. Il y a à côté d'elle une toute autre influence qui l'exagère et la pervertit : nous entendons parler du monopole qui est inhérent à la propriété foncière.

Ici viennent s'offrir certaines données évidentes par elles-mêmes, telles sont les limites qui circonscrivent, soit l'étendue, soit la fertilité du sol ; telle est encore l'absolue nécessité de ses produits. — Le sol est un instrument de production privilégié, et de fait il y paraît au prix croissant de ses produits. Le mécanisme, les procédés de cette hausse méritent d'être curieusement étudiés.

Supposons un accroissement de population qui provoque la culture

Charles Brook Dupont-White

de terrains inférieurs et qui détermine ainsi une production de céréales plus dispendieuse. Selon le bon sens et l'équité, le renchérissement devrait se borner aux produits de ces terrains ; mais, selon le monopole, il doit s'étendre indistinctement à tous les produits, même à ceux qui s'obtiennent au meilleur compte sur les terres les plus heureuses et les plus fertiles. La raison en est simple, et surtout elle se tire des entrailles même du monopole qui raisonne ainsi :

Les denrées obtenues d'un sol de première qualité ne sont pas moins nécessaires à la consommation générale que les produits d'un terrain ingrat. Pourquoi dès-lors ne se vendraient-elles pas au même prix ? Si partie des consommateurs se soumet au renchérissement des subsistances, pourquoi l'universalité s'y refuserait-elle ? Pourquoi la nécessité qui maîtrise les uns n'aurait-elle pas raison des autres ? Or, cette nécessité, c'est l'essence même du monopole ; car c'est l'impossibilité d'acheter ailleurs les choses surévaluées, et l'inévitable obligation de se pourvoir au prix imposé ou de rester au dépourvu, alternative qui n'en est pas une quand il s'agit de choses indispensables à la vie. Telle est la raison intime et dernière du renchérissement universel des denrées alimentaires : celui qui a lieu très justement sur quelques points, n'en est que le prétexte et l'occasion.

Cette appréciation de la propriété foncière n'est pas une nouveauté et ne saurait-être un scandale. Il y a près de quarante ans que les procédés du monopole territorial ont été pénétrés et percés à jour par la science économique. — Seulement, il y a ceci de particulier : là où cette lumière s'est faite, au lieu d'appeler la chose par son nom, on l'a érigée en doctrine, on l'a acceptée comme un droit, en un mot, on a fait la théorie du fermage : c'est nommer Ricardo.

Curieux spectacle que les contorsions de raisonnement de l'illustre économiste, pour absoudre la propriété foncière, tout en posant des principes, tout en constatant des faits qui l'accusent d'abus et d'exaction.

Ricardo, on le sait, n'a pas adopté la doctrine qui subordonne la valeur échangeable des choses au balancement de l'offre et de la demande. Cette valeur a, selon lui, une source plus rationnelle et plus profonde : elle dépend de la somme de travail que coûte chaque chose. Sa démonstration, que voici, est péremptoire.

Un producteur ne consentira pas habituellement à vendre sa denrée pour un prix inférieur aux frais de production, c'est-à-dire à ses déboursés et à ses justes profits ; il s'y ruinerait ou tout au moins il travaillerait gratis ; il aimera mieux cesser de produire. — Il ne pourra pas non plus en obtenir habituellement un prix supérieur à ces mêmes frais, parce que les capitaux afflueraient au plus vite vers un placement si avantageux, et le réduiraient au niveau des profits ordinaires, Après avoir reconnu ce principe, et l'avoir montré à l'œuvre dans le premier âge des sociétés, Ricardo se demande si l'accumulation des capitaux et l'appropriation des terres doit apporter quelques exceptions à cette règle.

La première de ces deux circonstances est sans contredit appelée à modifier le principe. Le progrès de la société qui se signale par l'accumulation des capitaux, comporte et développe une distinction de grande conséquence, celle du capital fixe et du capital circulant, l'un qui consiste en machines et en matériel de toute sorte, l'autre qui se dépense en salaires : en d'autres termes, c'est la distinction des produits essentiellement mécaniques, et des produits essentiellement manuels. — Ce progrès ne va pas non plus sans variations assez marquées dans le taux des salaires : or, quand ces variations sont à la hausse, les produits mécaniques, qui n'en sont nullement affectés, doivent baisser de valeur, relativement aux produits manuels qui en supportent tout le poids : autrement il y aurait inégalité de profits, avec la conséquence nécessaire d'attirer les capitaux vers le placement fixe et de remettre finalement toutes choses à leur place.

Ainsi l'accumulation des capitaux emporte certaines circonstances où le prix d'un produit ne dépend pas uniquement du travail qu'il a coûté. Il y a tel cas où le produit mécanique baisse de prix quoiqu'il n'ait pas cessé d'être obtenu avec le même capital. Ici la loi qui subordonne la valeur échangeable des choses au travail qu'elles ont coûté, fléchit et s'efface devant la loi supérieure, ou niveau des profits.

Voilà une première exception : Est-il bien sûr que l'appropriation des terres n'en recèle pas une seconde ? Les produits agricoles se vendent-ils à ce taux naturel et irréprochable que déterminent partout ailleurs les frais de production ? Leur prix se mesure-t-il comme tout autre sur l'élément normal de la valeur échangeable, sur le plus ou moins de travail d'où ils sont nés ? Ricardo professe là-dessus l'affirmative la plus explicite. — Poursuivons notre analyse et rappelons la théorie du fermage en la comparant à celle de la valeur : on en comprendra mieux ce que cette solution a dû coûter à la clairvoyance et à la sincérité de l'auteur.

L'appropriation des terres fait naître la rente ; mais, selon Ricardo, cet effet ne se produit que dans un certain milieu, dans un certain état de choses. Il n'y aura pas de fermage par exemple dans un pays où des terres d'égale fertilité sont seules cultivées, cette culture restreinte suffisant aux besoins de la subsistance publique.

Dans ces conditions, le blé a tout juste la même valeur que les autres produits, valeur égale seulement à ses frais de production, y compris les profits ordinaires de tout capital. — On ne voit pas dès-lors pourquoi un capitaliste consentirait à cultiver la terre d'un propriétaire en lui cédant une partie de son profit, ce qui est le fait du fermier ?

La rente n'appartient qu'aux sociétés avancées où l'accroissement de la population a déterminé une culture plus coûteuse, celle qui l'était moins se trouvant désormais frappée d'insuffisance. — La terre de première qualité est susceptible alors de donner une rente, c'est-à-dire de rendre à qui la cultive, non-seulement le remboursement de ses avances, non-seulement le profit de son capital, mais encore quelque chose en sus. Voilà la rente toute trouvée : elle consiste précisément dans ce surplus, *dans cet excédant par-delà les frais de production.* — Reste le point le plus délicat. Comment s'obtient-elle ? Quel est l'origine de ce bénéfice extraordinaire, de cette dérogation au niveau des profits ?

Deux mots diront tout : le blé le plus cher règle le prix de tout autre blé.

Cette réponse, je l'avoue, a le don de tout expliquer, de tout éclaircir. Je comprends désormais comment la terre de première qualité rendra un excédant par-delà les frais de production. Puisque le blé le plus chèrement obtenu rembourse les avances et les profits d'usage (autrement il ne serait pas produit), le blé obtenu à moins de frais ne peut se vendre au même prix sans passer la limite du bénéfice usuel. Le prix que récompense l'un doit combler l'autre. — Je comprends le fermage, c'est-à-dire un contrat où l'une des parties se contente du profit extraordinaire de son immeuble, abandonnant le reste comme salaire de la culture, comme prix de son loisir ; et où l'autre se contente de ce reste, qui représente les profits ordinaires de tout capital. — Mais tout ce qui se conçoit ne se justifie pas. — Ce que je cherche et qui m'échappe dans tout cela, c'est une base de droit et de raison. Quoi ! Le travail créateur d'un produit servirait à élever le prix d'un autre ! Les sueurs et les peines versées avec profusion sur un champ, profiteraient au champ voisin ! L'assertion est prodigieuse.

Ricardo n'en avait pas dit le premier mot, lorsqu'au début de son livre il établissait avec tant de puissance la théorie du travail, mesure unique de la valeur échangeable. L'équivalence de l'œuvre et de la rémunération était alors toute sa doctrine. Mais au chapitre du fermage, cette doctrine a changé de face et s'est enrichie d'un correctif.

« La valeur échangeable d'une denrée quelconque, qu'elle soit le produit d'une « manufacture, d'une mine ou de la terre, n'est jamais réglée d'après la moindre « quantité de travail suffisante pour sa production dans des circonstances « extrêmement favorables, et qui sont le partage exclusif de ceux qui possèdent des « facilités particulières de production. Cette valeur dépend de la plus grande « quantité de travail industriel que sont forcés d'employer ceux qui n'ont point de « pareilles facilités, et ceux qui, pour produire, ont à lutter contre les circonstances « les plus défavorables. Nous entendons par circonstances défavorables, celles « sous l'influence desquelles il est plus difficile d'obtenir la quantité nécessaire de « produits. »

Idée fausse dans son application à l'industrie proprement dite , où, tout au contraire, l'industriel triomphe des facilités supérieures de sa production pour vendre seul, en vendant à plus bas prix. — Idée sans valeur, ou plutôt simple allégation si on l'applique à la production agricole : au lieu d'en justifier les profits extraordinaires, elle n'est que l'énoncé du fait sous une forme générale.

Après avoir discerné si clairement le vrai principe de la valeur échangeable, comment Ricardo peut-il amnistier la surévaluation factice et imméritée de tous les produits agricoles ! Pourquoi cette démonstration de monopole foncier, implicite seulement ? Après avoir établi la chose, pourquoi lui épargner son nom ?

La question passera peut-être pour naïve ; elle est en tous cas d'une solution aisée.

Ricardo et Malthus ont commencé cette secte d'économistes qui s'est vouée au panégyrique du *statu quo*. — Leur admiration, leur gratitude envers la société s'exprime et s'acquitte en apologie de ses travers, en dissimulation de ses lacunes, en invectives contre ses détracteurs ou ses victimes. C'est un parti pris chez eux, de prêter des torts à toutes les douleurs, des droits à toutes les supériorités, des mérites à toutes les jouissances. Rousseau et Godwin, ces acharnés pessimistes, ces frondeurs pleins de fiel, n'ont pas d'adversaires plus ardents et plus passionnés [1].

Écoutez, Malthus : « Toutes les souffrances de la classe laborieuse procèdent « de sa fécondité bestiale. Pourquoi devance-t-elle dans l'excès de sa reproduction, « l'accroissement des subsistances ? »

Écoutez Ricardo : il vous peindra le capitaliste sous les couleurs les plus attendrissantes. N'allez pas croire qu'il rançonne les consommateurs, qu'il exploite l'ouvrier ; lieu commun et de mauvais goût ! Ce n'est pas ainsi vraiment que les choses se passent. Serré d'un côté par le travailleur dont le salaire a pour base des traditions et des usages impérieux ; serré de l'autre par le monopole foncier qui lui impose le prix des subsistances et des matières premières, pour lui chaque pas est un effort, chaque profit un combat. Survienne une hausse des produits agricoles, il est obligé de la subir, non-seulement dans l'approvisionnement de sa maison et de son usine, mais encore dans le salaire de ses ouvriers qui participe nécessairement à cette hausse. Songerait-il à élever le prix de ses produits, à rejeter sur le consommateur le poids de cette hausse ? Nous l'avons démontré plus haut ; c'est chose impossible. De telle façon qu'il paye sur ses profits la hausse des salaires déterminée par celle des produits agricoles, et qu'au résumé il fait les frais du bien-être et de la richesse des deux plus grandes classes de la société, les travailleurs et les propriétaires, — déplorable capitaliste !

Si le propriétaire, investi de son monopole, jouit d'une condition meilleure, il est innocent au moins du prix croissant de ses denrées : ce n'est pas à lui qu'il faut s'en prendre, mais à l'infériorité des nouveaux terrains mis en culture. Ce n'est pas lui qui détermine cette hausse, en exigeant un fermage plus élevé, il se borne à profiter d'une hausse toute naturelle des produits agricoles, qu'il n'a ni provoquée, ni imposée.

Faut-il s'étonner, après cette courte analyse, du succès d'enthousiasme obtenu par ces écrivains ! Intérêt de caste, esprit de parti, égoïsme collectif, tout cela déguisé en métaphysique et guindé en axiomes, tel

---

1 Les socialistes français du 18ᵉ siècle s'en prenaient à l'action du pouvoir ; ceux d'aujourd'hui critiquent son inaction. – Les premiers demandaient aux institutions de respecter le cours naturel des choses ; les seconds leur enjoignent de le redresser et de le corriger. – Les uns, d'essence spiritualiste, revendiquaient les droits de l'homme, c'est-à-dire liberté, égalité, droits politiques ; les autres revendiquent les droits du travail, c'est-à-dire, bien-être, sécurité, indépendance à l'encontre de la misère et du désespoir.

est le fond de leur système et le secret de leur vogue, supérieure, en Angleterre du moins, à celle d'Ad. Smith qui n'avait que de la sincérité et du génie.

Si Ricardo, par les raisons qu'on vient de déduire, s'est abstenu de qualifier ce qu'il voyait, d'apprécier ce qu'il exposait, d'autres, avec autant de pénétration, ont eu plus de hardiesse et de franchise.

Un économiste, qui n'a jamais passé pour frondeur, un publiciste des moins alarmants, a vertement appelé les choses par leur nom :

« Il est évident, dit M. Rossi, que la possession de la terre, des mines, des « carrières constitue un monopole. — Il n'y a pas là de concurrence possible au-« delà de certaines limites facilement appréciables…. L'influence de ce monopole « se retrouve plus ou moins dans presque toutes les productions possibles…. Quant « au cultivateur qui a obtenu du blé dans la terre la plus fertile, pourquoi ne « profiterait-t-il pas de la hausse du prix du blé produit le plus chèrement ? Il n'a « pas à craindre, comme le marchand de bas ou de chapeaux, qu'on établisse des « machines à côté de la sienne pour multiplier les produits. Il sait très bien qu'il « jouit d'un monopole ; qu'on n'improvise pas de terres ; que ces produits ne « s'obtiennent qu'à certaines époques de l'année…. »

Ces aperçus lumineux, négligés par Ricardo, Ad. Smith les avait indiqués très expressément.

« Le fermage de la terre, dit-il, considéré comme le prix payé pour l'usage de la terre, est naturellement un prix de monopole [1]. »

On ne s'arrêtera pas, sans doute, à nous objecter que la qualification de monopole s'applique uniquement ici au prix exigé du fermier. Si l'usage d'une machine productive se paye à un prix de monopole, comment ses produits en auraient-ils un autre ?

---

1 Tome I, édition de 1842, p. 189.

Charles Brook Dupont-White

CHAPITRE XVII.

Objection : Une industrie qui produit 3 p. 100 ne peut être qualifiée de monopole ? — Réponse : la puissance du monopole se caractérise ici par la supériorité du prix de revente sur le prix d'achat de la même terre. — Supériorité imputable au prix croissant de ses produits ; — lequel est déterminé lui-même et par la quantité limitée, et par la consommation nécessaire de ses produits. — Insistance de l'objection : ce prix supérieur pourrait provenir, soit du capital plus considérable dépensé en améliorations foncières, soit de l'avilissement du numéraire. — Réponse : De plus amples produits au même prix eussent suffisamment récompensé de plus amples dépenses faites sur le sol : d'où vient donc le prix supérieur de ces produits, si ce n'est du monopole ? — Quant au numéraire, il est plus abondant, sans avilir pour cela le prix des denrées, qui, plus abondantes elles-mêmes, ont besoin de plus d'agents de circulation. — Conclusion.

Mais une objection nous attend, qui mérite d'être combattue et analysée de très près.

Singulier monopole, nous dira-t-on, que celui de la terre ! Où sont donc ces immenses bénéfices, ces opulences rapides et colossales dont ce mot est le synonyme consacré ! Trois pour cent, tel est le plus haut produit de la terre affermée. Comment reconnaître dans ce résultat si mesquin la source triomphante d'où naquirent tant de fortunes, tant d'ostentations, tant d'insolences ? Jetez les yeux autour de vous : il n'est pas une classe dont l'existence soit en général plus médiocre et les ressources plus bornées que celle des propriétaires. Il n'en est pas qui pratique une parcimonie plus étroite et apparemment plus nécessaire. Comment la charger de l'odieux de monopole, quand elle n'a rien de ses faveurs et de ses avantages ?

Décomposer l'objection, c'est y répondre.

Remarquons-le bien d'abord, ce revenu de trois pour cent est égal au profit normal de tout agent de production non exploité par celui qui en est le maître. Si la terre se loue moins cher que les capitaux, cette différence de prix n'en exclut pas l'égalité : l'intérêt supérieur de l'argent prêté n'est que la compensation des risques courus par le prêteur, ainsi que des avantages politiques et des attraits naturel qui rehaussent la propriété foncière.

Mais ce serait peu d'établir l'égalité de profits, dont jouit la propriété foncière à l'égard des autres agents de production : nous avons à montrer comment elle excède et domine tous les autres profits. La preuve sera complète pour quiconque prendra la peine de comparer le revenu d'une terre, non pas à son prix d'acquisition actuel, mais aux prix antérieurs d'acquisition.

Oui sans doute on achète aujourd'hui trois francs de revenu territorial pour cent francs : c'est sur ce pied que traite l'acquéreur : tel est le revenu qu'il tirera d'abord de son acquisition. — Mais pour le vendeur, il en est tout autrement. Rapproché de son prix d'achat, le revenu de sa terre est peut-être de huit à dix pour cent : car ce qu'il vend aujourd'hui cent francs, lui en a coûté peut-être cinquante ou soixante. Or, il en sera de même dans un certain laps de temps pour l'acquéreur actuel. Ce revenu, qui n'est aujourd'hui que de trois pour cent, grossira avec les années ; pas un bail ne se renouvellera sans augmentation, et il pourra à son tour retrouver un double capital, en faisant à son acquéreur les conditions qu'autrefois il a subies lui-même. C'est là qu'éclate la puissance et que se retrouvent les profits du monopole, c'est-à-dire de la hausse des produits fonciers, déterminée ou plutôt généralisée par les causes abusives que nous avons eu lieu d'observer déjà.

Quant à l'état de gêne, et aux embarras de fortune qui affectent la plupart des propriétaires fonciers, c'est chose constante : on sait, de par l'enregistrement, qu'ils sont grevés de onze milliards de dettes inscrites ; mais cela ne prouve rien, si ce n'est que le monopole, malgré tous ses avantages, est impuissant à réparer les conséquences d'un faux calcul, d'une mauvaise affaire. La plupart des propriétaires achètent le sol trop cher et à crédit, deux circonstances qui d'ordinaire vont ensemble ; ils doivent porter la peine de cette bévue dans l'altération de leur bien-être, de leurs habitudes et de toute leur existence ; il n'y a pas de privilège qui puisse les en relever.

Rien de plus avéré que cette hausse croissante du prix des terres : il n'y a personne qui n'en ait par devers soi quelque exemple plus ou moins personnel, et qui n'ait observé en même temps le pendant de ce fait, c'est-à-dire, le prix croissant des offices ministériels. Mais il reste à savoir, en tenant le fait pour certain, s'il est uniquement né du monopole, et si l'accroissement du profit foncier ne tient pas aux dépenses faites sur le fond, et aux améliorations qui sont venues en accroître la valeur.

Charles Brook Dupont-White

Au point de vue de l'objection, le capital foncier aurait été augmenté ; dès lors l'accroissement du profit ne serait que l'intérêt légitime de cette augmentation. À ce compte, rien de plus équitable et de plus conforme au droit commun, rien de plus étranger au monopole, que le prix supérieur, soit de la revente, soit du renouvellement des baux, soit des produits de la terre.

À cela une réponse bien simple. Là où le sol a été fécondé et enrichi par le capital qui s'y est répandu, le sol a presque toujours été plus productif : or, cette quantité supérieure des produits était une rémunération suffisante de ce supplément de dépense, en les vendant au même prix que par le passé. D'où vient donc que le prix des produits agricoles a haussé ? Si les dépenses additionnelles faites sur la terre étaient récompensées indépendamment de cette hausse, à quelles causes l'attribuer, si ce n'est à l'abus du monopole ? Sans doute, certaines terres n'ont pas répondu, par une production équivalente, aux avances du capital qui leur étaient faites : on a pris soin plus haut de prévoir et d'expliquer ce fait. Mais à ce compte, la hausse ne devrait être que locale, partielle, isolée. D'où vient donc qu'elle est générale ? L'universalité de la hausse, tout comme la hausse elle-même, n'a qu'une explication possible ; le monopole.

Il est de l'essence, il est du tempérament de tout monopole de prétendre et d'imposer sans cesse un prix plus élevé pour ses produits ou pour ses services.

Qui ne sait l'histoire scandaleuse de ces honoraires toujours grossissants qui ont porté si haut la valeur des offices ministériels ? Non content de voir augmenter le nombre des affaires, cet insatiable privilège a voulu en élever les profits : le cours naturel des choses, le progrès des capitaux ; le mouvement rapide des transactions, lui assurait tout seul richesse et prospérité. Mais il n'était pas en lui, mais il n'appartient à aucun privilège de se refuser l'exaction et le rançonnement : jusque là que l'indignation publique s'en est émue, que le pouvoir a pris l'éveil. Mais le mal était trop puissant pour fléchir, et l'homme d'État qui avait osé cette lutte, y laissa son porte-feuille de ministre et sa clientèle de jurisconsulte.

Un dernier point reste à vérifier. La hausse des produits agricoles ne pourrait-elle pas avoir une autre cause que le surcroît de travail consacré à cette production, ou même que le monopole ? Cette cause ne serait-elle point par hasard l'avilissement du numéraire ? Ici les renseignements abondent et l'incertitude n'est guère possible. On sait que les troubles de l'émancipation espagnole, en Amérique, arrêtèrent l'exploitation des mines, ou du moins la réduisirent de moitié : effet qui se fit sentir dès le commencement du siècle actuel. Mais on n'ignore pas non plus que l'Inde et la Chine cessèrent, à la même époque, cette demande de numéraire qui jusqu'alors avait été l'unique besoin de ces pays.

Peut être ces deux causes se sont-elles neutralisées l'une l'autre. Mais à supposer même que la quantité des métaux précieux se soit récemment accrue en Europe, il ne s'ensuivrait pas qu'elle eût été excessive et de nature à déterminer la baisse du numéraire, la hausse générale des denrées. — Il s'est opéré dans cette partie du monde, depuis près d'un demi-siècle, un développement d'industrie, un mouvement d'échanges et de transactions, qui sollicitait une création parallèle d'agents de circulation et de monnaie quelconque. Comme cet accroissement n'a pas eu lieu en monnaie de papier, il s'est opéré nécessairement en monnaie métallique ; d'où il est naturel de croire que le surplus de métaux dont l'Europe dispose aujourd'hui, est absorbé par les besoins de la circulation, et que suffisant tout juste à cet emploi, il n'a pu se déprécier par son abondance, et déterminer la hausse qui s'est manifestée dans le prix de certaines denrées.

Ainsi le prix des denrées alimentaires comporte une tendance à la hausse, tendance naturelle, exagérée et aggravée par le monopole. Si cette hausse a ses tempéraments, si ce fait général a ses temps d'arrêts et ses oscillations qui tiennent, soit à la découverte de nouveaux procédés agricoles, soit à l'ouverture de nouveaux marchés, soit à la décroissance de la population, toujours est-il que normalement le prix des denrées suit une marche progressive : fait désastreux entre tous, alors même qu'il ouvrirait aux salaires une perspective illimitée de hausse aux dépens des profits ; car la baisse de ceux-ci serait des plus réelles et des plus pénibles, tandis que la hausse de ceux-là, toute nominale, n'ajouterait rien au bien-être des salariés.

Charles Brook Dupont-White

CHAPITRE XVIII.

Comment l'impôt agit sur les salaires et conséquemment sur les profits.

Cette influence est la plus indirecte de toutes : elle consiste dans la hausse imprimée aux articles de première nécessité qui sont l'objet de l'impôt : elle modifie les salaires de la même façon et dans les mêmes cas, que la hausse naturelle de ces denrées.

Ainsi, quand le travail est demandé, l'impôt sur les choses que consomme le travailleur élève le prix et de ces choses et du travail. Que si le travail est abondant, l'impôt vient en réduction des salaires qui, dans l'état du marché, supportent cette charge sans répétition.

Parmi les influences qui agissent sur le taux des salaires, il n'en est point qui comporte plus de vicissitudes et d'oscillations que l'impôt : car cette influence dépend uniquement de la loi, et la loi de l'impôt varie elle-même comme la donnée politique du gouvernement.

Dégrever la consommation est l'œuvre du progrès — dégrever le sol, est le fait de la résistance, pour nous servir de formules laconiques et convenues.

L'histoire du cadastre, ses déviations successives, le remaniement de l'impôt depuis 1830, nous montrent à chaque pas cette coïncidence de la législation fiscale avec la législation constitutionnelle.

Le cadastre fut institué d'abord pour éclairer le fisc sur les forces productives du sol et sur la somme d'impôt qu'il pouvait supporter [x]. Plus tard, il s'écarta peu à peu de ce but primitif pour n'être plus qu'une machine à rectifier la répartition individuelle. — Il faut voir comment les publicistes de la Restauration expliquaient cette mesure. Un document très souvent cité, le rapport au roi sur l'administration des finances, en date du mois de mars 1830, s'exprime ainsi :

« Le gouvernement a reconnu qu'il ne devait intervenir dans une meilleure « répartition de l'impôt direct que par la modération successive des contingents « respectifs des départements et qu'il ne lui appartenait pas de porter en quelque « sorte atteinte à la propriété, en modifiant par des appréciations variables et « incertaines, sans l'assentiment des propriétaires, une charge qui est devenue « inhérente au capital qu'elle grève depuis tant d'années, et qui se confond tous les

« jours davantage avec la valeur des immeubles, par les successions, les partages et « les échanges qui les transmettent continuellement à des mains nouvelles. « Néanmoins, l'opinion générale continuait de réclamer avec instance l'achèvement « des travaux relatifs à la réparation des inégalités existantes dans l'intérieur de « chaque département. Le gouvernement ne pouvait se refuser à laisser mettre à « profit les sacrifices considérables qui avaient été faits dans toute la France pour « réaliser cette amélioration ; mais, comme les opérations cadastrales prenaient « alors un caractère d'intérêt communal ou départemental tout au plus, au lieu du « caractère d'intérêt général qu'elles avaient précédemment, on a mis les dépenses « à la charge des départements. Seulement le gouvernement a prêté le concours « actif de ses agents pour accélérer les opérations. »

Ainsi l'on tenait alors que l'impôt foncier est immuable ; que l'augmenter, c'est porter atteinte à la propriété. La révolution de 1830 vint apporter de nouvelles bases an gouvernement, et de nouveaux principes à l'impôt. Il fut fait une remise de 40 millions à celui qui pèse sur les boissons. — Quant au mode de perception, l'abonnement fut substitué à l'exercice dans l'intérieur des villes. — Enfin, la loterie fut abolie. —D'un autre côté, l'impôt foncier fut augmenté de centimes additionnels, au profit de l'instruction primaire, des chemins vicinaux et des travaux de cadastre.

Si l'on recherche la tendance actuelle de l'impôt, pour apprécier l'avenir réservé aux salaires et aux profits, en tant qu'ils dépendent de cette influence, toutes les chances semblent favorables au travailleur, c'est-à-dire au dégrèvement des denrées qu'il consomme. L'impôt sur le sel, l'impôt sur les bestiaux ne sauraient tenir longtemps ; certaines réformes sont imminentes, dès qu'elles sont mises à l'étude par l'opinion publique et par les pouvoirs constitués. — Il faut noter ici une défectuosité tout aussi choquante, et qui date du budget des recettes de 1832 : c'est la faculté, accordée aux villes de rejeter sur leur octroi tout ou partie de l'impôt mobilier [1]. N'est-il pas scandaleux que les riches fabricants de Lyon puissent s'exonérer de cet impôt, en ajoutant quelque chose au tarif de l'octroi municipal, c'est-à-dire en élevant le prix de toutes les consommations, et en grevant leurs ouvriers d'un surcroît de dépenses ? Il n'y a pas d'autres moyens, dit-on, de soumettre à l'impôt la population flottante de certaines villes ; comme si cet intérêt

---

1 Art. 20 de la loi du 22 avril 1852.

Charles Brook Dupont-White

devait prévaloir sur celui de la population sédentaire, et déterminer une aggravation d'impôt contre les classes les plus nombreuses et les plus nécessiteuses d'une ville !

Il y a loin de là aux saines et généreuses doctrines de Turgot : selon lui, tout est désordre et calamité, si l'impôt porte sur la consommation.

« Le journalier qui n'a que ses bras, le pauvre qui n'a pas de travail, le vieillard « et l'infirme, ne peuvent vivre sans payer l'impôt. C'est une avance qu'il faut bien « que les propriétaires leur remboursent en salaires ou en aumônes ; mais c'est une « avance du pauvre au riche, dont l'attente est accompagnée de toutes les langueurs « de la misère [1]. »

S'il est vrai, comme le pense l'école de Ricardo, que la rente foncière croisse avec la population et avec les défrichements qu'elle commande, rien n'est plus équitable au monde que le progrès de l'impôt foncier. Comme cette augmentation de la rente ne provient ni du travail, ni des capitaux du propriétaire ; comme elle n'est qu'un effet vicieux du monopole, où trouver une matière plus justement imposable ? L'impôt, qui se dépense au profit de la communauté n'est-il pas alors le redresseur du monopole, qui bénéficie à ses dépens.

On a dit souvent qu'en fait de contributions, l'assiette était d'une plus grande conséquence que le chiffre. Rien de plus vrai : en fin de compte, l'impôt est toujours rendu au pays qui l'a payé, sous forme d'une immense commande faite à son sol et à son industrie. Mais il est de toute justice que l'avance en soit uniquement faite par qui pourrait le mieux se passer de la restitution. À ce point de vue, l'impôt ne devrait jamais peser sur les consommations ; car c'est charger le travailleur d'un surcroît de dépense, en attendant un surcroît de salaire éventuel et problématique.

---

1 *Œuvres complètes* de Turgot, tome IX, page 402, édit. de la Bibliothèque royale.

CHAPITRE XVIII.

CHAPITRE XIX.

Lutte du capital et du travail, presque toujours terminée au préjudice de celui-ci. — Mot lumineux d'Adam Smith sur les besoins du travail, plus pressants, si ce n'est plus grands, que ceux du capital. — Prix toujours factice des choses de première nécessité, exemples : les céréales, le travail. Il est de l'essence du travail d'être offert. — Exception complète : des travaux simultanés de défrichements, de mines, de terrassements pour chemin de fer, élèveront nécessairement les salaires, quoi qu'en aient les capitalistes. — Exception partielle : un grand commerce extérieur est une source de profits qui fait trêve aux entreprises du capital sur le salaire. — L'oppression du capital n'est pas la seule que subisse le travail : il y a de plus celle du monopole foncier. — Cette oppression n'est pas la source unique d'où est née toute fortune moderne : deux considérations qui doivent diviser et atténuer la malveillance du travailleur envers le capitaliste.

De quelque nom qu'on appelle le rapport des profits aux salaires, ces deux termes offrent ceci de constant, que le profit triomphe de tout ce qui abaisse le salaire, et souffre de tout ce qui l'élève. L'état naturel du capital et du travail, à l'égard l'un de l'autre, c'est donc la lutte, l'hostilité, l'antagonisme. Si cela signifie malveillance et collision entre deux grandes classes de la société, c'est chose regrettable entre toutes ; mais comment fermer les yeux à l'évidence ? Comment refuser sa plume à l'irrésistible conclusion qui vient d'elle-même s'offrir et s'imposer ?

Si le producteur est impuissant à rejeter la hausse des -salaires, soit sur le consommateur en élevant le prix des denrées qu'il vend, soit sur le propriétaire, en diminuant le prix de celle qu'il achète, est-ce à dire qu'il endurera patiemment cette hausse ? Ce serait trop présumer de sa résignation. Il ne peut rien sans doute contre le consommateur, qui achète moins d'une denrée, devenue plus coûteuse ; celui-ci trouve une limite insurmontable à ses dépenses dans celle de son revenu — il ne peut rien contre le propriétaire foncier qui lui vend ses matières premières ; ce dernier jouit d'un monopole, c'est dire d'un seul mot tous les avantages, toutes les supériorités de sa position. — Mais il peut beaucoup contre le travailleur : il le tient, il le domine, il le maîtrise comme la faim. Si l'on a divagué et déclamé là-dessus, si les partis ont

Charles Brook Dupont-White

abusé de ce thème, ils ne l'ont cependant ni inventé ni épuisé. Ad. Smith avait dit là-dessus le premier et le dernier mot :

« Il se peut, à la longue, que le maître ait autant besoin de l'ouvrier que celui-ci ait besoin du maître ; mais le besoin du premier n'est pas si pressant [1]. »

Lumineuse observation qui n'a pas besoin qu'on la relève et qu'on l'envenime ! Elle montre assez comment le producteur, intéressé à la baisse des salaires, est armé de façon à l'obtenir, à l'imposer. Ainsi l'événement de la lutte n'est pas plus douteux que la lutte elle-même.

On se récriera peut-être contre cette conclusion. Eh quoi ! nous dira-t-on, les salaires ne sont-ils pas régis par l'état de l'offre et de la demande, par le prix des objets de consommation, par l'assiette de l'impôt ? Ne sont-ce pas là les influences dont ils dépendent, influences reconnues et acceptées par tous les développements qui précèdent !... À quoi bon toutes ces recherches sur le rapport des capitaux et de la population, sur le taux des denrées, sur l'effet des charges publiques, s'il y a une domination inhérente au capital qui lui livre le travail, si tel est le fait intime et fondamental de leurs relations ? Que faut-il croire de cette nouvelle thèse ou de l'ancienne ?

L'objection serait bien superficielle.

Que la loi de l'offre et de la demande régisse souverainement le rapport des salaires aux profits, nous l'avons dit, et nous persistons à le croire, — que la hausse des denrées alimentaires élève le prix du travail, quand le travail est demandé ; que l'impôt mis sur ces denrées ajoute encore au salaire dans les mêmes circonstances ; ce sont là des faits non moins certains, et qu'il importait de constater, encore qu'accessoires et accidentels.

De tout cela, nous n'avons rien à regretter, rien à rétracter ; mais tout cela ne suffit pas. — Il faut voir à l'application cette loi suprême de l'offre et de la demande ; il faut rechercher si le travail n'a pas quelque chose en soi qui le condamne à la dépréciation et à l'avilissement d'une offre démesurée.

À cet égard, la condition du travail est celle de toutes les choses de première nécessité. Rarement elles ont un prix vrai, un cours naturel. La hausse des céréales, dans une mauvaise année, ne se mesure pas au déficit réel, mais au déficit appréhendé. Le marché aux grains, c'est le

1 Édit. Guillaumin, t. II, p. 86.

CHAPITRE XIX.

triomphe de la panique, sans qu'on puisse en accuser l'agiotage ; car si le spéculateur consent à acheter cher, c'est avec la certitude de revendre cher, fondée sur la nature toute vitale de la denrée et sur l'empressement des demandes à tout prix. Il en est de même sur le marché au travail : le vendre est chose de première nécessité, tout autant qu'acheter des céréales ; car la vie est au prix de cette vente comme de cet achat.

On conçoit dès-lors toutes les alarmes, toutes les anxiétés qui doivent multiplier l'offre du travail. — Oui, la transaction du travailleur, et du capitaliste est régie par la loi de l'offre et de la demande ; mais cette loi n'a rien ici de la liberté et de l'équité qui partout ailleurs en recommandent les applications.

Le vice inhérent à ce contrat, l'absolue nécessité qui domine l'un des contractants, explique de reste les sentiments qui l'accompagnent.

Nous n'avons rien exagéré en parlant à ce propos de malveillance et d'animosité entre deux grandes classes de la société.

Sans doute le monde est hérissé de contentions et de conflits. Il n'y a pas de marché qui n'implique une lutte, point de convention qui ne mette deux parties aux prises, sans qu'il y ait pour cela antipathie essentielle, soit entre les classes, soit même entre les personnes.

Supposez cependant une classe faisant métier de vendre chaque jour une chose dont dépende sa vie, une chose qui ne puisse pas plus se capitaliser que le temps, et de la vendre à telle autre classe dont le plus sûr, dont l'unique bénéfice en quelque sorte, soit de réduire le prix de cette chose. Est-il permis de croire qu'un débat permanent sur un sujet de cette gravité laissera les parties froides et calmes, et que le vaincu sera sans fiel, sans animosité ? Non, sans doute, il y va d'un trop grand intérêt, trop constamment froissé et mutilé.

Pourquoi cette clameur de tous les temps et de tous les pays contre les accapareurs de grains ? Pourquoi ce déchaînement d'un pays voisin contre les propriétaires qui résistent au rappel des lois céréales ? Parce qu'il y a là une entreprise sur les premiers besoins de l'homme, sur les sources même de la vie. Qu'on juge par cet exemple des sentiments qui doivent passionner la question des salaires, question où ces grands intérêts sont engagés d'une manière encore plus directe et plus intelligible.

Il en coûte de croire à ces luttes, à ces désastres, à ces ressentiments. Sous cette surface de civilisation, sous cette étiquette de progrès qui décore notre société, il est pénible de reconnaître un tel fond de violence et d'iniquité ! Cependant, c'est chose toute simple : le prodige serait qu'il en fût autrement. N'oublions point de quel passé nous sommes issus. La richesse antique se composait de vols faits à la liberté ; la richesse monarchique et féodale de vols faits à la propriété. Eh bien ! Ce passé nous importune et nous poursuit encore parmi les conquêtes de la raison moderne. On n'abjure pas en un jour, ni même en une nuit, fût-ce celle du 4 août, des préjugés séculaires, des traditions invétérées. On veut les détruire, on ne réussit qu'à les mitiger. D'un reptile attaqué avec la hache, il reste et il se débat pendant quelque temps des tronçons pleins de vie ; tel est le débris, telle est la queue des temps passés qui leur a survécu sous forme d'attentat aux salaires.

Cherchons toutefois s'il n'est pas des circonstances qui neutralisent cette lutte ; s'il n'en est pas d'autres qui l'adoucissent ; s'il n'en est pas enfin qui doivent être prises en sérieuse considération pour apprécier, soit l'étendue du conflit, soit le mérite des parties contendantes.

1° Supposons un pays où le sol devienne pour ainsi dire la matière et l'objet unique du travail ; où, par exemple, l'agriculture lui demande un surcroît de céréales, tandis que les industries extractives y cherchent plus profondément que jamais les richesses enfouies, tandis que d'un autre côté la science le remue et le façonne pour des chemins de fer : nul doute qu'en ce pays, l'ouvrier n'ait un sort des plus tolérables. Pourquoi ? Parce qu'il faut à ces industries la quantité et la qualité de la main-d'œuvre, c'est-à-dire parce qu'elles ne comportent ni la division du travail, ni l'emploi des machines au même degré que les autres branches de la production. De là, l'élévation des salaires, accordé non-seulement à la rareté, mais au mérite du labeur. — De là, un principe de droit et un élément de force chez le travailleur, qui amortissent le conflit, qui suspendent même les violences de la lutte [1].

2° Si les profits dépendent des salaires, ils n'en dépendent pas

---

1 L'auteur de ce mémoire a visité la fabrique de Rouen pendant l'été de 1842 : il ne fut pas médiocrement surpris de l'aspect général de bonne santé et de bonne humeur que lui offrirent la plupart des ateliers. Tout, à cette époque, révélait le bien-être et l'aisance des ouvriers rouennais. C'était à douter de M. Villermé lui-même, qui avait fait une toute autre peinture de l'état de cette fabrique. – La différente époque des observations explique tout : en 1842, le chemin de fer qui se faisait aux portes de Rouen, appelait de toutes parts des terrassiers, et l'ouvrier des manufactures n'y restait qu'à la condition d'un salaire plus élevé.

CHAPITRE XIX.

uniquement ; d'autres influences peuvent agir sur le taux des profits en diminuant les prix de revient, et élevant les prix de vente. La découverte d'un nouvel engrais ou de nouveaux procédés agronomiques fera certainement baisser le prix des matières premières employées dans les manufactures. Il y a plus : ces matières premières, ces produits agricoles, dont le propre est de s'échanger avec les produits manufacturés, ne pourront se multiplier, sans provoquer une demande et un échange plus considérable de ceux-ci, de telle sorte que les profits de l'industrie s'élèveront doublement, et par la baisse des frais de production et par la hausse du prix de vente.

Ainsi, l'accroissement des pouvoirs productifs de la terre est une fécondation des profits qui ne coûte rien aux salaires. On peut en dire autant des nouveaux débouchés qui viennent s'offrir à l'industrie d'un peuple. Rien ne fait obstacle chez l'étranger à l'élévation du prix. Le commerce extérieur ne connaît pas cette limite que les frais de production imposent à la valeur échangeable dans l'enceinte du marché national. À ce compte, les relations qui viennent de s'ouvrir avec la Chine, promettent, au négociant européen, des bénéfices qui ne seront pas prélevés sur les salaires.

Ce sont là de précieuses espérances. Si le capital peut, s'accroître sans entreprendre sur le prix du travail ; si des sources de profits lui sont ouvertes qui ne tarissent point celles du salaire, ces deux termes ne sont peut-être pas voués à une malveillance éternelle. La réduction du salaire, moins utile à l'enrichissement du producteur, ne sera plus sa poursuite incessante : l'équité de l'un, désormais plus facile, fera la patience de l'autre, et la lutte qui les avait divisés, perdra quelque chose de son amertume et de ses désastres.

3°   Est-il juste d'ailleurs de regarder ce conflit comme un duel engagé entre le travailleur et le producteur seulement ? Doivent-ils dépenser l'un contre l'autre toute leur animosité, comme s'ils n'avaient pas d'autre adversaire sur le terrain où se partagent les fruits du travail ? Non, sans doute ; il y a un tiers qui prend sa part de ces produits, un tiers qui n'y a contribué par aucun travail et qui doit au monopole seulement cette portion privilégiée qui s'appelle *rente*. La hausse générale des produits agricoles, qui affecte également le maître et l'ouvrier, est l'œuvre de la rente. Ôtez le monopole, qui en est le fondement, et le prix de ces produits variera suivant le travail qu'ils ont coûté ; mais sous le régime du monopole, il n'y a qu'un prix, celui du produit, qui a coûté le plus de travail.

Ainsi, le prix de chaque chose doit payer non-seulement une récompense au travail et au capital, mais encore un tribut au monopole foncier. Ainsi, l'entrepreneur de travail n'est pas le seul qui puisse réduire la part de l'ouvrier dans le prix de son ouvrage ; celui-ci doit compter en outre avec le propriétaire foncier qui en a vendu la matière première à un prix de monopole, et qui s'est taillé royalement sa part dans celle des véritables agents de la production ; d'où il suit qu'il y a trois classes qui se disputent les fruits du travail ou la valeur de ces fruits, et qu'il est absurde à deux d'entre elles de s'imputer exclusivement leurs souffrances et leurs mécomptes.

On reprochera peut-être à ces observations d'étendre et d'aggraver la lutte, au lieu de l'atténuer. Mais ne faut-il pas reconnaître tous les éléments du conflit, si l'on veut savoir où gît la difficulté et d'où peut procéder le remède ? Cette perception complète du sujet ne serait pas insignifiante, si, par exemple, elle avait pour conclusion que le plus grand mal des classes industrielles tient au monopole foncier, c'est-à-dire au prix élevé, soit des subsistances, soit des matières premières ; car alors il y aurait un remède tout trouvé : la liberté du commerce des grains.

4°   Le premier sentiment qu'éveille en nous cette lutte du capital et du travail est une vive sollicitude, un penchant irrésistible pour le parti qui, à première vue, semble, celui du faible et de l'opprimé. Gardons-nous d'affaiblir ce généreux instinct de bienveillance et de pitié. Mais aussi bien n'allons pas dissimuler ce qui est à la décharge et à l'honneur du capital, ce qui peut lui attirer l'intérêt, l'estime, la sympathie même.

Singulière coïncidence ! Jamais la clameur du pauvre ne fut si amère et si mordante, et jamais pourtant la richesse n'eut des titres si réguliers, une origine si pure, plus de droits enfin au bien-être et au loisir.

Il fut des temps où toute fortune avait une tache sur son or — soit l'usurpation primitive de la conquête, soit la rapine persistante des usurpateurs, soit enfin les iniquités de la confiscation, les largesses du favoritisme.

Il est vrai qu'aujourd'hui l'acquisition de la richesse n'est pas précisément sans tares et sans reproches. Les mœurs qui favorisent la

CHAPITRE XIX.

production, les lois qui la laissent faire, ont en elles un principe d'abus que nous avons déjà signalé ; mais, il faut en convenir, ce principe n'est pas le seul d'où soit née toute existence et toute fortune nouvelle : il y a d'autres sources de la richesse moderne.

Sans parler de l'affranchissement accordé au travail, qui ne fut qu'une délivrance et non pas une assistance, le droit de gagner, et non pas le gain lui-même, — sans parler même du sol mis à l'encan révolutionnaire et adjugé aux classes laborieuses, il y avait en faveur du travail un principe d'enrichissement plus ancien, et peut-être non moins énergique : c'était le principe prohibitif qui date de Colbert. Interdire le marché français aux étrangers, obliger la France à produire elle-même ce qu'elle avait le besoin et l'habitude de consommer, c'était établir un impôt sur les classes qui professaient l'oisiveté, au profit de celles qui pratiquaient le travail ; c'était concéder à celles-ci un monopole industriel à côté du monopole nobiliaire qui grevait le territoire [1]. Balancer un privilège par un autre était peut-être toute la justice que comportait une époque étrangère aux idées de droit commun et d'égalité. — Si ce monopole, qui commença par le nivellement des fortunes, nous menace aujourd'hui d'une féodalité nouvelle et financière, c'est qu'il a trop duré, et que, son œuvre accomplie, le moment est venu d'en finir avec lui ; mais toujours est-il qu'il commença par enrichir le travail, et qu'aujourd'hui nombre de capitaux et d'existences considérables dérivent de cette source légitime et pure, entre toutes.

---

1 Les manufactures de cette époque étaient sujettes, soit pour leur mode de fabrication, soit pour leur établissement, à des règles qui protégeaient le salaire de l'ouvrier en protégeant les profits du maître contre les périls d'ne concurrence effrénée.

Charles Brook Dupont-White

CHAPITRE XX.

Vaine distinction des salaires absolus et des salaires relatifs. — La hausse absolue des salaires, celle qui ne coûte rien aux profits, et qui consiste uniquement dans le moindre prix des denrées produites à moins de frais, est une pure chimère : la baisse des salaires suit de près celle des denrées. — Produire beaucoup ne suffit pas au bien des masses, puisque le bon marché inhérent à l'abondance des produits est neutralisé pour elles par la réduction du salaire. — La richesse d'un pays est compatible avec la misère du plus grand nombre. — Exemple : l'Irlande toujours souffrante et dégradée, malgré l'essor de son industrie : documents officiels à ce sujet. — Analyses de M. Passy sur le progrès de la richesse en France, et sur les limites qu'à rencontrées depuis 30 ans la diffusion de cette richesse.

Nous venons d'énumérer les circonstances qui doivent atténuer l'antagonisme essentiel des salaires et des profits : cette énumération est complète. Il n'est rien hors delà qui puisse adoucir ou dissimuler l'âpreté de la lutte. Il ne faut pas compter comme palliatif la distinction des salaires relatifs et des salaires absolus où se complaisent quelques économistes.

Le plus grand intérêt du travail consiste sans doute dans l'importance intrinsèque de la rémunération qu'il obtient, et non pas dans l'importance de cette rémunération relativement à celle du capital. Le bien-être de l'ouvrier dépend de la somme de choses consommables que lui vaut son salaire, et non pas de la proportion de cette somme avec celle qui compose les profits.

Il suit de là que si le bon marché des produits élevait les salaires absolument, sans les élever relativement aux profits, l'amélioration ne serait pas moins considérable pour le travailleur ; car la vrai fin de l'homme social, c'est le bien-être et non pas l'égalité, qui ne s'est jamais réalisée que par la misère commune, par l'abjection universelle. Comme dans cette hypothèse l'amélioration des salaires laisse les profits intacts, comme le bon marché dont elle découle est constant et progressif, il semble qu'il y ait là tout ce qu'il faut pour une pacification sérieuse et durable.

Reste toutefois une insurmontable difficulté, c'est que l'élévation absolue des salaires, dans les circonstances que l'on supposait tout à l'heure, est une pure hypothèse, une chimère des plus caractérisées. Que le prix des denrées vienne à baisser, et le salaire baissera du même coup : il n'y a pas de loi plus constante en économie politique. Puisque la part de produits assignée au travailleur lui suffisait jusque-là pour vivre et continuer sa race, à quoi bon l'augmenter ? Est-il nécessaire par hasard qu'il ait les moyens de mieux vivre et de mieux élever ses enfants ? De là, la main-mise du capitaliste sur tous les bénéfices du progrès industriel, c'est-à-dire la réduction du salaire en argent.

Cette baisse inexorable du salaire, parallèle à la baisse des denrées ; ce fait cruel mais constant, réduit à sa juste valeur une autre théorie non moins fameuse.

C'est chose secondaire, selon certains économistes [1], que tout ce qui tient à la distribution de la richesse : rien de plus insignifiant que les questions relatives aux salaires, lesquels font l'office de la dispenser. Ce qu'il y a d'essentiel et de dominant, soit dans la science, soit dans la société, c'est la production : tous les efforts, toutes les combinaisons, tous les encouragements doivent se porter là. Une fois produite, la richesse se répand, se divise, et finit par descendre jusqu'aux classes inférieures. Si vous leur souhaitez une part considérable, faites d'abord qu'il y ait beaucoup à partager.

Ils oublient, ceux qui rêvent exclusivement la fécondité de la production, que le bon marché est à ce prix sans doute, mais qu'il a tantôt pour élément, tantôt pour effet, la réduction du salaire, et que les ressources de la classe ouvrière baissent conjointement avec le prix des denrées. Comment dès-lors, par quel procédé, par quel canal ces richesses, nouvellement produites, peuvent-elles arriver et profiter au travailleur ?

Ils oublient autre chose encore, c'est que la baisse des prix n'est pas illimitée, c'est que l'industrie aimera mieux quelquefois modérer sa production, que de la soutenir en avilissant ses produits. Ne sait-on pas que la Hollande brûlait une partie de ses épices ? Et de nos jours, il n'est pas sans exemple, s'il faut en croire la biographie d'un novateur fameux, que les négociants de Marseille submergent les grains dont le cours est trop bas.

Ainsi, le bénéfice du progrès industriel se concentre dans les mains

1 Michel Chevalier, *Cours d'écon. pol.*, p 49.

Charles Brook Dupont-White

des capitalistes, des propriétaires, des entrepreneurs de travail. C'est entre eux seulement qu'ils échangent les œuvres d'une production plus féconde et plus raffinée. Il n'en rayonne, il n'en pénètre rien jusqu'à l'ouvrier, à moins qu'il ne lui plaise de sacrifier une partie de sa subsistance, c'est-à-dire de sa force et de sa santé, à la tentation vulgaire d'un meuble ou d'un tissu.

Il s'ensuit que la production n'est point le fait culminant de l'économie politique, et qu'elle est loin de résoudre le plus grave de ses problèmes, celui du bien-être des masses. Elle fera peut-être la richesse d'un pays, mais non le bonheur d'une société.

« Un pays peut s'enrichir, dit M. de Gérando, pendant que l'indigence s'y fait « plus vivement sentir dans les classes inférieures de la société : il peut s'appauvrir « et avoir moins d'indigents.

Pourquoi ? Apparemment parce que la richesse, supérieure dans le premier cas, est mal répartie, tandis que dans le second cas, le mérite de la distribution compense abondamment l'infériorité de la somme à distribuer.

L'Irlande offre un exemple mémorable de cet essor de la production, de ce progrès de la richesse publique, défiguré par la misère persistante, croissante même des classes inférieures de la société. — Un document officiel a constaté ce fait déplorable, c'est le rapport des commissaires chargés d'examiner la question des chemins de fer pour l'Irlande

« Les signes d'une richesse progressive, y est-il dit, ne sont malheureusement « pas aussi visibles dans la condition des ouvriers que dans le montant du produit « du travail [1].

Un peu plus loin ils ajoutent :

« À notre grand regret, nous ne pouvons affirmer que les classes laborieuses « soient pour une part un peu considérable dans l'accroissement de la « consommation. La demande semble venir exclusivement de la classe supérieure « des propriétaires et des citadins. — L'aspect actuel de la société Irlandaise est « une véritable anomalie. Tandis que le pays accomplit un progrès visible et « soutenu, et que des symptômes de prospérité croissante s'offrent de toutes parts, « la classe des travailleurs qui constituent la grande majorité de la nation, ne tire « aucun bénéfice proportionnel de cette prospérité qui se déploie autour d'eux. « Dans beaucoup d'endroits, sa condition est même pire

1 *Report of the rail-ways, commissioners for Irlande,* p. 8.

CHAPITRE XX.

qu'auparavant . »

C'est une opinion très générale que la distribution de la richesse s'opère en France équitablement, et que la prospérité publique se compose de la prospérité croissante de chaque citoyen. On serait tenté peut-être de citer notre pays comme exemple d'une grande production profitable à toutes les classes, et créatrice de l'égalité, non point par la misère, mais par une heureuse et désirable médiocrité des fortunes.

Préjugé et confusion ! On prend un accident pour une loi ; on ne démêle pas ce qui est de ce qui fut.

Sans doute, il s'est fait en ce pays un grand morcellement du sol, un grand nivellement des fortunes, mais sous des influences passagères et désormais épuisées. Telle fut :

1°   La vente à vil prix des biens nationaux, dont la revente a soldé par d'immenses bénéfices l'audace des premiers acquéreurs.

2°   Les conditions extraordinaires et changeantes où vécut notre industrie pendant les vingt premières années de ce siècle, laquelle opérait sur un marché dont les proportions variaient sans cesse, étendu d'abord jusqu'à Hambourg et jusqu'à Rome, puis ensuite resserré en-deçà du Rhin ; fermé pendant longtemps, puis ouvert tout-à-coup aux importations maritimes : chances évidentes de succès pour les capitaux doués de coup d'œil, d'activité, de hardiesse. Voilà les ressorts qui ont élevé tant d'existences, guindé tant de parvenus ; mais ces effets de révolution et de lutte universelle, comment les attendre d'institutions libres et de circonstances régulières ! Autant vaudrait appliquer aux temps de paix la banale hyperbole qui met au fond de toute giberne le bâton de maréchal.

L'illusion à ce sujet est loin d'être universelle, et c'est du sein même de l'académie des sciences morales que sont partis les premiers doutes. On trouve dans le recueil de ses travaux un mémoire où le préjugé dont il s'agit est combattu avec une singulière puissance de faits et de raisons.

Il faut voir dans les savantes analyses de M. Passy comment la division du sol, signalée par le chiffre croissant des cotes foncières, s'est brusquement arrêtée avec les temps extraordinaires qui finissent en 1815.

Ce chiffre était alors de 10,083,751 fr. — En 1835, il ne s'était élevé qu'à 10,893,528 fr., c'est-à-dire que de 8 p. 100, augmentation peu considérable, soit en elle-même, soit relativement à celle de la population qui, pendant le même laps de temps, s'était accrue de 14 p. 100. Ainsi, le nombre des propriétaires s'est resserré, au lieu de croître dans la même mesure que le reste de la population ; et le fait est d'autant plus certain, que les cotes postérieures à 1815 représentent un nombre considérable de bâtiments et d'usines, c'est-à-dire une addition faite à d'anciennes propriétés plutôt que la constitution de nouvelles.

Remarquons-le bien, car l'enseignement est là : cette réduction relative du nombre des propriétaires, ce temps d'arrêt dans le morcellement du sol et des fortunes, coïncide avec le progrès le plus évident de la richesse générale.

Ce progrès, de 1826 à 1836, a été de 16 p. 100, résultat qu'on obtient en comparant entre elles la valeur des successions déclarées aux deux époques, pour servir de base à l'impôt de mutation. — Ce n'est pas tout, il faut comparer ensuite cette valeur croissante des successions à leur nombre qui n'a pas grandi dans la même proportion. Il résulte de ce rapprochement, que le progrès de la richesse générale a grossi de onze seizièmes les fortunes déjà faites, tandis que les nouvelles fortunes, nées du même progrès, n'en représentent que les cinq autres seizièmes.

En un mot, nombre décroissant des propriétaires, par rapport au total de la population, nombre décroissant des héritiers par rapport au total des héritages, telle est la tendance de notre société depuis 1815. — Inégalité des fortunes, concentration des capitaux et pour ainsi dire renouvellement des castes, telle est la loi de notre avenir. Ajoutons que la hausse des denrées alimentaires, qui constituent la plus grande dépense de l'ouvrier, vient réduire chaque jour ses moyens d'épargne, tandis que ceux du riche grandissent de toute la baisse des produits voluptuaires, qui sont sa principale consommation. Tout est difficulté croissante pour la formation du capital, tout est facilité progressive pour sa fructification.

Jamais réalité ne fut significative au même point ; jamais l'optimisme ne reçut une si rude leçon. Ce progrès de la richesse générale appartient sans nul doute à celui de la production, à l'étendue et à l'audace du développement industriel. Si cela suffit pour répartir au mieux les capitaux, les jouissances, le bien-être, s'il y a une loi économique analogue à celle de la gravitation, qui attire, qui entraîne au fond de la société la richesse une fois produite, d'où vient qu'en France l'inégalité des conditions et des fortunes a marché du même pas à peu près que l'accroissement de la richesse publique ? D'où vient que cette inégalité,

CHAPITRE XX.

violemment détruite ou suspendue par des événements de révolution et de grande guerre, a repris son cours en même temps que l'industrie, le commerce et le déploiement de toutes les forces productives ? Est-ce donc là ce qu'il faut attendre du mouvement régulier des choses et de l'industrie abandonnée à elle-même ? Est-ce ainsi que s'accomplit cette œuvre de distribution, annoncée et promise comme corollaire à celle de la production [1] ?

---

1 M. Rossi, dans son Cours *d'Éc. polit.,* professe identiquement les mêmes opinions que M. Passy, et semble les avoir puisées aux mêmes sources. (t. II, p. 74, *Cours d'Éc. pol.*)

Charles Brook Dupont-White

CHAPITRE XXI.

Désastres de la lutte où succombe le travail. — 1° Mortalité de la classe ouvrière : observations de M. Villermé sur Mulhouse, et de M. D'Angeville sur le département de la Seine-inférieure. — 2° Dégénération de cette classe, officiellement constatée à l'occasion du recrutement. — 3° Nombre croissant des crimes et délits, imputable peut-être à la misère industrielle : affirmation à cet égard d'un membre du cabinet anglais.

Nous avons vu comment les profits dépendaient des salaires, et comment cette dépendance déterminait entre eux un état d'hostilité qui n'est pas toutefois sans atténuation et sans tempérament.

Nous avons dit *à priori* quel devait être l'événement de cette lutte : il reste à rechercher si l'expérience confirme cet aperçu, si les faits en portent la trace. Or, il y a des symptômes qui ne dénoncent que trop clairement les calamités de la défaite.

Le plus significatif et le plus déplorable de tous, c'est la mortalité croissante qui ravage les classes ouvrières.

M. Villermé constate que la vie moyenne à Mulhouse était :

de 25 ans	en	1812
de 22 ans	en	1827
de 20 ans	en	1834

Ainsi que l'honorable écrivain l'a remarqué très explicitement, le progrès de la mortalité correspond de tout point avec celui des manufactures de coton [1].

M. Villermé ne s'en tient pas à des calculs sur la mortalité de la ville, prise dans son ensemble ; il en établit d'autres sur la mortalité des diverses professions et conditions sociales, pour arriver à constater la vie probable de chacune.

Ces supputations se traduisent par les chiffres suivants :

La classe des manufacturiers, négociants, etc., à vingt-huit années probables de vie — celle des boulangers et meuniers, douze ans — celle des tisserands et ouvriers de filature, une année et quart, une année et

---

1 *Tableau de l'état physique et moral des ouvriers* t. II – p. 248 et suiv.

demie tout au plus.

« Comment admettre, ajoute l'auteur, que notre état de société offre réellement « ces conditions, dans lesquelles la mort dévore la moitié des enfants avant la « deuxième année accomplie ? Quelles privations, quelles souffrances cela ne fait-« il pas supposer ! »

Rien de plus grave assurément que ces faits et ces commentaires, qui tirent une double autorité, et du caractère de l'écrivain et de la nature scientifique de sa mission ; mais ils ne sont pas les seuls à consulter en cette matière.

La statistique générale, publiée par l'administration, a servi de base à des travaux profonds et consciencieux qui ont tenté d'en extraire quelque enseignement. L'auteur de l'*Essai sur la statistique* [1] a entrepris par exemple de classer les départements, selon le rang qu'ils occupent dans les divers ordres de faits qui constituent la vie d'un peuple : industrie, instruction, crimes, mortalité, recrutement.

Or, cette classification offre les coïncidences que voici :

Département de la Seine-Inférieure, deuxième en industrie, — cinquante-quatrième en longévité.

Département du Rhône, troisième en industrie — soixante-quinzième en longévité.

Département des Bouches-du-Rhône, sixième en industrie, — soixante-dix-neuvième en longévité.

Département du Haut-Rhin, huitième en industrie, — quatre-vingtième en longévité.

Tels sont les pernicieux effets du régime manufacturier à Rouen, à Lyon et à Marseille. Douterait-on qu'ils lui appartinssent en propre ? Voudrait-on les attribuer au concours de quelque autre influence meurtrière ?

Je ne sache à cet égard rien de plus concluant qu'un simple fait observé par M. d'Angeville qui le rapporte en ces termes :

« Les calculs que nous avons faits sur la longueur de la vie moyenne, montrent « combien plusieurs de nos anciennes provinces conservent la physionomie qui « leur est propre.... Les départements de la Normandie (*celui de la Seine-Inférieure « excepté*) ont une longévité supérieure à celle du reste de la France, la vie « moyenne y est de 45

---

1 M. le comte d'Angeville.

ans et 7 mois. »

Or, quelle cause assigner à cette exception dans le département le plus industriel de la France après Paris, l'un de ceux d'ailleurs où les conditions de nourriture sont les plus favorables, si ce n'est l'industrie elle-même ? Et de plus, s'il est donné à l'industrie d'abréger les jours de l'homme, là où ils étaient en possession de se prolonger au-delà des limites ordinaires, comment à plus forte raison, n'aurait-elle pas cette sinistre puissance, ailleurs où elle n'a pas à combattre les mêmes éléments de bien-être et de longévité.

Ce fait a un pendant dont la signification n'est pas moins claire, et que nous ne pouvons nous défendre de rappeler, au risque d'une digression.

La Bretagne est une de ces provinces qui ont fidèlement gardé les traits de leur physionomie primitive, et l'un de ces traits est la vigueur de constitution unie chez les indigènes à la médiocrité de stature. On comprend la conséquence de cette particularité en matière de recrutement, et pourquoi la statistique a dû s'en occuper.

Eh bien ! la Loire-Inférieure, un des départements bretons, est le seul qui n'ait pas conservé cet avantage de race, de sol et de climat, et l'on ne saurait trouver d'autres raisons de cette déchéance, si ce n'est que ce département est le plus industriel de la province ; car, sous le rapport des conditions de nourriture, il est infiniment mieux partagé que les autres circonscriptions qui composaient autrefois la Bretagne.

Telles sont les influences corrosives, meurtrières, qui mesurent à l'ouvrier sa force et sa vie ; — cette mortalité qu'elles infligent à son indigence, fait justice de plus d'un sophisme.

Selon les uns, la pauvreté n'est qu'un sentiment ; selon les autres, ce n'est qu'un rapport. Que sais-je ? On parodie le mot de Pascal : richesse au-delà des Pyrénées, indigence en-deçà.

Qu'y a-t-il cependant de plus positif, de plus absolu que le besoin dont on meurt ?

Dira-t-on que la moindre durée de la vie est une des disgrâces qui affectent essentiellement la classe pauvre ? Que cette classe est condamnée à moins vivre, tout comme à moins jouir de la vie, et qu'il est puéril de relever cette conséquence élémentaire de l'inégalité des conditions ?

Pauvre défaite ! Le département de la Creuse est le plus misérable

CHAPITRE XXI.

peut-être qui soit en France : population agriculture, industrie, tout lui manque ; n'en est pas qui se nourrisse plus mal, qui paie l'impôt plus péniblement, et toutefois ce département est un de ceux qui offrent les meilleures conditions de longévité. Il est le vingt-deuxième dans cet ordre de faits, s'il est le quatre-vingt-cinquième en industrie .

Ainsi les classes pauvres ne supportent pas, à ce titre, et d'une manière générale, le poids de cette mortalité croissante. Il n'y a de décimé parmi elles que la classe manufacturière, c'est-à-dire celle dont les travaux répandent partout ailleurs l'aisance le bien-être et la longévité qui s'ensuit. Singulier spectacle ! Y aurait-il donc une partie de la société qui abrège sa vie à prolonger et embellir celle des autres ? Le luxe de certaines classes serait-il donc prélevé sur la substance même du travailleur ?

Un autre symptôme non moins alarmant de l'état des classes ouvrières, c'est la dégénération, l'étiolement des races. Une lutte qui tue le travailleur, est une affliction pour l'humanité ; une lutte qui l'énerve, est un danger pour le pays. Triste ressource pour nos armées que ces races lilliputiennes où la pauvreté du sang arrête l'essor de la taille et des forces ! Races impuissantes à l'endroit des armes, et répudiées par le recrutement dans toutes les villes de grande industrie.

À cet égard, les faits sont précis :

Moyennement il faut appeler 166 hommes au service militaire, pour en trouver 100 de valides ; mais à Rouen il en faut appeler 266 ; — à Elbeuf, 268 ; — à Nîmes, 247.

L'Angleterre aura toujours cent mille marins pour monter ses flottes et tenir l'invasion à distance ; peu lui importe que sa population s'exténue et se dégrade dans l'industrie. — Mais la France ! Retrouvera-t-elle dans ces races appauvries et chétives, les soldats qu'il lui faut contre une coalition, ces vigoureux défenseurs, cette forte infanterie à l'épreuve de toutes fatigues et de toutes privations [1] ?

C'était chose déjà connue des militaires, que cette dégénérescence des classes industrielles ; elle fut mise en lumière il y a quelques années, et dénoncée à la tribune élective, au sujet d'une pétition sur le travail des enfants dans les manufactures. — Nous avons emprunté les chiffres ci-dessus à l'honorable M. Billaudel, qui lui-même les avait puisés aux

1 *Roben peditum.*

Charles Brook Dupont-White

documents officiels du ministère de la guerre [1].

Peut-être faudrait-il ranger encore parmi les désastres de la lutte industrielle, le nombre croissant des crimes et des délits, attestés par les statistiques du ministère de la justice : la démoralisation semble un effet naturel de la misère. Toutefois, ce genre de progrès comporte trop d'explications pour n'en autoriser qu'une seule. N'a-t-on pas vu, pendant la dernière session des chambres, les dissentiments qui s'élevèrent à ce sujet, lors des débats relatifs au régime pénitentiaire ? Quelques-uns sans doute attribuèrent le chiffre progressif des méfaits aux crises de l'industrie ; mais d'autres au régime corruptif des prisons ; d'autres encore, au relâchement des lois pénales qui date de 1831. Il serait injuste d'imputer exclusivement à l'une de ces causes, un fait d'une origine si complexe et si problématique.

---

1 V. le *Moniteur* du 16 juin 1859.

CHAPITRE XXI.

CHAPITRE XXII.

L'état doit-il intervenir dans les relations du travailleur et du capitaliste ? — Oui, car l'œuvre de la production aggrave la domination naturelle de celui qui a sur celui qui n'a pas. — Cette aggravation résulte, 1° de ce qu'elle est un élément de bénéfice pour le capitaliste, sous forme de réduction des salaires ; 2° de ce que cet élément est pour ainsi dire unique, étant donnée la concurrence des producteurs qui leur commande le bon marché des produits.

Si la lutte du capital et du travail finit trop souvent par l'oppression de ce dernier ; si la défaite a pour lui de tels désastres et de telles avanies, n'y a-t-il pas lieu en sa faveur, à l'assistance, à l'intervention de l'État ? — Question délicate et scabreuse entre toutes.

Notre premier soin doit être de circonscrire ce qu'elle a de vague et d'indéfini. L'État peut intervenir de plus d'une sorte dans les choses d'industrie, soit en autorisant les fabriques, soit en réglementant la fabrication, soit en agissant sur le taux des salaires. Dans une étude qui a pour unique objet le rapport des profits aux salaires, ce dernier mode d'intervention est évidemment le seul qui doive nous préoccuper. L'intérêt des consommateurs, les considérations d'ordre, de police, de salubrité publique appartiennent à une autre nature d'idées et de recherches.

Contentons-nous de la part qui nous échoit dans ce grand débat, et cherchons à ce propos, soit à résumer, soit à compléter ce qui précède.

Nous avons vu s'accomplir de nos jours une révolution qu'il serait trop long de rechercher dans ses causes premières et intimes : nous entendons parler de celle qui concerne la faculté du travail, la production.

Soit que les classes élevées où abondent les capitaux, aient répudié les traditions et les préjugés hostiles au travail, soit que les capitaux aient émigré vers d'autres classes, toujours est-il que la production s'est impatronisée, s'est attachée au cœur même de la société moderne. De là des choses nouvelles, inattendues, mais surtout amères et décevantes.

Il y a une puissance, une domination inhérente à la richesse. Si la nature fit le plus fort maître du plus faible, toute société fait celui, qui a maître

Charles Brook Dupont-White

de celui qui n'a pas. Les Barbares qui se partagèrent le sol de l'Europe conquise, n'avaient pas besoin de lois pour instituer des seigneurs et des vassaux — le possesseur du sol était le souverain nécessaire de ses habitants, qui devaient subir sa loi en mangeant son pain. Tout l'appareil des institutions féodales ne fit que régulariser ce fait primitif né de la conquête.

Le jour où ces institutions périrent, la richesse n'y perdit que des titres, des apparences oiseuses, des distinctions honorifiques ; il lui resta cet ascendant inné qui réside en elle, et qui peut se passer de sanction légale. Nous avons vu tomber, il est vrai, les lois qui consacraient les castes ; mais nous avons vu se former en même temps des mœurs qui tendent à les entretenir et à les perpétuer, en appelant tous les hommes sur le terrain de la production. À côté de la plaie féodale qui venait de se fermer, une plaie nouvelle s'est ouverte, celle de l'industrie libre et illimitée : on s'expliquera rapidement sur ce point qui, en quelques années de controverse, a grandi jusqu'à l'évidence.

La richesse appliquée à produire dut abuser, dès le premier pas, de l'ascendant qu'elle porte en elle. Le pauvre, destiné à subir cette oppression, ne pouvait être ni le producteur de matières premières, investi d'un monopole, ni le consommateur, maître de réduire, ou même dans certains cas, d'arrêter entièrement sa consommation. Restait le travailleur : ce fut lui qui porta le poids des résistances opposées partout ailleurs à la richesse.

C'est chose ancienne comme le monde que la prépondérance du riche, que la sujétion du pauvre ; mais l'emploi de la richesse exerce une influence marquée sur le caractère de cette relation. Le riche qui achète à l'artisan le produit de son travail, ou qui achète au serviteur son travail même, ne se propose pas, comme but essentiel de ce marché, un bénéfice d'argent. Or, tel est l'objet unique et le fonds même de la transaction qui intervient entre le producteur et l'ouvrier. Quand la richesse d'une part, quand la pauvreté de l'autre se transforment en agents de la production, et traitent ensemble pour concourir à cette œuvre, la domination inhérente au capital apparaît alors dans toute sa rigueur, dans toute sa crudité. C'est le triomphe de ces grandes agglomérations où le maître et l'ouvrier sont étrangers l'un à l'autre, où le capital et le travail représentent deux forces abstraites et simples, dont rien n'altère et ne complique les rapports nécessaires. Le pauvre y perd son caractère d'homme pour celui de machine à produire, de

CHAPITRE XXII.

matière à spéculation, et pour se classer parmi ces *frais généraux* que le génie industriel s'évertue sans cesse à réduire et à limiter.

Telle est la tendance de la richesse tournée vers la production, tendance qui se convertit en fait, partout où la production est abandonnée à ses instincts et délivrée de la surveillance de l'État.

Ce fait universel et patent, toutes les théories du salaire sont unanimes à le constater, et quelles théories ! Celles qui sont écloses de la plume et dans la contrée la plus industrielle du monde.

« Le prix naturel du travail, dit Ricardo, est celui qui fournit aux ouvriers les « moyens de subsister et de continuer leur espèce, sans accroissement ni « diminution ; » définition adoptée par tous les économistes anglais.

En d'autres termes, l'ouvrier reçoit tout juste ce qu'il lui faut pour être en état de travailler et d'élever des travailleurs. C'est à cette fin et dans cette mesure unique qu'il est stipendié. De là, le strict équilibre, l'exacte appropriation de la fin et des moyens, que réalise le salaire.

Ricardo ajoute, il est vrai, que le prix courant du travail déterminé par l'état de l'offre et de la demande, en dépasse quelquefois le prix naturel ; mais il faut observer que l'altération de ce dernier prix est purement passagère, et qu'il tend en définitive, sur ce marché comme sur tout autre, à prévaloir et à régler le cours. Nous l'avons vu, régulièrement le prix d'une denrée n'excède pas ce qu'en a coûté la production. Le prix du travail ne peut dépasser dès lors ce que coûte la subsistance du travailleur, unique condition de son travail. — Mais quoi ! Direz-vous, limiter le prix du travail à la subsistance du travailleur, c'est lui interdire l'épargne, c'est le tenir à terre, c'est le condamner à mourir pauvre et abject comme il a. vécu en léguant à sa postérité le même patrimoine d'insurmontable misère ; — en un mot, c'est refaire les castes, ou plutôt c'est les perpétuer.

Rien n'est plus exact ; mais le pays où cela se voit et se professe excellemment, n'a pas d'objection contre les castes.

Il est vrai que nous marchons dans les mêmes voies, et avec toute apparence d'en venir aux mêmes résultats ; mais nous n'avons fait que proscrire les castes dans trois ou quatre constitutions, et l'égalité n'a pour elle que le sang et la pensée de quelques révolutions Nous avons respecté d'ailleurs la liberté de produire ; nous avons laissé toute latitude aux relations du capital et du travail.

Charles Brook Dupont-White

Profondément imbu d'une opinion qui lui échappe de toutes parts, Ricardo l'a reproduite et affirmée en ces termes remarquables :

« Un des objets que j'ai eu en vue dans cet ouvrage, dit-il, a été de montrer que, par suite de toute baisse dans la valeur des choses de première nécessité, les salaires du travail doivent baisser [1]. »

Ainsi, l'on verra l'industrie marcher à pas de géants sur ceux de la science ; le travail de l'homme acquerra de nouveaux et prodigieux auxiliaires ; la matière sera domptée ; la nature, avec toutes ses forces, réduite et pliée à notre usage ; il y aura enfin cette multiplication des produits, qui fut le miracle symbolique d'une grande religion. Mais le symbole n'ira pas plus loin : ces efforts de la science, ces bienfaits du génie n'iront pas chercher et relever au plus profond de la société les classes souffrantes et déchues. Pourquoi ? Parce que le travail verra sa récompense réduite au prorata de cette abondance et de ce bon marché. Intercepter, absorber tout le profit du progrès, tel est le procédé du capital laissé en face du travail, telle est l'issue de ce tête-à-tête, ou plutôt de ce duel permis par le pouvoir social.

Ainsi, la chose est claire : sous le régime de la libre production, le capital industriel abusera de son ascendant, parce que l'abus est essentiel à tout pouvoir non contrôlé, non limité ; — il en abusera plus que tout autre capital, à raison de son emploi, et parce qu'il fait profession de cupidité.

Les choses se passeraient de la sorte, n'y eût-il dans chaque branche d'industrie qu'un producteur.

Mais le régime de libre production ne consiste pas seulement à laisser les maîtres et les ouvriers débattre le salaire, comme ils pourront. Si dans cette limite il est profitable au maître, c'est en lui préparant d'ailleurs des soucis et des luttes sans fin. Ce système en effet permet à tout venant d'élever manufacture, atelier, boutique, quelque soit le nombre des industries préexistantes ; de recruter partout des travailleurs, quelque incertitude qu'il y ait de pouvoir les garder ; de troubler enfin les relations acquises, de piller les clientèles, et de ruiner les compétiteurs par la surabondance des produits et l'émulation du bon marché ! À ces traits vous avez reconnu la concurrence.

Dans l'ardeur de cette lutte entre les capitalistes, celle du capitaliste et de l'ouvrier prend quelque chose de plus dur et de plus inexorable.

1 *Principe de l'économie politique et de l'impôt,* t. II, p. 296.

CHAPITRE XXII.

Accroître le salaire, il n'en saurait être question, quelles que soient la rigueur de la saison, l'inclémence des récoltes, la hausse des denrées ; car il serait impossible de reprendre au consommateur protégé par la concurrence, la bonification consentie à l'ouvrier. Réduire le prix du travail, en aggraver le poids, en augmenter la durée, telle est au contraire la meilleure chance ouverte au capitaliste ; car c'est à peu près l'unique élément du bon marché, l'unique véhicule de la vente.

Ajoutez que le capital, sous le coup de cet aiguillon, ira droit aux moyens les plus sommaires et les plus péremptoires d'écraser la concurrence. Ce bon marché si vital, il le demandera aux machines et au crédit. Par les unes, il obtiendra une économie de main-d'œuvre, par l'autre, l'économie inhérente aux capitaux concentrés, aux travaux ordonnés sur une grande échelle.

Résultats désastreux pour le travail moins demandé désormais et moins intelligent ! — Ne faut-il pas d'ailleurs qu'il soit serré et rationné de plus près, quand le capital du maître, emprunté en partie, doit supporter avant tout le prélèvement des intérêts dus au prêteur ?

Dans ces diverses influences, nous n'avons noté jusqu'ici que ce qui affecte le montant des salaires. Il y a de pis encore, c'est leur intermittence, leur instabilité : effet qui appartient en propre à la concurrence.

Cette lutte des capitalistes a nécessairement ses victimes qui succombent tôt ou tard sur le champ de bataille industriel. Chacun d'eux sans doute résistera de toute son énergie et de toute son habileté à l'ascendant des plus riches et des plus heureux ; chacun maintiendra jusqu'à la fin, et au prix des plus durs sacrifices, l'activité de ses coûteuses machines ; emprunts usuraires, rentes à bas prix, rien ne coûtera au fabricant pour éviter la perte d'intérêt et le soupçon d'insolvabilité attaché au chômage. Il en est toutefois parmi ces lutteurs que les expédients ne sauveront pas, et le jour de la catastrophe, reculé seulement, éclatera avec tous ses désastres, amenant à la suite la fermeture de l'usine et le licenciement des ouvriers.

L'intermittence du travail, telle est la plaie vive des classes ouvrières ; la précarité, tel est le fait saillant de leur condition. Or, il n'en est pas qui sévisse avec plus de rigueur et de fréquence ; le fléau, en s'acclimatant chez nous, a pris quelque chose de constant et de régulier. C'est en quelque sorte une des lois de notre société que le retour périodique des crises commerciales. Tous les cinq ans, il y a un spasme, une tourmente

Charles Brook Dupont-White

qui s'abat sur l'industrie, appauvrissant les uns, ruinant les autres, réduisant le plus grand nombre à toutes les angoisses de la faim. Ici c'est le bénéfice, ailleurs c'est le capital, plus loin c'est la vie même qui se trouve en question et en péril. Dernière et fatale condition que subit la classe ouvrière, le jour où la marche forcée des usines, la plénitude des magasins, l'ignorance du marché a prévenu pour longtemps tous les besoins de la consommation ! L'impossibilité de vendre emporte bientôt celle de produire ; et dans la plupart des usines, le travailleur, après les malaises de l'intermittence, éprouve les désastres du chômage.

Les expédients qui reculent la crise ne font que la prolonger et l'aggraver : le commerce étranger est de ce nombre. C'est là que triomphe l'ignorance des besoins à satisfaire, la disproportion de l'offre et de la demande. S'il est si malaisé de produire avec mesure et discernement pour le marché national, c'est-à-dire pour des goûts connus, pour des besoins appréciables, que sera-ce donc de la production qui s'adresse au loin, c'est-à-dire à l'inconnu, à l'imprévu, à l'inappréciable en quelque sorte ! Là tout est bévue et déception. Aussi voyons-nous que les industries les plus souffrantes sont celles précisément qui excellent dans l'exportation, telles que les soies, les vins, les cotons. C'est dans cet ordre que ces industries figurent sur les tableaux officiels du commerce extérieur ; c'est dans cet ordre aussi qu'elles gémissent et se lamentent, quand leur colère ne prend pas les armes, et que leur malaise ne tourne pas en sédition ou en fédéralisme.

Ainsi, la production abandonnée à elle-même, exempte de tout règlement et de tout contrôle public, n'a pas un procédé qui ne soit une entreprise contre le travailleur. Le pouvoir inhérent au capital, pouvoir oppressif dès qu'il s'agit de réaliser un gain, n'a plus de limite ni de pudeur, dès que la concurrence apporte dans cette œuvre ses entraînements et ses aiguillons. Le salaire de l'ouvrier est en quelque sorte le champ de bataille de ces athlètes acharnés. C'est en frappant là qu'ils se portent les plus rudes coups, parce que c'est le salaire le plus restreint qui permet les plus bas prix et qui assure le plus de ventes. Ainsi, la prospérité du maître est en raison directe des privations et des misères infligées au travailleur. Qu'on ne nous accuse pas de déclamation et de parti pris ; il n'y a point d'observation plus constante et qui s'abrite d'un plus grand nom, d'une plus grande autorité. C'est Ricardo qui l'a dit : « La hausse des profits résulte uniquement de la baisse des salaires ».

Nous avons signalé plus haut les fruits amers que porte cet état de

CHAPITRE XXII.

choses, mortalité, dégénération et peut-être criminalité croissante parmi la population des travailleurs. On n'y reviendra pas ici — on a hâte de prévoir et de combattre quelques arguments plus ou moins spécieux qui s'élèvent en faveur de l'opinion adverse, et qui constituent la vraie difficulté de ce débat.

Charles Brook Dupont-White

CHAPITRE XXIII.

Objections à l'intervention de l'État. — 1° La production libre excelle à créer la richesse sans laquelle point de force militaire, c'est-à-dire point d'indépendance pour les peuples. — 2° Elle excelle également à répartir la richesse par le bon marché des produits et l'élévation des salaires qu'elle détermine. Les machines ne font pas obstacle à cette élévation, ainsi que le démontre le progrès simultané des salaires et de l'emploi des machines dans l'industrie cotonnière de la Grande-Bretagne.

Peu d'écrivains ont contesté cette théorie des salaires : la plupart même des économistes ont admis sans contradiction les faits criants et scandaleux qu'elle emporte dans la pratique ; mais on a rappelé la maxime du fabuliste : *minima è malis*, et les plus graves, les plus éclairés se sont crus quittes à ce prix envers les principes et l'humanité.

Ce régime, ont-ils dit, avec services et ses abus, n'en est pas moins celui qui dans un pays produit la plus grande richesse et la plus grande population. Or, un État pourrait-il impunément négliger une source d'opulence où vont puiser les autres États ? Dès qu'une des nations de l'Europe eut une armée permanente, toutes durent en avoir, sous peine de conquête et d'asservissement : on ne lutte pas avec des milices contre des soldats. Dès qu'un de ces États inventa le crédit public et fit la guerre avec cette nouvelle ressource, tous durent user du même expédient : on ne lutte pas avec des impôts contre des emprunts, c'est-à-dire avec de simples revenus, contre un adversaire qui prodigue son capital. Tels sont les précédents qui imposent à l'Europe, et spécialement à la France, le système de production adopté en Angleterre : où prendrait-elle des fonds pour l'armement de ses flottes, de ses troupes, de ses forteresses, si ce n'est dans les capitaux accumulés sous le régime de la libre production, et toujours empressés de répondre à l'appel des emprunts ?

On fera la part de ce qu'il y a là de juste en fait et en principe. Oui, dirons-nous, le régime de la concurrence a sur tout autre régime pratiqué jusqu'à ce jour, un avantage marqué pour la création de la richesse ; et si la richesse d'un peuple pouvait seule répondre de son indépendance, de sa sécurité, nous subirions de grand cœur les inconvénients et les imperfections de ce rare service. Le salut du pays est quelque chose qui passe à nos yeux avant toute réforme intérieure, de quelque nature et de quelque éminence qu'elle soit, politique, financière, sociale. D'ailleurs, lorsque ce pays est la France, école et exemple de toute civilisation, la cause du progrès et des réformes n'est-elle pas étroitement unie à celle de l'indépendance nationale ?

Mais l'objection accorde à la richesse publique une puissance de vie et de mort nationale, qui ne lui appartient pas. L'honneur et le salut des peuples sont placés plus haut : on a vu des gouvernements périr par les finances, mais un État, jamais. Autrement la France n'eut pas survécu aux dernières années de Louis XIV, à cette époque d'épuisement et d'appauvrissement universel, où, selon Vauban, le fisc démolissait les maisons pour se payer de l'impôt sur le prix de vente des matériaux. Elle eût laissé son nom et son existence un siècle plus tard dans cette lutte qu'elle soutint avec un papier avili contre les coalitions soldées par les guinées anglaises. Singulière coïncidence ! La banqueroute réduisait de deux fiers la dette publique où au moment même la bataille de Zurich et les victoires de Brune sauvaient la France de l'invasion du démembrement. Un pays qui produit du blé, du fer, des chevaux, ne périra jamais faute de ressources matérielles, mais seulement faute de concorde, ou faute d'hommes pour le défendre et le diriger dans la lutte.

Il y a un degré de richesse nécessaire pour agir au-dehors avec énergie, avec persévérance, parce qu'une nation ne consacre que son superflu à ces entreprises. Mais encore faudrait-il limiter ces avantages de la richesse publique, cette puissance qu'elle déploie au-dehors, à deux cas bien précis : celui des subsides payés à un gouvernement étranger, et celui des expéditions maritimes. Hors de là n'a-t-on pas vu la France impériale, avec ses finances médiocres, porter la guerre et la conquête à huit cents lieues de sa frontière ? Et quelques années auparavant, l'opulent royaume de Hollande n'était-il point tombé en une campagne devant une des pauvres armées de la république ?

Sous ce premier aspect, la puissance productive inhérente au régime de la concurrence, ne constitue pas une nécessité à subir : le salut de l'État n'est point à ce prix : l'indépendance d'un peuple ne doit rien à sa richesse. Mais sous un autre point de vue, cette richesse a été signalée et revendiquée comme un bienfait pour les masses.

Laissez, dit-on, laissez la production s'opérer librement, et vous verrez par cela seul s'opérer d'elle-même une équitable répartition des produits.

Charles Brook Dupont-White

Ces nouvelles forces demandées à la nature, à l'énergie concentrée des capitaux, au stimulant de la commandite, tout cela représente un surcroît de puissance et une économie de moyens, qui se résout en abondance et en bon marché des produits. La répartition résulte de ce bon marché, qui adapte les produits aux facultés des moindres consommateurs. Bas prix et multiplicité des œuvres de l'industrie, tel est le résultat final des procédés industriels qui ne blessent le travailleur qu'en passant, pour se liquider à son profit par un surcroît assuré de jouissances et de bien-être. En un mot, la puissance de la production résout le grand problème de la répartition.

Objection spécieuse entre toutes, mais qui oublie ou qui embellit les faits.

Ce bon marché, nous l'avons établi ailleurs, n'a lieu que pour des produits d'une nature accessoire, secondaire, et d'ailleurs les relations actuelles du capital et du travail ne permettent pas à celui-ci d'en bénéficier. On a vu tout à l'heure ce que l'on pense du salaire dans le pays le plus industriel du monde. Le salaire naturel, le prix normal du travail, n'est-il pas uniquement ce qui permet à l'ouvrier de vivre et de continuer sa race ? Et par la plus irrésistible conséquence, le bon marché des choses nécessaires à la vie ne doit-il pas déterminer celui du travail ? L'industrie libre, qui produit beaucoup, il est vrai, a donc l'inconvénient de restreindre à certaines classes le bénéfice de cette production.

Inutile de redire les faits et les autorités dont on s'est prévalu déjà pour justifier cette conclusion.

Mais on insiste sur l'objection, et l'on dit : soit, il en est ainsi pour le prix naturel du travail, alors que nulle circonstance particulière ne vient en relever le prix courant. Mais cette particularité est de l'essence d'une production énergique et abondante : on ne produit pas de la sorte sans une grande demande de travail, avec la conséquence d'en hausser le prix au-delà de ses limites normales, et de l'admettre à bénéficier de tout ce qui est abondance et bon marché.

Illusion et mécompte ! Cette puissance de l'industrie est le fait des machines, c'est-à-dire des forces de la nature substituées aux bras de l'ouvrier : dépréciation infaillible du travail de l'homme, qui perd à la fois sa valeur et sa rareté, qui subit la double déchéance d'une denrée avilie par son abondance, et d'un instrument dégradé par l'inintelligence de sa fonction. — Ainsi, les procédés de la production tendent à ravaler le

CHAPITRE XXIII.

salaire que son intensité tendrait à relever.

Mais ici nouvelles difficultés qui s'expriment cette fois avec la confiance la plus affirmative et la plus triomphante.

Prenez garde, nous dit-on, vous attentez à ce qu'il y a de plus consacré, de plus fondamental dans la science. Vous méconnaissez un de ses axiomes les plus avérés, le nombre croissant des ouvriers, l'élévation progressive du salaire à la suite de tout emploi des machines.

À Dieu ne plaise qu'on révoque en doute des faits si bien constatés ; mais pour en tirer de saines conséquences, il faut les combiner avec un autre fait non moins certain, qui est la hausse des denrées de première nécessité depuis plus d'un demi-siècle, soit en France, soit en Angleterre. Le moyen de soutenir désormais que la hausse des salaires constitue *ipso facto* une amélioration apportée au sort du travailleur, et qui l'appelle au partage des richesses de l'industrie ? Cette hausse n'est-elle pas plutôt la compensation de celle qui est survenue dans le prix des denrées alimentaires ? Au lieu de s'imputer à la demande du travail et de constituer un bienfait pour le travailleur, ne serait-elle pas tout simplement l'application de la loi qui réduit l'ouvrier an strict nécessaire, mais qui lui alloue ce nécessaire dans l'intérêt même du capital et de ses profits ? Telle est la conjecture la plus naturelle, la mieux justifiée par les rapports habituels du capital et du travail. Les faits d'ailleurs viennent de toutes parts lui rendre témoignage et l'ériger en certitude.

Si le chiffre progressif des salaires signifie plus de bien-être pour le salarié, si le bienfait n'est pas dans les mots et à la surface, comment expliquer cette misère du travailleur qui a pour symptômes irrécusables l'appauvrissement des races, la propagation des méfaits, l'invasion de la mortalité ?

Qu'importe que d'après M. Baines [1], l'industrie du coton occupe en 1833 deux millions de personnes en Angleterre, au lieu de sept mille qu'elle employait en 1769, avant les découvertes d'Arkwright et de Watt ! Qu'importe même le chiffre croissant des salaires de cette industrie ! Parce qu'ils sont plus élevés, je ne saurais les tenir pour meilleurs, lorsque je vois le budget des pauvres, qui n'est, à vrai dire, qu'un supplément de salaire, grossir sans cesse au milieu de ce progrès, et prendre enfin ces proportions monstrueuses qui ont appelé la sollicitude des pouvoirs publics et déterminé un an plus tard la réforme

---

1 Cité par M. Michel Chevalier, *Cours d'écon. polit.*, p. 133.

Charles Brook Dupont-White

des *poor-laws.*

Si la hausse des objets de première nécessité, si la détresse croissante du travailleur sont deux faits hors de doute, l'élévation observée dans les salaires est purement nominale et sans valeur : à la lueur de ces faits et sous cette décevante surface, il est aisé de reconnaître la loi inexorable qui rationne le travail dans la mesure nécessaire à la vie et à l'élève du travailleur.

Au surplus, admettons pour un moment le nombre et le bien-être progressif des ouvriers de toute industrie mécanique : ce fait, qu'on veut ériger en loi, est quelque chose au contraire d'exceptionnel et d'anormal.

C'est en France et en Angleterre qu'il s'est produit avec le plus de certitude et d'éclat, mais à la faveur de certaines circonstances essentiellement passagères. Peut-on envisager autrement l'essor démesuré de l'agriculture française depuis cinquante ans, et le développement gigantesque, soit de l'agriculture, soit du commerce étranger de la Grande-Bretagne ?

Chez un peuple qui compte au-dehors de vastes débouchés, les machines pourront s'introduire et fonctionner de toute leur puissance, sans affecter la condition des classes ouvrières, sans les exclure des fabriques. Le bon marché du produit mécanique en élèvera la demande au dehors, en multipliera la production au-dedans, et bientôt exigera plus de bras pour travailler avec les machines qu'il n'y en avait auparavant d'occupés sans elle.

Il en sera de même chez un peuple où l'agriculture vient de recevoir une vigoureuse impulsion ; soit que désormais il ait à se nourrir lui-même, au lieu de tirer du dehors une partie de ses approvisionnements ; soit que la propriété foncière ait changé son caractère de fief contre celui de marchandise, ou même qu'elle ait subi l'application de quelque loi agraire. L'agriculture a plus d'nue propriété bienfaisante pour le travail : d'abord, celle de créer de grands produits, et ensuite celle de les obtenir à force de bras avec un travail purement manuel, exclusif des machines. De là deux conséquences capitales pour le pays où elle est florissante : la première, c'est que les machines pourront se livrer à toute leur énergie, et retenir dès-lors autant d'ouvriers qu'il y en avait d'employés auparavant ; car la surabondance de leurs produits pourra s'échanger contre la surabondance des produits agricoles. Le marché indigène aura

CHAPITRE XXIII.

la même valeur que les débouchés les plus riches du dehors. Le surcroît de produits réalisé par les nouveaux engins, trouvera un objet d'échange dans le surcroît des nouveaux produits de l'agriculture. — En second lieu, la grande demande du travail et la qualité du travail demandé, en élèveront le prix courant, de manière à l'admettre au profit de cette abondance et de ce bon marché, créés par le développement général de la production.

Telles sont les deux influences exceptionnelles qui neutralisent l'action fâcheuse des machines sur le sort de la classe ouvrière. L'Angleterre en a fait l'heureuse expérience jusqu'en 1815. D'une part, la guerre avec la France lui livrait l'approvisionnement de l'Asie, des deux Amériques et de toutes les colonies françaises ou alliées de la France, tandis qu'elle lui fermait certains ports de la Baltique, qui étaient en possession de lui fournir une partie de ses grains. Situation inouïe, où se rencontraient tous les stimulants de la nécessité, tous les appâts du lucre, pour porter à sa plus haute puissance le génie et l'activité de la production universelle !

Pour ce qui est de notre pays, on y reconnaît sans peine l'action d'une de ces influences, à dater de l'époque où une partie du territoire fut mise à l'encan et adjugée aux moindres acquéreurs, c'est-à-dire livrée au défrichement, à l'amélioration et à tous les progrès que comporte la transmission du sol à des mains laborieuses et actives. D'autres nouveautés moins radicales vinrent en aide à celles-là : substitutions, rentes perpétuelles, indivisions, tout ce qui, sous un nom quelconque, faisait obstacle à la mutation des propriétés et à la fécondation du sol, fut aboli, effacé, extirpé de nos lois et de nos mœurs. Grand coup porté au vieil ordre de choses, qui fut en même temps une grande impulsion agricole, avec la demande de travail et la hausse de salaires, qui en sont les conséquences nécessaires.

Remarquons-le bien toutefois : les influences qui agissent de la sorte sur la condition des classes ouvrières, sont éminemment transitoires, et de fait elles ont passé ; l'accident a fait place au cours régulier des choses.

Une révolution qui fait trembler le sol et bouleverse la propriété, une guerre qui précipite tous les peuples sur les champs de bataille, hormis un, fidèle à ses ateliers et à ses machines, qui met en question toutes les nationalités, hormis une, isolée par la mer et défendue par ses flottes ; qui dès-lors abonde en profits d'un côté, tandis que de l'autre elle n'a que fléaux et désastres ; ce sont là des évènements prodigieux, des

Charles Brook Dupont-White

phénomènes inouïs, qui doivent pénétrer au plus profond de la société et laisser partout des traces de leur passage. Ne serait-ce point une rare méprise que de prêter un caractère permanent aux effets passagers de ces grandes crises, et d'envisager comme une loi de la production, comme un fait général de l'industrie, le sort qu'elles lui avaient fait pendant leur courte apparition.

En ce qui touche l'agriculture, le brusque progrès qui chez nous l'a poussée en avant sur les ailes d'une révolution, n'est pas évidemment quelque chose de régulier dont la persistance ou le retour nous soit promis. La même remarque s'applique avec tout autant de certitude au grand commerce extérieur de l'Angleterre. Sans insister sur la nature toute mobile, toute périssable de cette prééminence qui a successivement visité les peuples et les contrées les plus divers, depuis Gênes et Venise jusqu'aux villes Anséatiques, nous nous arrêterons au spectacle des faits récents ou contemporains.

On l'a déjà remarqué, l'Association allemande, les États-Unis, le Brésil, se couvrent de prohibitions et de droits protecteurs : perte réelle, mais surtout symptôme désastreux pour le commerce britannique ; car cela signifie que l'industrie est partout en progrès. On ne protège que ce qui existe, on ne réserve un marché qu'à une production capable de l'approvisionner. Dans cette égalité de lumières, dans cet échange de relations qui mêlent tous les peuples, l'Angleterre voit lui échapper chaque jour quelqu'un de ses monopoles industriels ; chaque jour elle voit débuter quelque nouvel émule sur ce terrain où elle arriva la première, et dont elle garda si longtemps la possession exclusive. Vieille histoire du reste ! Il y a près de deux siècles que la Hollande montre à l'Angleterre le chemin de son abaissement et de sa décadence, marquée par la hausse croissante de l'impôt, de la dette publique, des subsistances et par l'avènement industriel du reste de l'univers. Autre symptôme : les capitaux anglais prennent le chemin du continent comme les Anglais eux-mêmes. L'émigration a passé des personnes aux choses. Nos compagnies de chemin de fer en sont un exemple fameux. Pourquoi ? Parce que le profit des capitaux a baissé dans la Grande-Bretagne : témoignage irrécusable des échecs subis par son commerce extérieur. Si les produits anglais invendus au-dehors, ne refluaient pas avec perte sur le marché national pour s'avilir et se déprécier par l'abondance, on n'y verrait point cette altération notoire des profits et cette expatriation des capitaux. C'est ainsi que vers la fin du dernier siècle, la Hollande

CHAPITRE XXIII.

avait 1500 millions de placés au-dehors, dans toutes les banques et sur tous les gouvernements de l'Europe.

Le commerce extérieur en soi, et particulièrement celui de la Grande-Bretagne, est donc quelque chose d'exceptionnel et de passager. La hausse des salaires opérée par là, ou bien même par le progrès agricole, tel qu'on l'a vu de nos jours en France et en Angleterre, a nécessairement toute l'instabilité, toute la fragilité qui caractérise ces influences. Il y a là un simple accident qui ne peut suspendre que temporairement l'action réductive des salaires, qui appartient aux machines. Pour apprécier au vrai l'influence de la libre production sur le prix du travail, il faut se tourner ailleurs ; il faut la considérer dans un pays adonné à l'industrie, nanti de tous ses engins, mais étranger aux circonstances anormales qui sont venues ailleurs sophistiquer les termes du problème, et en masquer la solution inévitable.

Les purs effets, les résultats tout crus du régime industriel sous lequel nous vivons, c'est en Belgique qu'il faut les surprendre et les étudier. Le commerce et l'agriculture, ces grands, accidents qui sont en possession de faire fleurir les salaires, et qui avaient accumulé tant de richesse dans ce pays, sont désormais perdus pour lui : l'un, parce qu'il a suivi la fortune de la Hollande et les débouchés qu'elle emportait avec elle ; l'autre, parce que le sol cultivé depuis des siècles avec tous les capitaux et toute l'habileté possible, ne comporte plus d'amélioration. Toutes choses en ce pays sont revenues à leur train usuel et ordinaire. — Or, quelle est en Belgique la condition du travailleur ? Une condition de misère et de dénuement. Les salaires y sont de la dernière médiocrité : au document que nous avons déjà cité, l'enquête commerciale de 1834 n'a point de fait plus constant et plus avéré.

Voilà la condition naturelle du travail dans un pays de libre production ! Peu importe l'abondance des capitaux, la puissance des machines, rien de tout cela dans l'état normal ne doit y profiter au travailleur. Si le commerce extérieur est médiocre, ce qui est le cas le plus ordinaire, si la demande du dehors fait faute à l'industrie libre, alors de deux choses l'une : ou bien elle réduira la production pour soutenir les prix, en réduisant du même coup le prix du travail moins demandé désormais — ou bien peut-être elle continuera de produire en même quantité, de pour de perdre l'intérêt des capitaux-machines : elle continuera même de vendre à bas prix, de peur de ne pas vendre. Il lui faut son bénéfice cependant, et ne pouvant le trouver ailleurs, c'est sur le salaire qu'elle le prendra.

Il nous est donc permis de le dire : l'énergie de la production n'opère point le partage des produits, et la liberté qui engendre cette énergie, ne porte pas dans ses flancs la répartition de la richesse, parce qu'elle livre le travail à l'entreprise, à l'empiètement effréné du capital. Celui-ci n'a pas plus de résultats que de desseins philanthropiques. Son but unique, c'est le bénéfice ; la matière de ce bénéfice, c'est le salaire, humble et chétif qu'il est entre tous les intéressés dans le fait de la production ; quant, au procédé par lequel le bénéfice s'en dégage c'est la réduction du salaire, parallèle à la baisse du prix de tous les produits.

Ainsi, l'œuvre finale de la libre industrie, l'abondance et le bon marché qu'elles réalisent, n'ont rien qui puisse indemniser le travailleur de ce qu'il a souffert en accomplissant l'œuvre elle-même. Sous ce régime, tout lui est contraire et cruel, la fin et les moyens, le but et la voie. — À lui les désastres de la production, à d'autres la jouissance des produits. Si le régime actuel de l'industrie offre de merveilleux résultats d'abondance et de bon marché obtenus par des procédés pleins de hasards et de souffrances, les résultats lui passent par-dessus la tête, tandis que les procédés s'y arrêtent seuls et y pèsent de tous leur poids.

Mais en vérité quelle base de droit reste-t-il donc à une société ainsi faite ? Pourquoi la propriété, pourquoi la richesse, si elles ne profitent qu'aux propriétaires et aux riches ? Comment les justifier, si elles ne peuvent rien pour le bonheur des masses, pour cette fin élémentaire de toute société, qui seule peut fonder en justice ses œuvres et ses établissements.

Tous les économistes en conviennent : l'appropriation de la terre a pour but sa plus grande fécondation. Si la société garantit la jouissance du propriétaire, c'est pour encourager la culture et pour multiplier les subsistances. La terre est un instrument de production qui fut remis aux mains de quelques-uns, mais dans l'intérêt de tous et pour le bien de la communauté.

Il faut en convenir : si tel est le droit, le fait n'y répond guère. — Quoi ! L'homme a perdu son droit naturel sur le sol, il l'a perdu, dites-vous, ou plutôt il l'a échangé contre la promesse d'une subsistance plus assurée, et cependant tous les progrès, toutes les inventions qui ajoutent aux produits de la terre, le laisseraient aussi dénué, aussi affamé qu'auparavant ! Mais à ce compte, il aurait fait un marché de dupe. La

CHAPITRE XXIII.

logique et l'humanité répugnent à ce résultat. Si c'est au profit de tous que la récolte fût garantie à la culture, le même principe revendique dans des récoltes plus abondantes, une part plus considérable pour tous.

Qu'on veuille bien y songer : tout surcroît de la puissance productive, toute invention de machine, est un bienfait de l'état social, car c'est généralement une œuvre de ce loisir que seul il permet et protège. Comment l'œuvre ne serait-elle point pour tous, lorsque la société qui l'a fait éclore, coûte à tous quelque chose de leurs droits, de leur avoir et de leur indépendance ? S'il est donné à quelques hommes de s'adonner aux choses d'esprit, et de vivre dans une sphère où nul souci matériel ne peut les atteindre et les troubler ; en un mot, si l'inégalité des conditions est permise, ce ne peut être que pour le bien et pour la décoration de la société tout entière, puisque tout entière elle permet, elle consacre même leurs loisirs et leur supériorité. Pourquoi dès lors les pensées, les œuvres, les découvertes, nées de ce régime, seraient-elles le trésor exclusif de certaines classes, au lieu d'être un bienfait et un patrimoine pour toutes ? Spécialement, s'il est une classe qui supporte autant qu'une autre les inconvénients de l'état social, c'est-à-dire les restrictions qu'il fait au droit naturel de chacun ; qui jouisse moins qu'une autre de ses avantages, c'est-à-dire de la protection qu'il accorde au droit de propriété, comment cette classe n'aurait-elle pas le bénéfice au moins de l'inégalité qu'elle endure, c'est-à-dire des œuvres du génie et des progrès qu'il imprime à la puissance de produire ?

Si tel est le but de l'inégalité et le prix dont elle se rachète, que penser de ces relations du capital et du travail qui interceptent, au préjudice du travailleur, les bienfaits du génie, les progrès de la civilisation ? La société qui permet cette oppression n'est-elle pas complice du capital qui l'exerce ?

Charles Brook Dupont-White

CHAPITRE XXIV.

Continuation du précédent. — 3° objection. — Si la libre production est un mal, parce qu'elle comporte l'hostilité du travail et du capital, une production réglementée, qui associerait ces deux agents, serait la plus défectueuse de toutes, car elle en serait la plus impuissante ; exemple : le métayage moins productif qu'aucun autre mode de culture. — 4° Les classes infimes du moyen-âge ont fini par constituer le tiers-état, à force de patience et d'économie ; pourquoi faudrait-il d'autres moyens d'élévation aux classes inférieures d'aujourd'hui ? 5° La liberté suffit aux destinées du travailleur, ainsi que le constatent les grandes fortunes pécuniaires et politiques qu'il a faites de nos jours. — 6° Bien-être de l'ouvrier attesté, soit par l'amélioration du logis et du vêtement, soit par le contenu des caisses d'épargne.

Écoutons à ce sujet une dernière insistance des partisans de la libre industrie. Soit, diront-ils, elle ne réussit guère à repartir les produits, mais elle excelle à produire, premier de tous les mérites dans l'état actuel de la fortune publique.

C'est un calcul fait, tout l'avoir de la France, divisé par le nombre de tous les Français, donnerait à chacun 70c. de dividende quotidien [1]. Produire est donc le plus grand intérêt, la plus grande urgence d'un état social où l'égalité serait si chétive, où l'inégalité doit être si profondément désastreuse pour les masses. — Il peut y avoir fort à dire sur le mode actuel de production qui comporte l'hostilité du travail et du capital. Mais le plus défectueux, parce qu'il est le plus improductif de tous les systèmes, c'est celui qui admet la solidarité de ces deux agents. Ce système existe en agriculture sous le nom de métayage et de colonage partiaire ; il consiste dans un partage des fruits entre le travailleur et

1 La somme des revenus annuels de tous les citoyens français, propriétaires, rentiers, fonctionnaires, capitalistes, banquiers, savants, artistes, artisans et simples ouvriers, n'a jamais été portée aussi haut que 10 milliards, somme que j'ai prise pour base. Il y a maintenant trente-quatre millions deux cent cinquante mille Français de tout âge et de tout sexe ; à trois cent soixante-cinq jours par an, cela fait douze milliards quatre cent soixante-un mille deux cent cinquante journées. – 10 milliards de francs étant divisés par ce nombre de journées, on trouve 80 cent. par jour pour la portion de chaque habitant de la France, dans le partage égal de l'universalité des gains et revenus de tous les citoyens. (*Bien-être et concorde des classes du peuple français*, p. 128, par le baron Ch. Dupin.)

celui qui l'emploie, qui dès-lors ont un seul et même intérêt. Or, il n'en est pas qui fasse des propriétaires plus gênés et des cultivateurs plus misérables : il n'y a qu'une voix là-dessus parmi les agriculteurs et les économistes.

Est-ce une telle combinaison, transportée dans l'industrie, qui répondrait à la nécessité sociale signalée tout à l'heure ? Comment les *ateliers sociaux* établis sur cette base d'intérêts communs et solidaires, auraient-ils le pouvoir d'enrichir le maître et l'ouvrier, alors que les métairies instituées dans le même esprit, n'aboutissent qu'au malaise de l'un et à la pauvreté de l'autre ?

Ces considérations, qui ne sont pas sans valeur, ne sont pas toutefois sans réplique.

On ne niera point les tristes résultats du métayage en Berry et en Limousin. Mais est-ce un argument contre le métayage en soi ? en est-ce un surtout contre l'association ? Remarquons d'abord que cette médiocrité de produits pourrait tenir en ces provinces à deux circonstances qui ne sont pas de l'essence même du contrat, c'est-à-dire à l'infériorité de la terre et à la brièveté des baux. Quelle peinture que celle du métayage toscan, ainsi qu'il est raconté par M. de Sismondi ! Les généreux effets que ceux de pareille association unie au soleil et à l'emphytéose !

Mais il y a une explication plus décisive, celle du capital qui manque au métayage. On n'est pas fermier sans avoir un capital ; on est métayer, parce qu'on n'en a pas. Dira-t-on que ce capital est suppléé par celui du propriétaire ? Il devrait l'être sans doute dans une agriculture bien entendue ; mais il ne l'est pas, ou du moins il ne l'est pas entièrement. Pourquoi ? Parce que chez le même individu les intérêts de l'agriculteur sont trop souvent contrariés et primés par les prétentions, par les sentiments, par les entraînements du propriétaire ; parce que le sol a d'irrésistibles séductions ; parce qu'il y à plaisir à étaler sa valeur au soleil, à la consolider par des racines foncières, à la décorer enfin de tout le relief, de toute la distinction que les souvenirs féodaux et la politique actuelle ont attaché à la propriété territoriale.

Aussi voyons-nous qu'en France tout le monde se rue de ce côté ; l'un achetant plus de terre qu'il n'en peut payer, l'autre plus qu'il n'en peut cultiver. Dans ce dernier cas, le dénouement est infaillible : Si le propriétaire, à bout d'argent, marchande le bétail et les semences

Charles Brook Dupont-White

à son métayer, ni la puissance, de l'intérêt personnel, ni les vertus de l'association ne sauraient y suppléer. Le produit sera médiocre, non pas à cause, mais en dépit de l'association et de la solidarité.

S'il y avait dans l'industrie des machines dont nulle révolution ne pût suspendre la marche, dont la possession seule fût un signe de caste, ou tout au moins un élément de considération sociale et de pouvoir politique, il est facile de le prévoir : ces machines seraient fort recherchées, et beaucoup mettraient à leur acquisition les capitaux qui eussent été nécessaires à leur exploitation. Comme l'industrie ne connaît rien de semblable on peut prédire avec une égale confiance que l'association du travailleur au bénéfice de son travail, en d'autres termes, que l'intérêt personnel, y conservera toute sa puissance et y portera tous ses fruits.

Il faut trois choses apparemment pour produire : terre, capital, travail. Peut-on s'étonner qu'une production soit impuissante où manque un de ces agents essentiels ? Peut-on imputer à l'association les pauvres résultats du métayage, imputables seulement à l'absence du capital ?

Il est donc naturel de le supposer : l'abondance des produits ne serait nullement compromise, le jour où le travail et le capital cesseraient d'être hostiles l'un à l'autre. Mais il est des esprits qui ne croient pas à cette lutte naturelle des profits et des salaires, ni surtout à cette oppression constante du travail, qui semble appeler l'état comme tuteur et comme redresseur. Leurs vues sont toutes empruntées à une certaine interprétation du cours général des choses et de la marche des sociétés.

À quoi bon, disent-ils, protéger le travail ? La liberté ne suffit-elle pas aux destinées du travailleur ? Considérez plutôt toutes les fortunes qui se sont élevées sous ce régime, du point de départ le plus humble, aux honneurs et aux avantages les plus éminents de l'opulence et de la politique. Vous parlez de castes : l'aveuglement est extrême. Ne vouez-vous pas que chacun, livré à ses propres forces, obtient la destinée qu'il se fait lui-même ? qu'il y a échange et mutation incessante entre les diverses classes de la société ; qu'elles se touchent, se pénètrent et se renouvellent sans fin par la seule loi du mérite ou du démérite des individus.

L'illusion ne saurait aller plus loin.

Qu'il y ait aujourd'hui des parvenus de l'industrie, c'est chose

CHAPITRE XXIV.

incontestable, mais qui n'est point nouvelle : les parvenus sont de tous les temps. Le XVIIIe siècle a vu leur avènement en France sous le nom de traitants, maltôtiers, fermiers généraux. Il les a vus coudoyant titres, blasons et hermines, s'élever et s'installer fièrement au plus haut de la société : aristocratie, que dis-je, dynastie de financiers ; car rien n'a manqué à leur fortune, ni les flatteries de Louis XIV pour Samuel Bernard, ni les honneurs du dénigrement et de l'envie ; ils ont posé devant Lesage et lui ont inspiré Turcaret.

Mais de ce que les choses se passaient de la sorte, il y a plus d'un siècle déjà, faut-il en conclure que l'industrie eût dès-lors toute considération et toute sécurité ? que le travail fût en honneur ? que la distinction des castes fût imaginaire et ne lui fît nul obstacle ? On n'oserait sans doute aller jusque là.

Quelle est donc la moralité à déduire de ces fortunes nouvelles, de ces grandes existences qu'on voit surgir aujourd'hui comme alors ? Aucune, si ce n'est que de tout temps un effort énergique et persévérant a triomphé des antipathies, des résistances, des oppressions même les plus acerbes et les plus envenimées. Les Juifs n'ont-ils pas prospéré jadis sous un régime de fer et de feu ? n'ont-ils pas fleuri dans la boue et dans le sang ? Mais ce triomphe de la volonté humaine n'est jamais, il faut le remarquer, qu'à titre d'anomalie et d'exception, bien loin de constituer un état de choses normal, et l'une de ces lois qui président au développement de la société moderne.

Que l'exception se soit souvent répétée de nos jours, qu'elle ait fait à beaucoup l'illusion d'un principe, cela se conçoit aisément, et nous ayons indiqué déjà les diverses causes de ce phénomène ; mais aussi bien ces causes n'ont pas survécu aux temps critiques qui les avaient suscitées. C'est une des bévues de l'optimisme de croire à leur action incessante, au nivellement continu des fortunes, au recrutement illimité de la classe moyenne. Cela s'est vu, sans doute, mais cela ne se voit plus. À vrai dire, ces nouveautés ont fini en 1815, et jusque-là elles étaient filles, non de la liberté, mais d'une révolution ; non d'un manifeste politique, mais d'un déplacement de propriété. Prodigieuse méprise ! On prend les bienfaits de la dictature pour ceux du laissez faire ! Un changement né de l'action violente et directe de l'État, on le représente comme un simple effet de droit commun, comme un fruit spontané de la déclaration des droits de l'homme. — Un seul exemple fera toucher du doigt la pauvreté de ces déclamations : celui des manufactures. On suppose volontiers que l'émancipation de 89 leur a seule donné la vie et l'essor ; or, elles étaient libres avant cette grande époque. La justice, par ses arrêts, et l'administration, par le titre de fabrique royale, les avait toujours défendues contre les entreprises des corporations privilégiées. Quant aux règlements de fabrication, elles en avaient été dispensées en 1779 par lettres-patentes de M. Necker. Il faut donc l'avouer, la création de richesses qui s'est faite là, bien que postérieure à l'ère de la liberté générale, n'en est nullement la conséquence ; et si les manufactures, qui dès auparavant avaient toute faculté légale de prospérer, ne s'en avisèrent qu'à cette époque, c'est qu'alors, apparemment quelque chose vint s'ajouter à leur droit pour fonder leur prospérité, c'est que l'industrie se fit sa part dans le déplacement révolutionnaire des fortunes : légitime induction qui ne cesse pas de l'être en se généralisant, et en accusant partout d'impuissance cette liberté industrielle, ce droit de s'enrichir, qui, réduits à eux seuls, laissent subsister tant de désastres et de souffrances.

Il est vrai que, depuis quelques années, les conseils de la Couronne offrent un singulier spectacle. À côté d'un ministre du commerce, qui fut tisserand, figurait il y a peu un ministre des finances qui débuta par être porte-balle, et l'on ne se lasse pas d'y voir un ministre de la guerre parti des derniers rangs de la milice. Faut-il encore mettre cela au compte du laissez-faire ? Faut-il en inférer qu'il est loisible à chacun de passer ministre, et qu'il est superflu d'user de protection envers les classes inférieures appelées désormais à de si hautes destinées ? Étrange infatuation ! Qu'on veuille donc se le rappeler, il y a plus de cent cinquante ans que la monarchie a pour maxime d'élever au pouvoir des *gens de rien : ni cardinaux, ni grands, seigneurs dans vos conseils*, telles furent les dernières paroles de Mazarin à Louis XIV. Sans parler de la dynastie des Colbert [1], qu'étaient-ce que Letellier, Voisin, Amelot et tant d'autres ministres ou ambassadeurs de ce monarque ? Et cela se passait ainsi, non-seulement dans des temps difficiles, qui ont toujours le don de porter les hommes à leur vraie place, mais dans des temps calmes et réguliers. C'est au XVIIIe siècle, c'est en pleine paix qu'on vit des ministres du nom de Dubois, de Bertin et de Phélipeaux ; et ces hommes n'étaient pas de simples secrétaires d'État, bornés à leurs fonctions, parqués dans leurs bureaux, inaperçus ou dédaignés à Versailles, mais des gens de cour recherchés par ce que la cour avait

---

1 Seignelay, Croissy, Desmarets, Torcy, fils, frère ou neveux de ce grand ministre.

CHAPITRE XXIV.

de plus fier et de plus brillant, de hauts personnages dont on briguait l'amitié, dont on ambitionnait l'alliance.

Voilà jusqu'où s'élevait autrefois la roture intelligente ! Telles étaient les maximes de l'ancienne monarchie, tout en maintenant les avanies et les indignités inhérentes au régime des castes. Par ce que nous voyons se produire aujourd'hui des faits analogues, est-ce à dire qu'ils aient plus de valeur, et que la société soit purgée de privilège et d'oppression ? Prendrons-nous l'avènement de quelques individus pour le symptôme d'un progrès universel ? Espère-t-on guérir, par le spectacle inouï de quelques fortunes exceptionnelles, cette plaie d'angoisse et de colère qui ronge le cœur des masses ?

On ne quittera pas cet ordre d'idées sans relever une opinion qui a pris faveur depuis quelque temps et que l'on retrouve un peu partout.

Au dire de toute une École (qui n'a rien d'historique), les vassaux, les manants, les vilains d'autrefois, en pratiquant le travail et l'économie, ont formé peu à peu le tiers-état que nous voyons depuis un siècle si riche et si florissant. — Grand exemple, dit-on, pour l'ouvrier de nos jours : pourquoi donc lui faut-il à lui, d'autres facilités, d'autres moyens d'élévation, empruntés à l'assistance sociale ?

Étrange question ! Parce que la formation du tiers-état fut l'œuvre des siècles, et qu'ajourner à sept ou huit cents ans d'ici la cause du prolétaire, est une insigne dérision.

On nous dira sans doute que le progrès des classes inférieures, insensible jadis en face d'institutions hostiles, sera désormais plus rapide sous un pouvoir qui a perdu tout arbitraire et toute oppression. — Nous ne saurions croire à cette supériorité de notre époque, sur la foi d'une circonstance qui n'a rien de moderne, et qui ne manquait pas précisément aux temps passés. Il ne faut pas l'oublier : la tyrannie féodale avait rencontré des limites. Les villes érigées en communes, les métiers constitués en corporations avaient leur indépendance, leur sécurité, et l'ouvrier citadin ne connaissait guère les avanies sous lesquelles pliait l'habitant des campagnes.

Notons d'ailleurs que le premier ne s'en est pas tenu à ces vertus modestes où l'on se plaît à le confiner, et qu'il eut au suprême degré l'audace des luttes et des insurrections : on sait maintenant comment s'obtenaient et se défendaient les chartes des communes.

Charles Brook Dupont-White

Il y eut enfin certaines circonstances du dehors qui servirent à souhait les classes infimes du temps passé : 1° Les croisades, fécondes en emprunts onéreux pour les croisés ; 2° la dépréciation des métaux, véritable quittance apportée d'Amérique à ces dettes perpétuelles qui étaient dans les mœurs du moyen-âge, soit comme arrérage des capitaux, soit comme prix d'une concession foncière ; 3° le régime prohibitif qui, au XVIIe siècle, frappa l'oisiveté nobiliaire d'un véritable impôt au profit des classes laborieuses.

Ainsi, la création d'une classe moyenne fut l'œuvre, non-seulement des qualités patientes et circonspectes du prolétaire d'autrefois, mais encore de son énergie et de sa virilité ; non-seulement de ses qualités quelconques, mais encore d'accidents extérieurs et extraordinaires. Si cette transformation voulut néanmoins des siècles pour s'accomplir, que penser de ces doctrines qui de nos jours la promettent à l'ouvrier, prochaine et infaillible, par les seules voies du travail et de l'économie ?

L'optimisme ne s'en tient pas à cet aperçu général de la société : il a bien d'autres aspects et d'autres ressources. De l'ensemble, il descend volontiers aux détails.

Vous adjurez l'État, disent-ils, de venir en aide aux classes ouvrières et d'alléger leurs maux ; mais ces classes n'ont nul besoin de l'assistance publique, et ces maux n'existent que dans votre crédulité de philanthrope ou dans vos préventions d'homme de parti. Comparez l'état des classes laborieuses, tel qu'il nous apparaît aujourd'hui, à ce qu'il était il y a moins d'un demi-siècle. Consultez les souvenirs et la bonne foi de qui vivait de son travail il y a cinquante ans, et vous reconnaîtrez à ce parallèle tout ce que le peuple a gagné en aisance, en bien-être et en sécurité. Ce progrès est de ceux qu'on ne saurait nier, car il est tout matériel et tout visible ; c'est l'amélioration du vêtement, du logis et de tout ce qui constitue la vie intérieure du ménage. En un mot, les optimistes signalent avec une ineffable complaisance cet amendement que présentent aujourd'hui les dehors de la classe ouvrière.

Deux choses leur échappent : la première, c'est que le propre d'une industrie progressive est de produire avec abondance et bon marché certaines denrées destinées aux besoins secondaires de l'homme, parce que cette production se fait avec des machines, c'est-à-dire avec des forces naturelles d'un nombre illimité, d'une puissance infatigable.

CHAPITRE XXIV.

La seconde, c'est que ce même état de choses détermine une hausse croissante dans le prix des denrées alimentaires, parce qu'elles sont demandées à une puissance, naturelle, inégale et bornée, parce que la population dès-lors ne peut croître avec l'industrie, sans provoquer la culture de terrains inférieurs et la production de céréales obtenues à plus de frais.

Ce double fait que personne ne sera sûrement tenté de révoquer en doute, explique cette amélioration qui paraît dans le sort de la classe ouvrière. En sacrifiant quelque chose de sa nourriture, elle a pu consacrer davantage à l'ornement de la personne et du logis : sacrifice qui devait rester inaperçu, tandis que le progrès devait au contraire frapper tous les regards et provoquer l'illusion si chère aux partisans du *statu quo*. Nous avons dit plus haut comment ce n'était pas là une simple conjecture. On consomme en France moins de viande qu'autrefois ; c'est de ce côté apparemment que le pauvre s'est privé, s'est réduit. À ce fait puisé aux sources officielles nous en joindrons un autre : c'est la moindre consommation du vin à Paris. Il y a sans doute plus d'une manière d'expliquer cette seconde particularité ; mais on ne peut se défendre de rapprocher ces deux circonstances et de déplorer à ce propos la satisfaction insensée que reçoivent les besoins secondaires de l'ouvrier, au préjudice de sa vigueur et de son activité.

Ainsi, rien à conclure de ce mieux tout superficiel qui caractérise aujourd'hui les dehors de l'ouvrier, si ce n'est que les tentations de la vanité, faiblesse toute nationale, ont plus de prise sur lui que le souci de l'avenir, et le soin de son vrai patrimoine, qui est l'énergie et la santé.

Mais il est un autre fait, un autre symptôme sur lequel ne tarissent pas les partisans de la libre industrie : j'entends parler des caisses d'épargne. On énumère avec complaisance les millions dont elles sont dépositaires, et l'on demande avec triomphe si ces prodigieuses épargnes, réalisées sous le régime de la concurrence, peuvent laisser quelques doutes sur ses mérites et ses bienfaits ; si la classe ouvrière, capable de telles économies, n'est pas supérieure à toute assistance, à toute sollicitude de l'État ; s'il ne lui est pas défendu d'en attendre autre chose que le service exact des intérêts et le remboursement à vue des capitaux épargnés.

Qu'on nous permette à ce propos une anecdote qui ne sera pas déplacée : c'est un souvenir emprunté à l'enquête de 1834.

Un des plus honorables manufacturiers de Sédan, venait de rendre un compte assez satisfaisant des mœurs et du bien-être de ses ouvriers. — « Font-ils des « économies, lui demanda le président de la commission, et les placent-ils à la « caisse d'épargne ? — Ils font des économies, répondit M. Cunin-Gridaine, mais « ils les emploient en acquisition de mobilier. Quand je leur parle de les porter à la « caisse d'épargne, tous ont la même réponse : non, vraiment ; vous réduiriez nos « salaires, s'il vous était démontré que nous épargnons quelque chose sur ce qu'ils « sont aujourd'hui. » Soupçon mal placé peut-être, mais en soi bien fondé. On s'arme en effet contre l'ouvrier de tout ce que contiennent les caisses d'épargne. On lui oppose le bien-être et l'abondance que révèlent chez lui tant de millions accumulés, et l'on ne s'informe pas seulement de ce qui lui appartient dans cette liste civile des prévoyances et des privations de tout un peuple. C'est là pourtant ce qu'il faut rechercher et éclaircir.

Or, nous voyons qu'au 31 décembre, 1841 le solde dû aux déposants par les caisses d'épargne des départements, était de 210 millions ; mais que, sur cette somme, les ouvriers étaient crédités seulement de 23 pour 100 [1]. — Première déduction qui réduit à moins d'un quart du total des épargnes celles du travailleur. Ce n'est pas la seule que comporte le sujet.

Quand nous peignons la misère de l'ouvrier, nous avons toujours en vue l'ouvrier qui hante les manufactures, parce que c'est là le domaine des crises, le triomphe de la concurrence. Ce n'est pas l'artisan menuisier, forgeron, corroyeur, qui souffre de la médiocrité ou de l'intermittence du salaire. Un état qui ne va pas sans apprentissage, une consommation dont les habitudes sont connues et les besoins limités, le garantissent de ce double fléau, en écartant la surabondance ou en éclairant la témérité des compétiteurs. Rien d'étonnant que cette catégorie d'ouvriers, d'une condition plus égale et plus douce, réalise des économies et les porte aux caisses d'épargne ; mais cela ne prouve rien sur le point en litige, qui est la condition du travailleur de l'industrie proprement dite, de l'industrie agglomérée. Telle est la distinction que n'ont point faite les comptes-rendus des caisses d'épargne, laquelle réduirait à peu de chose peut-être ces prétendues épargnes de l'ouvrier des manufactures, et certainement à rien cette thèse d'indifférence et de neutralité sociale échafaudée sur l'exagération d'un chiffre. Cette distinction a le mérite d'ailleurs d'expliquer péremptoirement un fait observé à Paris dans les

1 *Annuaire de l'écon. polit.*, pour 1845, p. 189.

CHAPITRE XXIV.

opérations de la caisse d'épargne de l'année 1843. — Sur une somme de 6, 337, 000 fr., total des sommes versées pendant cet exercice, les ouvriers figurent, dit-on, pour 2, 547, 000 f. [1].

Cette proportion dans les sommes appartenant aux ouvriers dépasse sans doute celle que nous observions tout à l'heure dans les départements. Rien de plus simple : à Paris, où se fabriquent tous les objets de luxe et de mode, il doit y avoir un grand concours d'artisans habiles et bien payés. Ce sont leurs économies sans doute qu'on porte au compte de l'ouvrier des manufactures, et dont on argumente, à l'honneur et à la décharge du régime actuel.

Ainsi s'écroule peu à peu cet entassement de sophismes élevé à la gloire du laissez-faire.

La hausse des salaires ! Pure illusion en présence de la hausse des objets de première nécessité : — l'amélioration du sort de l'ouvrier ! Pure apparence, expiée qu'elle est par les privations les plus regrettables. — Le contenu des caisses d'épargne ! Fait sans valeur, dans l'ignorance où nous laissent ces établissements sur la part afférente aux travailleurs de l'industrie agglomérée.

Restent les faits accablants que nous avons signalés à la honte de l'industrie libre : mortalité, dégénération, abrutissement où s'éteint la prévoyance du père de famille, où germe la tentation de tous les désordres, et souvent même la pensée de tous les crimes.

Réputer l'ouvrier plus heureux aujourd'hui qu'il ne l'était autrefois, plus heureux dans les pays industriels que dans les pays arriérés, c'est prendre plaisir à l'exagération et à la confusion. Quel abus n'a-t-on pas fait du célèbre passage de Vauban qui nous montre la moitié de la population faisant l'aumône à l'autre ? Ne dirait-on pas que dans la France d'autrefois, le peuple ait toujours vécu comme il vivait, après trente ans de guerre contre l'Europe et dix ans de défaites consécutives ?

Que l'on exalte le sort actuel des classes infimes, comparé à leur sort d'il y a cinquante ans, soit ; car elles sont délivrées de ce qui les ravalait et les opprimait jadis : redevances, dîmes, corvées, impôts exclusifs. — Qu'on préfère la condition politique de l'ouvrier de nos jours à celle de l'ouvrier d'autrefois, rien de mieux ; car aujourd'hui l'ouvrier n'est plus sous le poids des mêmes incapacités et indignités. — Mais la question n'est pas là : il s'agit, non pas des classes inférieures, mais de

---

1 *Journ. des économ.*, n° de janvier 1845, p. 23, article de M. Fix.

Charles Brook Dupont-White

la classe ouvrière, et spécialement, uniquement même, de la partie de cette classe qui peuple les manufactures ; il s'agit de la comparer à celle d'autrefois, non pas dans son régime politique, mais dans son régime matériel, économique pour ainsi dire. Or, pourquoi l'ouvrier d'Elbeuf et de Sedan serait-il plus heureux aujourd'hui que ne l'était l'ouvrier de l'usine Van-Robais fondé par Colbert ? Celui-ci échappait, dans sa manufacture, aux avanies qui atteignaient l'homme du peuple dans la campagne, et quant aux règlements des corporations et des maîtrises, ils faisaient plus d'obstacle à la modeste ambition de l'apprenti artisan, qu'à l'ouvrier des fabriques, dont les vues ne pouvaient guère s'élever jusqu'à la succession industrielle de son maître.

Sur la seconde partie de l'objection qui consiste à représenter l'ouvrier comme plus heureux dans les pays industriels que dans ceux qui ne le sont pas, on conviendra sans peine que le sort du journalier français est supérieur à celui du paysan russe ; mais il est évident que cette supériorité est celle, non de l'industrie, mais du régime politique. Comment comparer un serf, un être qui ne s'appartient pas, qui est la chose de son maître, avec tout ce qu'il possède, à l'ouvrier de nos pays qui, dans la pire acception des choses, est au moins un esclave révolté et luttant. Que si l'on veut comparer entre eux des peuples habitant les mêmes régions à peu près, et vivant sous les mêmes institutions politiques, les divers peuples de l'Allemagne par exemple, le désavantage est tout entier pour ceux qui pratiquent l'industrie. Leur détresse relative est attestée par deux observateurs dignes de foi, MM. Villermé et Legentil. En Silésie elle a suscité dernièrement de sanglantes émeutes, et la Suisse n'a pas de canton plus misérable que celui de Zurich où l'on excelle à faire de la soie. Si dans les autres États de l'Allemagne le sort du peuple n'est pas prospère, il ignore au moins ces extrémités et ces désespoirs. La souffrance du pauvre n'y est pas amère et navrante au point de frapper l'imagination publique, et d'inspirer une de ces sympathies de poète qui ne s'éveillent jamais qu'au souffle d'une sympathie profonde et universelle.

Telle est la vérité sur un parallèle dont l'optimisme a tant abusé et qui se réduit à rien, dès que l'ont fait abstraction des données politiques qui doivent y demeurer étrangères, dès que l'on fixe nettement les classes et les situations qui seules doivent y entrer.

CHAPITRE XXIV.

CHAPITRE XXV.

Continuation des objections : 7° La société n'a pas mission de corriger les maux inhérents au régime de libre production : son unique fonction est le maintien de l'ordre : son unique devoir la neutralité. — Réponse : Principe violé à chaque pas dans les choses d'industrie où tout est protection, soit pour le producteur, soit pour le consommateur. — Principe insoutenable en présence des changements qui se sont faits de nos jours en politique et en religion. — Si les idées religieuses sont en décadence, le gouvernement a besoin de force pour suppléer cet auxiliaire, en fait de charité surtout. — Si le gouvernement est désormais aux mains de la nation, cette force est sans inconvénient. — Insigne fortune de la charité légale professée par l'assemblée constituante et pratiquée par l'Angleterre.

Tout n'est pas dit. Nous avons à compter encore avec la plus spécieuse de toutes les difficultés ; car elle prend les couleurs du progrès, elle s'abrite derrière le droit commun, et revendique pour la *concurrence* toute la sympathie, toute la faveur de ce grand nom de liberté.

Quelle que soit, dit-on, la gravité du mal, il n'est pas de ceux que la société ait mission de redresser. Il ne lui appartient pas de s'informer de ces désastres et de procéder à cette cure. Elle n'est ni autorisée ni obligée à s'immiscer dans un ordre de faits et de transactions essentiellement libres, essentiellement individuels. C'est ce qui résulte clairement de la fin principale pour laquelle elle est instituée, et qui se borne à maintenir l'ordre. Protéger le libre essor de toutes les facultés, réprimer l'abus de la force physique, préserver de la violence les personnes et les choses, telle est l'unique et négative fonction du pouvoir social. L'extérieur et la surface du monde, est tout ce qui lui en appartient. Les choses de conscience religieuse et de pensée publique, ou bien même les relations intimes et privées des classes, tant qu'elles s'expriment ou se manifestent sans troubler la paix de l'État, il n'a pas à s'en préoccuper, ou plutôt il lui est interdit d'y intervenir. — Que si les entrepreneurs de travail et les travailleurs sont en état d'antagonisme et de collision ; si les derniers ont à se plaindre d'une domination qui s'exerce sur les besoins les plus impérieux de la nature physique, la querelle, tant qu'elle ne descend point dans la rue sous forme d'émeute et de voies de fait, n'est

Charles Brook Dupont-White

point du ressort de l'autorité. Le jour où le travail fut affranchi et où s'écroula le régime des jurandes, des maîtrises et des corporations, ce jour-là, tout fut dit pour le travailleur. Libre de ses entraves, rendu à tout son essor, appelé au même titre que son maître à parcourir la carrière qui s'ouvre sous ses pas, il n'appartient aujourd'hui qu'à lui-même, mais il ne doit aussi rien attendre que de lui-même. S'il est vaincu et devancé dans cet effort universel, s'il est refoulé aux derniers rangs et confondu dans la tourbe subalterne, qu'il s'en prenne à lui-même, et non pas aux institutions. Il y a là un fait d'infériorité, d'inégalité, regrettable sans doute, mais irréparable, parce qu'il est l'œuvre de la nature et non de la société. On peut relever un homme de la dîme et de la corvée, mais non du vice et de l'ineptie.

Voilà l'objection dans tout son appareil, qui n'en saurait sauver le vide et la pauvreté.

Et d'abord où prend-on ce prétendu principe de la neutralité essentielle du pouvoir ? Dès les premiers pas, cette théorie a quelque chose en soi qui implique démenti et contradiction. N'admet-elle pas en effet que le pouvoir social protège le faible contre le fort, la débilité physique contre la prééminence musculaire ? Or, s'il doit sa protection à ce genre d'infériorité, pourquoi ne la devrait-il pas aussi bien au pauvre contre le riche, à l'homme borné contre l'homme, intelligent ? Est-ce que la richesse et l'intelligence ne seront pas tentées d'abuser de leurs avantages, aussi bien que la force physique ? Est-ce que cet abus n'aurait pas des effets aussi déplorables dans un cas que dans l'autre, effets qui suivent partout la loi du plus fort ?

Ce n'est pas tout. La société ne se borne pas à réprimer la violence : d'une manière plus générale, elle réprime l'égoïsme, elle donne pour limite, au droit de chacun, le droit de tous. De là, les mesures qui protègent la propriété contre le vol, l'escroquerie, l'usure ; la liberté personnelle contre les stipulations de contrainte par corps et de louage d'industrie illimité ; l'honneur contre les calomnies et la diffamation. — Il y a un mot passé en axiome qui rend tout cela : *point de liberté sans règlement,* c'est-à-dire point de droit illimité, parce qu'il n'y en a pas dont l'homme n'abuserait au préjudice de son semblable. — Or, est-il bien clair que l'égoïsme soit inoffensif et irréprochable dans l'œuvre de la production, c'est-à-dire là où il revêt sa forme la plus âpre et la plus dévorante ? L'amour de soi, toujours si suspect au législateur, aura-t-il sa confiance, dès qu'il sera l'amour de l'argent ?

CHAPITRE XXV.

Que si l'on descend au fait et à la faculté spéciale du travail, il n'en est point où l'intervention du gouvernement se fasse sentir avec tant de certitude et de continuité.

Il n'y a pas que les prohibitions, les primes, les droits protecteurs, les droits différentiels... toutes choses calculées, pour assurer le marché national aux producteurs indigènes, ou pour leur ouvrir des marchés à l'extérieur : la sollicitude du pouvoir va plus loin encore. Le consommateur a sa part aussi bien de précautions et de mesures tutélaires. Nombre de règlements ont été faits pour prémunir son inexpérience contre des produits défectueux ou malfaisants, pour imposer des épreuves à certains articles d'industrie, pour évaluer certains services ou même pour fixer le prix de quelques denrées. La taxe du pain, le tarif des officiers ministériels, les ordonnances sur la garantie des matières d'or et d'argent, sur l'exercice de la pharmacie, sur l'industrie des transports, sur l'apprentissage des professions libérales, constituent toute une législation éminemment bienfaisante et secourable. L'homme y est protégé contre l'homme, à chaque pas, dans chaque situation, en chaque qualité. Qu'il fabrique, qu'il consomme, qu'il contracte, qu'il plaide, qu'il voyage, dans toutes ces hypothèses, le travail qu'il fait ou celui qu'il demande, a été l'objet d'une prévision réglementaire.

Toutefois il est une qualité, une position, une manière d'être, plus générale encore et plus répandue : celle de l'ouvrier, celle de l'homme qui vit du travail de ses bras. Ici finit la protection ; cela n'est pas selon la justice, cela n'est pas même selon la science.

La science compte trois instruments de production : terre, capital, travail. Protéger la terre par la prohibition des blés et des bestiaux étrangers, c'est chose plus ou moins spécieuse ; protéger, en taxant les produits des fabriques étrangères, les capitaux engagés dans les fabriques françaises, est une pratique qui a peut-être ses avantages ; mais en tout cas pourquoi la protection s'arrêterait-elle là ? Le *travail*, cette fonction de plusieurs millions d'individus, cette influence nouvelle et puissante des sociétés modernes, n'aurait-il point des intérêts qui lui fussent propres, des dangers et des mécomptes tout spéciaux ? N'y avait-il rien à prévoir, rien à régler en sa faveur ? Inexplicable abandon ! car les nombreux règlements qu'on énumérait tout à l'heure, c'est un système de protection pour tous les cas qui intéressent la vie ou la fortune de l'homme : or, le travail n'est pas moins que l'un et l'autre

Charles Brook Dupont-White

pour le travailleur dont il est tout le patrimoine, et, pour ainsi dire, toute la substance.

Sans doute, le premier soin de la société devait être d'affranchir le travail ; mais son devoir ultérieur n'était-il pas de rechercher et de corriger les misères du travail affranchi ? Si la retraite des idées nobiliaires et le déplacement des fortunes devait éveiller et stimuler outre mesure la puissance du travail ; si la société paraît vouée désormais à la production dont il est l'ingrédient essentiel ; si cet élément nouveau a pris aujourd'hui une importance qui semble liée aux progrès de la civilisation, comment serait-il permis au législateur de laisser dans l'oubli ce merveilleux agent qui, du plus profond de la société, fait monter à son sommet tant de bien-être et d'éclat.

Peut-être suffisait-il, pour le travail agricole, de l'affranchir de la corvée et du privilège de porter seul tout le poids des charges publiques ou féodales. Une fois soustrait à cette avanie, il pouvait goûter en paix cette sécurité qui s'attache à des occupations régulières, périodiques, stables comme les lois de la nature, et récompensées par des salaires également fixes et certains.

Mais pour le travail industriel, c'était peu d'échapper aux entraves et aux gènes qui le grevaient avant 89. Aléatoire et chanceux comme l'industrie elle-même, gouverné, non pas par les lois de la nature, mais par les caprices de l'homme, délaissé aujourd'hui, tandis qu'hier on se le disputait, nous l'avons vu fonder parmi nous, sur les ruines des castes qui venaient de s'abîmer, une nouvelle caste, celle des existences précaires. En fallait-il davantage pour justifier les soins et la commisération de l'État ?

Je comprends la doctrine du droit individuel qui consiste à affaiblir le pouvoir, ou plutôt à l'éliminer de la plupart des actes de la vie sociale, culte, enseignement, travaux publics ; qui fait payer le prêtre par ses ouailles, le maître par l'élève, la route par le voyageur, et qui, à plus forte raison, exclut le gouvernement des choses de travail et d'industrie.

Pour quelques esprits, et des plus distingués, cette doctrine est celle du progrès lui-même ; mais en même temps, il faut le reconnaître : sous peine de la plus odieuse injustice, elle doit être complètement appliquée ou complètement mise de côté.

Si la société ne fait rien pour celui qui est pauvre d'esprit, d'argent ou de force, elle doit au moins ne rien faire contre lui : elle doit laisser libres

CHAPITRE XXV.

et ouvertes sous ses pas toutes les voies qui peuvent le conduire à une condition plus prospère et plus élevée. L'emploi de son travail, l'exercice de son activité, constituent pour lui un patrimoine inviolable et illimité. Il serait de toute iniquité que la loi dont il ne reçoit aucun bienfait, vînt lui imposer quelque monopole, lui fermer quelque carrière, et le parquer pour ainsi dire dans le champ de la production. Il n'y aurait plus alors neutralité du pouvoir, liberté de l'individu, mais bien oppression et privilège.

Or, les choses en sont là chez nous.

Il y a toute une nature d'industries, ou, si l'on aime mieux, tout un ordre de fonctions que le pouvoir social a aliéné, j'entends parler des offices ministériels. — Il y a tout l'appareil du système prohibitif qui frappe les masses d'un impôt au profit des fabricants, ou tout au moins qui paralyse leur droit d'acheter et de commercer.

Dans cet état de choses, voici la question que l'on soumet à tous les esprits sincères :

Arrachera-t-on le monopole du marché français aux producteurs indigènes, et le monopole de l'instrumentation, de la postulation, du courtage de toute espèce, aux officiers ministériels ? pense-t-on rétablir sur ces divers points la liberté de l'industrie, les droits du travail, la concurrence de toutes les activités ? Non, sans doute : l'entreprise serait fabuleuse. Ces privilégiés ont donné la mesure de leurs forces en destituant un ministre et en paralysant l'autre dans ses projets d'union avec la Belgique.

Dans cet état, si le régime de libre concurrence n'est pas possible partout, pourquoi serait-il pratiqué au préjudice seulement des classes ouvrières ? Si le régime d'intervention et d'assistance sociale est en usage quelque part, pourquoi ne le serait-il pas au profit du travail et de ses relations avec le capital ?

Le salaire, c'est la fortune et la vie de l'ouvrier. L'action tutélaire de la société ne s'est jamais émue à meilleur escient. Pourquoi donc ces scrupules de droit, cette réminiscence de je ne sais quels principes, quand la logique et l'équité provoquent l'extension d'une assistance bornée jusque-là aux classes supérieures de la société ?

Il n'y a que deux manières d'être pour le travail : libre ou protégé, puisque le servage est bien loin derrière nous. Dès qu'il n'est pas l'un, il doit être l'autre ; dès que certaines carrières lui sont fermées par la loi, il doit compter, à titre d'indemnité, sur la protection de la loi, qui autrement ne se mêlerait de lui que pour l'opprimer.

Nous venons de montrer comment la société offrait de toutes parts un système universel de protection et d'assistance, et nous en avons conclu que toutes les analogies revendiquaient pour le travail l'application de ce système. — Toutefois, nous devons une réponse directe et théorique à la théorie de l'insouciance et de l'inaction sociales ; nous devons lui prouver qu'elle a contre elle, non-seulement une pratique constante et normale, mais encore tout ce qui s'appelle droit et raison.

On a dit, nous le savons, dans une thèse célèbre de liberté religieuse, que la loi était athée. Le même principe voudrait que la loi n'eût point d'entrailles pour les misères du travail, et que l'État se tînt pour étranger à l'industrie comme à la religion. C'est méconnaître tout à la fois les éléments les plus nobles de notre nature et les tendances les plus certaines de notre société.

La charité dans les lois, parce qu'elle est dans les devoirs de l'individu, tel est le progrès qu'il s'agit de réaliser aujourd'hui. C'est chose insoutenable que cette scission, ce divorce actuel de la morale privée et de la morale du gouvernement, dès qu'il s'agit de bienfaisance.

Quoi ! Il y aurait un précepte d'assistance et de pitié, divin pour beaucoup, sacré pour tous, et ce précepte n'obligerait que les individus ! Le gouvernement en serait quitte comme de chose supérieure à sa puissance ou étrangères à ses voies !

Choquante anomalie ! Si le pouvoir représente la société, si la société est une collection d'individus, tous obligés à la bienfaisance, on ne comprendra jamais que le pouvoir échappe à cette obligation, et que la force, la richesse, l'intelligence de tous, soient dispensées du devoir qui pèse sur le plus pauvre, le plus faible et le plus inepte ! Au point de vue de la neutralité de l'État, tout est contradiction et incohérence. Comment l'homme vivrait-il en société, sans y porter les instincts élémentaires de sa nature ? Là surtout où la condition expresse de la société est d'être gérée au profit des masses, comment cet instinct de charité ne serait-il pas converti en tâche sociale, en vertu de gouvernement ? Alors que tous les intérêts passent pour avoir des représentants, si ce n'est des mandataires, se peut-il que l'intérêt du travail souffrant et calamiteux, soit délaissé et en quelque sorte dégradé par le pouvoir ?

Au reste, cette glorification du droit individuel, cette défiance jalouse

CHAPITRE XXV.

de l'autorité, cette étroite définition de ses devoirs qui la réduit au rôle de percepteur et de gendarme, n'est qu'une notion vieillie et une fausse entente de la liberté. Elle a le tort de méconnaître les changements profonds qui se sont faits de nos jours en politique et en religion.

En politique, on est d'accord aujourd'hui sur l'origine et la fin du pouvoir. Qu'on dispute à perte de vue sur les formes et les limites qu'il comporte, il n'y a pas moins ceci de constant en fait et en théorie : 1° que le pouvoir n'est pas une propriété, mais une fonction ; 2° que cette fonction est conférée et contrôlée par la société elle-même, au moyen de procédés électifs et représentatifs. — À ce compte, pourquoi se défier du gouvernement, issu qu'il est de la société et qui doit en reproduire les mœurs, les instincts, les passions ? Quel intérêt à limiter son action, qui ne saurait être autre chose que l'impulsion et l'inspiration de tous ? Quelle disgrâce à la subir, quand on ne fait par là qu'obtempérer à des lois qu'on a faites, et à des chefs qu'on s'est donnés ?

La participation au pouvoir, l'exercice des droits politiques, telle est la vraie notion de liberté. Dès que chacun a sa part dans le gouvernement du pays, rien d'un gouvernement ainsi fait, ne peut s'appeler immixtion ni intrusion. Libre à lui d'être énergique et entreprenant, de se mêler à tous les faits de la vie sociale, et d'y intervenir avec toute l'autorité des intérêts qu'il représente. Comment serait-il interdit à ce mandataire de tous, de tendre la main aux dernières classes, et de dire : *Levez-vous,* à ces descendants replâtrés du serf et de l'esclave ? Permise par son origine, cette intervention lui est expressément commandée par la fin pour laquelle il est institué. Du jour où ça été chose entendue que le gouvernement était d'institution humaine, que les peuples ne lui étaient pas donnés d'en haut, mais le désignaient, l'investissaient eux-mêmes et apparemment pour eux-mêmes, il y a eu, non pas une faculté seulement, mais un devoir étroit et impérieux pour lui de travailler au bonheur des masses.

Répétera-t-on encore que l'œuvre du pouvoir se réduit à protéger également chacun, à maintenir le champ libre pour tous, mais du reste à laisser faire et laisser passer tout ce qui n'est pas un attentat contre les personnes et contre les choses ?

Si l'on s'est fait une si pauvre idée des devoirs et des fonctions d'un gouvernement, la raison en est simple : livrée pendant longtemps à des dominations antipathiques et malfaisantes, la société n'avait pas de plus grand intérêt que de les contenir et de les entraver. Cet intérêt, qui

Charles Brook Dupont-White

n'était que transitoire, on l'a érigé en axiome permanent et fondamental. Il s'est produit une théorie dont le rare secret, dont le dernier mot est la faiblesse du pouvoir. Le libéralisme des quinze ans n'était pas autre chose, et aujourd'hui même les plus avancés se croient quittes envers le progrès, en stipulant à tout propos l'exclusion ou la restriction du pouvoir social [1]. Vaine théorie cependant, car elle n'est profitable qu'au très petit nombre, c'est-à-dire à qui est né riche, fort et intelligent ! Celui-ci n'a sans doute qu'une chose à désirer, c'est que la société ne pèse pas sur lui, c'est qu'elle le laisse jouir paisiblement de ses biens et de ses facultés. Son plus grand intérêt de citoyen, c'est l'insouciance et l'inaction de l'État. Mais il en est autrement pour les masses : destituées de ces dons et de ces avantages, elles n'ont pas les mêmes défiances à l'endroit du pouvoir. Ce qui leur importe au contraire, c'est qu'il soit énergiquement constitué pour les couvrir de sa protection, pour les assister de sa tutelle, pour réparer enfin par la force et le droit, le mal qu'il leur a fait si longtemps par la violence et par l'iniquité.

Ainsi, la religion du droit individuel, le libéralisme entretient et cultive des rancunes qui sont d'un 'autre âge : ce n'est pas là son seul aveuglement.

Nous l'avons annoncé, il est une autre circonstance également nouvelle et capitale dont il ne tient nul compte, c'est la décadence de la foi religieuse.

Si quelque chose est faite pour grandir et pour aggraver la tâche d'un gouvernement, c'est la retraite de cet antique auxiliaire. Désormais unique, son action est condamnée à devenir plus compréhensive, plus énergique. À lui de ressaisir le frein et le stimulant qui étaient naguère aux mains du prêtre, et de combler, par un renfort de préceptes et de sanctions, le vide qui s'est fait dans les consciences. — Aux époques de ferveur chrétienne, il y avait des soins dont la religion déchargeait l'État. Il y avait un précepte de charité qui interpellait, au nom de leur salut, soit les personnes, soit les communautés, qui conviait tous les cœurs à la sympathie et à la bienfaisance ; mais aujourd'hui, qui fera l'office des couvents d'autrefois ? Quel mobile avons-nous pour suppléer l'impulsion chrétienne ? Quelle action, quelle puissance invoquer contre cette lacune, si ce n'est la puissance publique elle-même ? Étrange

---

1 On a vu, lors de la discussion de la loi sur le travail des enfants dans les manufactures, un des membres les plus justement considérés de l'opposition s'élever contre ce qu'il appelait un commencement d'organisation du travail.

CHAPITRE XXV.

retour des esprits qui, après une longue suite de siècles marqués par la division du spirituel et du temporel, nous ramène au régime des sociétés antiques. Là rien n'échappait à l'influence du législateur : l'action du pouvoir, qui procédait, il est vrai, de chaque citoyen, embrassait le citoyen tout entier : mœurs, religion, devoirs privés, tout lui était tracé au même titre que ses devoirs publics. Il n'y avait pas un moment où le Spartiate cessât d'appartenir à Sparte, pas un de ses actes qui ne relevât d'une règle tout à la fois politique et religieuse.

On le conçoit de reste, à deux mille ans de distance, la parité ne peut être complète. Tout puissant autrefois, parce qu'il s'identifiait avec la religion, l'État doit l'être aujourd'hui, parce qu'il est en demeure de la suppléer, parce qu'il a charge d'âmes aussi bien que d'intérêts, et que la direction des esprits délaissés par l'ancienne discipline, en réclame une nouvelle.

Quoi qu'il en soit de ces analogies, n'est-ce pas un singulier moment pour marchander l'action de l'État que celui où de nouveaux devoirs sollicitent de toutes parts son initiative ; où l'action sociale, privée de celle qui lui soumettait les esprits, a besoin d'un surcroît d'énergie et d'étendue ; où la tâche éminente de la charité, jadis toute religieuse, se fait séculière et retombe de tout son poids sur les dépositaires de la puissance publique ?

Charité de l'État, droits de l'indigent ! Il en est qui s'étonnent à ce langage, comme si c'était chose monstrueuse ou chimérique. Voici cependant un pays, le moins rêveur assurément qui soit au monde, le moins sujet aux écarts de sentiment, le moins gouverné par les influences d'en bas, qui pose en principe le droit de l'indigent à l'encontre de la société. Le droit ! Ce n'est pas assez dire : en Angleterre, le pauvre a une *action* pour obtenir l'assistance publique, et ce n'est pas là l'effort d'une philanthropie moderne et raffinée : le principe remonte à Élisabeth, à l'année 1602 — et le maintien de ce principe n'est pas davantage un échantillon de ce respect tout britannique pour les choses qui ont duré. Ce n'est pas la sympathie d'une vieille institution pour une vieille idée ; non, vraiment, c'est l'œuvre du parlement réformé, une œuvre de 1834, qui a confirmé, nonobstant de graves amendements, des maximes éprouvées par deux siècles d'application. Voilà comment les choses se passent dans le pays de l'excellence pratique. Ce n'est pas tout : on a fait, ailleurs la théorie des institutions anglaises en matière de bienfaisance publique ; on l'a faite à une époque dont les doctrines défraient encore

Charles Brook Dupont-White

les partis et les gouvernements. S'il existe un grand nom, une grande autorité, je dirais presque une orthodoxie, en fait de droits et d'équité sociale, c'est à coup sur l'Assemblée Constituante. Or, voici ce qu'elle a écrit dans un de ses immortels décrets :

« Il sera créé et organisé un établissement de secours publics pour élever les « enfants abandonnés, pour soulager les pauvres infirmes et fournir du travail aux « pauvres valides. » (Décret du 3-14 septembre 1791. —Titre 1 § 15.)

Précepte qu'il faut méditer ; car ce n'est pas une de ces dispositions qu'on insère dans une Charte, à titre de principe pur, et à la condition d'en rester là. — Ce n'est pas une de ces promesses que hasarde le législateur sans en avoir mesuré toutes les conséquences. C'est le résumé des études du comité de mendicité ; c'est l'expression dernière du rapport monumental de ce comité, qui fut toujours signalé comme un des travaux les plus éminents de cette illustre époque.

Pratiquée en Angleterre, décrétée en France, telle est la charité légale ! Y a-t-il quelque chose dans l'histoire des institutions humaines, qui puisse montrer à sa base une telle puissance de droit et de raison ?

En Angleterre, on le voit, l'État intervient dans les affaires de l'industrie, pour assister ceux qu'elle maltraite. — Là, tandis que les dissidences religieuses sont abandonnées à tous leurs écarts, tandis que les intérêts locaux ont toute latitude pour se gérer hors du contrôle de l'État, tandis que les travaux publics eux-mêmes appartiennent à des compagnies, c'est-à-dire au domaine de l'action individuelle, dans ce pays le moins gouverné qu'on puisse voir, la charité est chose de gouvernement ; et l'industrie est le champ où elle se déploie. L'État, il est vrai, permet la lutte soit entre les capitaux, soit entre le capital et le travail, soit entre les travailleurs eux-mêmes ; mais à la condition de recueillir et d'assister les vaincus. S'il souffre cette collision universelle pour s'en approprier les bénéfices en richesse publique, en matière empruntable, en puissance extérieure, il a du moins la pudeur et l'humanité d'y apporter un correctif ; il offre du pain à ceux qu'elle met hors de combat, il a des secours pour toute faiblesse et toute défaillance [1].

1 Peu d'institutions sont aussi méconnues et aussi calomniées que la charité légale organisée par les lois anglaises. À la moindre démonstration qui semble attester chez un gouvernement quelque souci des classes souffrantes, on crie à la loi des pauvres : épouvantail qui fait le pendant de *la loi agraire* dont Robespierre a dit lui-même :

calomnie de fripons pour épouvanter des imbéciles. Et cependant, quoi de plus juste ! Si le gouvernement n'intervient dans la lutte industrielle, ni avant, ni pendant, comment serait-il dispensé d'intervenir après ? S'il ne prend pas soin au préalable de régler, soit les conditions d'établissement des usines, soit celles du salaire, comment pourrait-il rester neutre et impassible, lorsque le chômage des usines qui n'étaient pas nées viables, frappe le salaire d'intermittence, et lorsque les empiètements du capital le frappent d'insuffisance ? Où se retrouverait, si ce n'est à ce moment, cette protection essentielle du faible contre le fort, qui est le fondement de toute société ? L'Angleterre, avec ses prodigieuses variations dans le prix des céréales, pouvait se passer moins que tout autre pays d'une assistance publique des pauvres. On sait que pendant les guerres de l'empire, les principaux produits de l'industrie agricole éprouvèrent l'un dans l'autre une hausse de 158 pour cent, tandis que les salaires ne haussèrent que de cent dix (*Revue d'Édimbourg,* mars 1824, *Rise and fall of profits*). Comment laisser sans secours la classe des travailleurs qui perdait plus d'un tiers de ses ressources ? Et sur qui prélever ce secours, si ce n'est sur les propriétaires gratifiés d'immenses bénéfices par la hausse des produits agricoles ?

S'il s'est élevé en Angleterre et partout une telle clameur contre la loi des pauvres, si beaucoup la redoutent à l'égal de la peste, c'est que cette bienfaisance publique a eu ses excès et ses erreurs.

En 1723, sous le règne de Georges I , un acte du Parlement avait accordé le droit aux paroisses de refuser le secours ailleurs que dans les maisons de travail (*workhouses*) ; mais en 1782, sous le coup de la baisse des salaires déterminée par la guerre d'Amérique, un autre acte changea ce régime et disposa : *qu'aucun pauvre valide ne serait obligé de recourir à ces établissements, mais qu'il serait pourvu d'ouvrage chez lui ou près de chez lui* : chose souvent impossible et qui devait aboutir au don de secours pécuniaires et purement gratuits, au lieu de secours gagnés par le travail.

En 1795, nouvelle baisse des salaires et nouveaux abus dans l'assistance des pauvres : les magistrats de quelques comtés du midi, publièrent un tableau des salaires que chaque ouvrier devait gagner, vu le nombre de ses enfants et le prix du pain. Ce tableau fut suivi d'une injonction à tous les officiers de paroisse de compléter tout salaire qui serait au-dessous des gages prévus par le tableau.

C'est en cet état que le bill de 1834 trouva l'administration de la charité publique. Il centralisa ce service en ôtant tout pouvoir aux paroisses et aux juges de paix. Trois commissaires suprêmes à Londres, secondés au dehors par des comités de bienfaisance (*boards of guardians*), tel est le personnel de cette administration. – Le refus du secours ailleurs que dans le *workhouse*, tel en est le principe.

Rendu sur une matière qui touche à tant d'intérêts, qui semble tomber d'ailleurs sous l'appréciation de toute intelligence et de toute expérience, ce bill devait être et fut en effet très diversement jugé. Mac-Culloch, auquel nous empruntons ces renseignements (Voy. *Poor laws-supplemental notes and dissertations*, p. 590 et suiv. de son édition d'Ad. Smith), lui reproche de n'avoir pas institué les grands propriétaires dispensateurs souverains de la charité publique dont ils font tous les frais ; il cite l'usage écossais qui les investit de ce pouvoir, sous le contrôle seulement d'une cour de justice supérieure (*court of session*), à l'exclusion des juges de paix et même des schériffs. En conséquence de ce simple et sage arrangement, ajoute-t-il, la plus admirable économie a prévalu dans tout ce qui concerne le traitement des pauvres. –

Charles Brook Dupont-White

Cette bienfaisance publique, cette immixtion charitable de l'État, est chose digne de remarque dans un pays où règne d'ailleurs la religion du droit individuel. Que si l'on vient à considérer le mode de cette intervention et l'époque à laquelle elle remonte, le spectacle devient encore plus instructif et plus concluant. Il faut bien le croire, c'est un attribut essentiel à l'État, que la protection du pauvre ; car pour satisfaire à cette mission, l'Angleterre fait violence à tous ses goûts, comme à toutes ses répugnances politiques et administratives. Non-seulement il y a là une charité faite avec des deniers publics et qui constitue un service public, mais encore ce service est centralisé. Il a ses règlements, sa hiérarchie, et compose, pour ainsi dire, sous le nom de *commission des pauvres*, un véritable département ministériel. Étrange contraste ! En France, où triomphe la centralisation, cette fonction est la seule qui soit demeurée purement locale. Les bureaux de bienfaisance, cet unique instrument de notre charité publique, sont sous la direction exclusive des autorités municipales [1], sauf un contrôle purement nominal des préfets et du ministre de l'intérieur ; tandis que chez nos voisins pleins de restrictions et de défiances pour le pouvoir central, l'administration de la charité publique, est passée des paroisses à Londres, et du régime des coutumes à celui d'une règle unique et invariable. Ce contraste n'est pas le seul. En Angleterre, l'établissement de la bienfaisance légale coïncide avec la suppression des couvents, deux faits qui s'accomplirent sous le règne d'Élisabeth, et qui semblent naître l'un de l'autre. En France, on supprime également les congrégations religieuses, mais on s'en tient là. Nul système de bienfaisance n'est mis à la place de celui qui s'en va, et cet exemple d'un pays voisin, que d'ailleurs nous copions si volontiers, est perdu pour nous, quand c'est celui de la justice et de la

Mais ce que je rencontre de plus grave et de plus décisif à ce sujet, c'est l'opinion de Ricardo, qui a clairement pressenti et condamné, dès 1815, le système adopté vingt ans plus tard.

« Non-seulement ce ne serait pas, dit-il, un soulagement à la détresse que nous combattons, que « de prendre sur les fonds généraux de l'État, ceux qui sont destinés à l'assistance des pauvres, « mais c'en serait une aggravation. Le mode actuel de perception et d'application de la taxe tend « à mitiger ses pernicieux effets : chaque paroisse lève une taxe distincte secourir ses pauvres. Il « en résulte plus d'intérêt facilité à ne pas abuser de cet impôt que s'il était levé par mesure « générale pour le soulagement des pauvres de tout le royaume. Une paroisse est plus intéressée « à modérer la taxe et la distribution du secours, quand toute l'épargne qu'elle fait là-dessus doit « lui profiter, que si cent autres paroisses devaient la partager avec elle. » (*Principes d'éc. pol.* et *de l'impôt*, t. II, p. 47.)

1 Aux termes de la loi du 27 novembre 1796.

CHAPITRE XXV.

charité.

CHAPITRE XXVI.

Continuation des objections. — 8° La nature ayant fait les hommes inégaux, la société est impuissante à les relever des conséquences de cette inégalité. — 9° L'intervention de l'État ne ferait qu'encourager l'imprévoyance et la paresse. — 10° Où s'arrêterait cette intervention ? Pourquoi aux travailleurs de l'industrie ? Pourquoi ne s'étendrait-elle pas aux médecins, aux légistes, aux artistes, qui ont aussi leurs mécomptes et leurs misères ?

Mais quoi, s'écrient les partisans de la libre industrie, vous imposez au pouvoir social une tâche qui est par de là ses forces. La nature a fait les hommes inégaux en aptitudes physiques et intellectuelles : de là l'inégalité des fonctions, et par suite celle des salaires. Prétendez-vous annuler ces différences et niveler cette hiérarchie ?

Non, sans doute : l'intervention de l'État n'est pas invoquée pour créer une égalité injuste et chimérique, mais pour assurer au moindre travailleur un minimum de bien-être et de sécurité, pour donner à tous les salaires une base commune, une base humaine, au-dessous de laquelle ils pourraient reproduire dans la diversité de leur taux, toute celle qui sépare les fonctions et les mérites. Dans la cité, les droits sont gradués d'après une gradation présumée de moralité et de lumière. On n'est pas éligible aux mêmes conditions qu'électeur : on n'est pas électeur pour le pays aux mêmes conditions que pour le département, la commune ou la milice. Cependant il y a des droits qui sont les mêmes pour chacun, qui appartiennent au même degré à tout Français, qui sont le patrimoine du plus pervers et du plus stupide, aussi bien que du plus juste et du plus éclairé. — Telles sont : la liberté de l'individu, de son culte, de sa pensée, les garanties judiciaires, la protection égale de toute personne et de toute propriété. En un mot, il y a un minimum de droits, attaché à la seule qualité d'homme. Pourquoi n'y aurait-il pas également là ce minimum de bien-être et de sécurité qu'on revendiquait tout à l'heure ? Le premier de ces bienfaits proclame l'abolition des castes, le second pourrait seul l'effectuer.

Défendre un abus comme chose naturelle, est un médiocre argument. La nature fait certains hommes chétifs et bornés : voilà des esclaves tout trouvés. Est-ce à dire que l'esclavage soit tolérable ? La société a mission de corriger la nature : c'est peu qu'elle ait affranchi l'esclave, si elle délaisse le travailleur chez lequel semblent revivre les misères et les humiliations du premier.

Mais, ne voyez-vous pas, s'écrient les mêmes adversaires, que si l'État se charge ainsi de pourvoir à l'indigence, il accoutume les classes ouvrières à l'imprévoyance, à la paresse, et les encourage à pulluler inconsidérément.

Un seul mot sur cette objection — c'est une expérience faite depuis Malthus et qui ruine toute sa théorie : ce qu'il y a au monde de plus prodigue, de plus irréfléchi, de plus prolifique, c'est la misère. L'ordre et la prévoyance ne peuvent naître qu'à la condition de quelque propriété ou du moins de quelque sécurité. Voyez l'Irlande, voyez les départements industriels de la France, surtout celui du Nord. Que l'État laisse dans leur détresse les classes inférieures, et cet abandon en aggravant leur misère, aura précisément et avec plus d'intensité, les suites funestes que l'on redoute de son intervention. Pour ménager l'usage d'une chose et la réserver à ses enfants, pour proportionner le nombre de ses enfants à l'importance de son avoir, il faut commencer par être nanti et assuré de quelque chose.

Il est curieux de voir comment en Angleterre même, on incline aujourd'hui à reconnaître la misère comme le principe des travers et des vices du pauvre, tandis que l'école de Malthus imputait toute misère aux fautes du misérable. Un des économistes les plus orthodoxes de la Grande-Bretagne, s'exprime ainsi au sujet et à la décharge de la charité légale :

« On dira peut-être que s'il n'y avait jamais eu de lois sur les pauvres, que si les « pauvres n'avaient jamais été tentés de mettre une confiance trompeuse dans « l'assistance de la paroisse, leur sagacité naturelle les aurait amenés à se conduire « avec plus de prudence et de réflexion, et surtout à ne pas pulluler au-delà de la « demande. Cela aurait eu lieu, il est vrai, jusqu'à un certain point ; mais vu l'état « d'abjection où cette classe est plongée, et son ignorance des causes déterminantes « de la pauvreté, il y a peu de raison de croire que cette influence eût agi d'une « manière très sensible. Un homme doit être dans une situation de fortune « tolérable, pour être accessible, à des considérations d'avenir. C'est l'urgence du « besoin actuel et non la crainte du besoin futur, qui est le véritable aiguillon des « efforts du pauvre. Ceux qui ont imputé quelque effet aux *Poor-laws*, sur le « développement des vertus prudentielles, appartenaient ordinairement aux classes « élevées, et ils ont supposé que les classes inférieures étaient mues par les mêmes « motifs....

« Mais celles-ci sont placées dans une condition bien différente, et il est « extrêmement difficile de conclure ici quoi que ce soit des unes aux autres. Un « homme qui vit dans l'aisance, doit user d'une certaine dose de prudence pour « conserver son rang et la continuation des avantages dont il jouit ; mais celui qui a « peu de confort, qui est au dernier échelon de la société humaine, qui n'a presque « rien à perdre, celui-là ne saurait avoir dans ses actes le sentiment d'une « responsabilité sérieuse. Le défaut de prudence, l'insouciance des suites, lui font « comparativement peu de tort, et il s'en défend moins. L'expérience la plus « étendue prouve que les choses se passent de la sorte. Plus on descend l'échelle de « la société, et moins on y trouve de réflexion et de prudence. Quand on compare « les différentes classes du même pays, ou de différents pays, on voit que la « pauvreté n'est nulle part si peu redoutée que par ceux qui sont destinés, selon « toute vraisemblance, à en devenir les victimes. Plus on en approche, moins on la « craint, et cette classe généralement nombreuse, qui est déjà si bas qu'elle ne peut « guère tomber au-dessous de son état actuel, se plonge sans scrupule dans des « excès qui seraient évités par d'autres, et se permet des jouissances qui ont les « suites les plus préjudiciables. » (Mac Culloch. — *Supplemental notes and dissertations*, p. 592).

Les partisans de la libre industrie sont inépuisables dans la défense de leur thèse. Voici par exemple, comment ils manient l'argument *per absurdum.*

Vous voulez, disent-ils, l'intervention de l'État au profit du travail ; mais à quelles couches de la société s'arrêterait-on dans cette voie, et quelles seraient au juste les catégories de travailleur auxquelles on garantirait le nécessaire ? Les médecins, les avocats, les peintres, les sculpteurs, les savants et les artistes, ne sont-ils pas aussi dignes d'intérêt que les fileurs, les tisserands, les fondeurs et tous les ouvriers qui s'occupent de travaux manuels ? Serait-on sans pitié et sans entrailles pour les misères qui se manifestent ailleurs que dans l'atelier et dans la fabrique ? Ou donnerait-on du travail et un salaire suffisant, en vertu du droit au travail, à tous les membres des professions libérales que le public n'aurait pas adoptés ?

CHAPITRE XXVI.

Nous répondrons : les misères de la fabrique et de l'atelier sont les seules qui sollicitent l'assistance de l'État, parce que ce sont les seules qui, au sein du progrès universel, se résolvent en mortalité en dégénération, en vices et en méfaits. Ces symptômes, nous les avons déjà constatés. Nous avons signalé surtout les influences qu'ils accusent, c'est-à-dire l'intérêt essentiel, la puissance irrésistible du capital, qui s'en prennent au travailleur des manufactures, pour le comprimer et le réduire à la moindre existence compatible avec le travail. Comme c'est là seulement que ces influences ont toute leur malignité, c'est seulement là que nous appelons l'œil et le bras du pouvoir. Montrez-nous une autre classe en dehors des journaliers de l'industrie, où la vie s'abrège et se déprave, tandis que partout ailleurs elle se prolonge, s'améliore et s'embellit !

Qu'on nous permette de tourner contre les adversaires de la charité légale, le procédé dont tout à l'heure ils usaient contre nous.

Puisque l'État ne doit intervenir nulle part ; puisqu'il doit abandonner chacun à ses œuvres et à ses forces, pourquoi les hôpitaux et les hospices ? Pourquoi l'État pourvoirait-il à la maladie et à la vieillesse, quand il laisse au dépourvu l'indigence d'esprit, la faiblesse de corps, qui sont des maux tout aussi naturels, tout aussi irrépréhensibles. — Pour être conséquents, vous devez supprimer ces institutions. — Si vous craignez en fondant des secours publics, d'encourager la paresse et l'imprévoyance, vous devez en bonne logique, les refuser au malade et au vieillard. Pourquoi leur jeunesse et leur santé n'a-t-elle prévu les jours de défaillance et de décrépitude ? Telles sont les abominables conséquences où mène très logiquement le principe de la neutralité sociale ; en faut-il davantage pour le flétrir et le réprouver ?

Charles Brook Dupont-White

CHAPITRE XXVII.

Dernière objection : L'intervention de l'État serait impuissante à l'égard d'une misère qui dérive uniquement des vices du travailleur. — Réponse : c'est la misère qui fait ces vices, et c'est l'industrie qui fait cette misère par les obstacles qu'elle met à toute prévoyance et à toute combinaison. — Doctrine de Malthus : observations de M. Villermé sur la fabrique de Lodève. — Comment la loi, si secourable d'ordinaire pour toute espèce d'imprévoyance, serait-elle sans entrailles pour celle de l'ouvrier ?

Avons-nous épuisé enfin tout ce qui s'élève d'objections, de doutes, de résistances contre l'intervention de l'État dans le régime de l'industrie ? Pas encore, car la substance des arguments déjà combattus, se réduit à ceci : que la classe ouvrière n'a pas droit à cette intervention ou n'en a pas besoin. Ils ne disent pas qu'elle en soit indigne, qu'elle ait préparé elle-même, à force de fautes et de vices, ses revers et son asservissement : c'est cette dernière insistance qu'il s'agit maintenant de prévoir et d'apprécier.

Les développements qu'on a vus plus haut, l'appréciation des influences qui agissent sur le salaire, ont résolu d'avance une partie de cette difficulté.

Il n'est pas vrai de dire que le travail soit coupable de ses souffrances. La faute de ce qui se passe, n'est pas à la population qui croît trop vite, mais à la hausse des denrées qui réduit le salaire, mais aux machines qui le dégradent, mais aux crises industrielles qui le frappent d'intermittence. — Si les maux de la classe ouvrière ne tiennent pas à l'intempérance de sa reproduction, serait-il plus juste de les imputer à ses vices, à ses excès, à son inconduite ?

Écoutons à ce sujet des témoins peu suspects de partialité, les manufacturiers eux-mêmes, sur le compte des populations ouvrières qui passent pour les plus calamiteuses et les plus maltraitées par les crises. Lors de l'enquête ouverte en 1834 relativement à la prohibition des tissus de laine et de coton le délégué de l'industrie alsacienne [1], ne craignait point d'affirmer que la conduite des ouvriers était généralement

---

1 M. Roman, délégué du Haut et Bas-Rhin. (Voyez *Enquêtes sur diverses prohibitions* tome III, p. 452.

régulière. — De son côté, le délégué de la chambre de commerce de Rouen répondait en ces termes à la question du ministre sur le degré de bienêtre dont paraissaient jouir les ouvriers indienneurs :

« Un très grand nombre vivent dans l'aisance, parce qu'ils ont beaucoup d'ordre « et qu'ils ont perdu l'habitude de chômer le lundi ; ils font des économies et « deviennent propriétaires ; d'autres portent ces économies à la caisse d'épargne ; « cet établissement a eu beaucoup de succès. Il serait à désirer qu'il en fût établi « une au centre de nos établissements, qui sont situés à une lieue de Rouen, bien « certainement les ouvriers y déposeraient plus souvent s'ils avaient cette facilité. »

Quant aux ouvriers de Lyon, voici comment s'explique sur leur compte l'honorable et officiel observateur [1] dont on a déjà invoqué le témoignage :

« Dans des livres fort graves, on représente les ouvriers en soie lyonnais « comme des êtres dégradés au physique et au moral, vicieux, stupides, apathiques, « vivant au jour la journée, grossiers dans leurs mœurs, mal conformés dans leur « physique, disgraciés enfin de toute manière par la nature. Ce portrait pouvait être « ressemblant il y a cinquante ans, mais certainement ce n'est pas celui des canuts « actuels de Lyon. Depuis longtemps, mais surtout depuis une douzaine d'années, « leur état physique, moral et intellectuel s'améliore progressivement, car presque « tous les lyonnais reconnaissent, et moi-même je ne crains pas d'affirmer, que ces « ouvriers seraient aujourd'hui partout dans nos grandes villes manufacturières, « plus laborieux, plus sobres, plus intelligents, et à certains égards non moins « moraux que les autres ouvriers pris en masse. »

Et cependant c'est à Lyon, c'est à Mulhausen, que les crises industrielles ont sévi avec plus de rigueur ! Peut-on, en comparant les souffrances de ces fabriques au témoignage qui vient d'être rendu de leur moralité, les attribuer aux désordres et à la dépravation de la classe ouvrière ?

Accepter cette explication comme générale, comme péremptoire, c'est évidemment se payer d'un lieu commun sans valeur, ou plutôt c'est se libérer d'une obligation par une calomnie.

L'inconduite de cette classe fût-elle constante, il faudrait voir si ses

---

1 *Tableau de l'état moral et physique des ouvriers*, par M. Villermé, tome I, pages 364 et suiv.

Charles Brook Dupont-White

vices qu'on signale comme les causes, ne sont pas plutôt les effets de la misère et du dénuement.

On convient aujourd'hui que le développement excessif de la population est au nombre des ces effets.

O r, n'est-il pas naturel de penser que la misère agit d'une manière plus générale et plus étendue là où elle se fait sentir, et qu'elle engendre non-seulement l'intempérance de la reproduction, mais aussi bien les vices, le désordre *et* l'immoralité?

Cette excitation physique signalée par M. Rossi connue un attrait si puissant au sein des privations, comment ne serait-elle pas le principe de l'ivrognerie et du libertinage ? Cet oubli des devoirs paternels, cette dureté de cœur si fréquente dans les classes qui souffrent, n'est-elle pas un fait de même nature que l'égoïsme et l'irréflexion qui ont fait naître ces devoirs ? Là où règne le sentiment d'une abjection profonde, d'une souffrance amère et continue, tout s'explique, depuis le désordre jusqu'au crime. La loi n'a plus d'action, la conscience n'a plus de prise sur qui n'a rien à perdre, rien à compromettre, et qui croupit au dernier degré de la déchéance et de l'ilotisme.

Au reste, cette explication des vices du pauvre par sa misère, n'est pas la seule, ou plutôt n'est pas la dernière. La misère a une filiation qu'il est impossible de méconnaître : elle est l'œuvre et la condition vitale du régime industriel, tel qu'il est pratiqué chez nous, à l'instar de l'Angleterre, tel qu'il est professé à sa suite par les plus célèbres économistes. — Qui dit industrie, dit chance, jeu, chose aléatoire comme les besoins et les caprices du consommateur. *A priori*, une population industrielle sera toujours une population calamiteuse : de la prévoyance, elle n'en aura jamais non plus que le joueur. Si l'ouvrier des champs laisse le travail assuré qui le faisait vivre, pour les salaires plus élevés d'un travail instable et intermittent, c'est qu'il espère y trouver à tous risques plus de bien-être et de jouissances ; c'est que le séjour des villes lui sourit comme une tentation, c'est enfin dans un funeste esprit d'aventure et de convoitise. — Le vice de l'industrie est de faire appel à ces instincts, à ces penchants hasardeux, qui trop souvent aboutissent à la dépravation en passant par la misère.

Au surplus, l'industrie envisagée dans son ensemble, n'a pas une habitude, un procédé, un détail qui ne tende à corrompre le travailleur.

CHAPITRE XXVII.

On ne réunit pas des hommes, on ne confond pas les sexes, on ne leur demande pas un travail dénué d'avenir et de stabilité, sans leur attacher aux flancs un principe de pervertissement, une plaie de misère et d'immoralité. Étant donnée une population à dépraver, il n'y faudrait pas d'autres moyens que ceux-ci :

Détourner les masses d'occupations stables et soutenues, celles de l'agriculture, par exemple, pour les convier à des travaux irréguliers et intermittents. — Réunir dans les mêmes ateliers hommes et femmes, puis, leur tâche finie, les renvoyer comme on les a réunis, simultanément et pêle-mêle, sans plus s'inquiéter des incidents de la route que des propos de la fabrique. — Enfin, les payer une fois par semaine seulement, et choisir pour cela la veille du jour qui appartient au loisir et à la dissipation.

On peut y compter, ces mesures seraient d'une efficacité sans pareille : sous la première, vous verrez périr la prévoyance, découragée et désespérée à jamais ; — par la seconde, vous obtenez l'impudeur et le libertinage ; — la troisième, enfin, assure à l'ivrognerie et aux excès de toute espèce le salaire de la semaine.

S'il fallait classer ces influences, la plus pernicieuse est sans contredit l'instabilité des salaires — il n'en est pas qui engendre plus certainement l'imprévoyance avec ses suites naturelles de misère et d'immoralité. Il y a dans cette incertitude un invincible obstacle à la formation et au déploiement de ces qualités prudentes, réfléchies, laborieuses, qui veulent toute la force de l'homme, aidée de la force et de la faveur des circonstances.

« On n'a peut-être jamais vu, dit Malthus, un pays dont les habitants aient « acquis des habitudes d'ordre et d'industrie, s'ils n'étaient pas parvenus à se faire « employer d'une manière régulière et constante, et s'il leur avait fallu, pour être « constamment et utilement occupés, déployer un degré extraordinaire de « prévoyance, d'activité et de force de caractère [X] ».

C'est de l'Irlande que l'on parle ainsi, et c'est un Anglais qui tient ce propos à sa décharge : l'observation, à coup sûr, mérite toute confiance. Il faut bien le croire, si les vices du paysan Irlandais s'expliquent et s'excusent par l'instabilité de son travail, ceux de l'ouvrier en général doivent procéder de la même cause, et comporter la même apologie. Ôtez l'incertitude des salaires, purgez l'industrie de ce vice capital, et ses plus malignes influences disparaîtront sans retour : les faits en font foi.

Lodève a des fabriques de drap qui sont en possession des fournitures de la marine et de l'armée. De là, une demande de produits et de travail, soutenue, régulière, uniforme. Dans cet état, on le comprend, le salaire est stable et assuré. Aussi, l'honorable M. Villermé a-t-il reconnu chez les ouvriers de Lodève, l'ordre, la sobriété, la pureté des mœurs [⊠] : fait curieux sans doute, et qui n'est pas seul à déposer dans le même sens.

On l'a souvent remarqué, certaines catégories de fonctionnaires subalternes, commis de l'octroi, facteurs, éclusiers, gendarmes, expéditionnaires, etc., réussissent à vivre et à élever leur famille dans de bonnes conditions d'aisance et de moralité, tandis que l'ouvrier et les siens, avec un avoir égal ou même supérieur, sont perdus de misère et d'inconduite. Pourquoi cette profonde différence à travers cette identité de ressources et de culture intellectuelle ? La raison en est simple, c'est que les ressources des uns sont fixes et régulières, tandis que celles des autres sont incertaines et variables. Sans doute l'épargne est nécessaire à tous, mais chez l'employé tout la facilite et l'encourage, tandis que chez le travailleur tout concourt à l'entraver et à la dérouter. Stérile école que celle de la pauvreté, quand les souffrances et les privations du pauvre ne peuvent lui enseigner que désespoir et désordre !

Que néanmoins l'imprévoyance de l'ouvrier ne soit pas absolument irréprochable, nous l'admettrons sans peine, mais sans conséquence. N'oublions pas en effet qu'il s'agit ici du principe de l'intervention publique, et que dès-lors la question n'est pas de savoir si l'ouvrier est en faute, mais s'il y est de manière à démériter l'assistance sociale.

Lui imputer à ce point les entraînements de sa position, serait d'une rigueur sans pareille.

Qui donc aurait le droit de dire anathème sur le défaut de prévoyance et d'économie ? Serait-ce par hasard des vertus d'une pratique facile et vulgaire ? Je voudrais qu'on m'en citât quelques exemples à l'usage du travailleur. — Assurément, ce n'est pas celui que l'ouvrier trouve à ses côtés, ce n'est pas l'exemple des fabricants. Quelle plus lourde imprévoyance que cet excès de production, qui est l'infatigable bévue des entrepreneurs d'industrie, après tant d'expériences réitérées, sous forme de mécomptes et de méventes ? Que d'irréflexions et d'aveuglement à l'origine de ces crises, qui tous les cinq ans viennent détruire tant de capitaux témérairement engagés dans une production sans issue et sans débouchés ? — Ce ne serait pas non plus l'exemple du marin, et généralement de tous les fonctionnaires publics. On a si peu compté sur leurs épargnes, que l'État s'est chargé de les faire pour eux, et de leur préparer des pensions avec des retenues !

L'exemple des corps constitués ne serait pas plus concluant que celui des individus. Si l'État s'est réservé un droit de surveillance et de contrôle sur la gestion des biens de la Commune et du département, si nul établissement public ne peut sans autorisation faire acte de propriété, assimilé qu'il est au mineur et à l'interdit, c'est que le législateur ne croit pas à la prudence et à l'économie de ces êtres collectifs. Il les laisse à l'état de minorité parce qu'il les répute incapables, et cette présomption d'incapacité n'est que celle de leur imprévoyance. Abuser des ressources actuelles, engager témérairement l'avenir, sacrifier le futur aux exigences et aux fantaisies du présent, tel est le scandale et l'inconvénient contre lequel a été institué la centralisation administrative. De là les entraves salutaires et multipliées qui ralentissent peut-être, mais qui protègent certainement la gestion de la fortune communale et départementale.

Tandis qu'ici l'on procède avec ce luxe de précautions et de sollicitudes, tandis qu'on use de tant d'indulgence envers certaines classes, que de rigueur et d'exigence dès qu'il s'agit du travailleur ! Que de mérites demandés à l'ouvrier ! Un discernement qui manque à son patron lui-même, pour esquiver les chômages et les crises : abstinence du mariage, qui n'est qu'une charge ; abstinence du plaisir, qui est un empiètement sur la journée ; abstinence même des distractions où s'oublient les fatigues du travail et les soucis de l'avenir, tel est le prix exorbitant auquel se forme un pécule, telle est la somme de privations qui compose l'épargne du pauvre.

« Aux qualités que vous demandez dans un laquais, disait Figaro à Almaviva, « connaissez-vous beaucoup de maîtres qui seraient dignes d'être valets ? »

Ironie amère que ne devraient jamais perdre de vue les censeurs des classes laborieuses. Pour elles en effet, c'est déjà un problème que de vivre, à travers les lacunes et les intermittences du travail industriel : que sera-ce donc si l'État leur fait encore un devoir de l'épargne, et si elles perdent tout droit à son assistance, par cela seul qu'elles auraient été incapables de ce sacrifice.

Charles Brook Dupont-White

Il faut en convenir, si le législateur en usait de la sorte à l'égard de l'ouvrier, il sortirait de ses voies ordinaires, et ferait mentir toutes les analogies.

Avec une dose fort ordinaire de prévoyance, nul n'emprunterait à 50 pour 100 d'intérêt, nul ne vendrait sa chose moitié moins de ce qu'elle vaut, et cependant la loi accorde restitution à l'entraînement de l'emprunteur et du vendeur irréfléchis. C'est qu'à ses yeux apparemment l'irréflexion est quelque chose de véniel par où l'on ne démérite pas sa tutelle et sa protection. Comment dès-lors abandonnerait-elle l'ouvrier à toutes les suites de ce travers qui n'excite ailleurs que son intérêt et sa sollicitude ? Si dans certains cas elle relève l'imprévoyance de ses écarts, pourquoi, dans d'autres, la condamnerait-elle à en mourir de faim ? Pourquoi le travailleur serait-il seul déshérité de cette tolérance et de cette mansuétude ?

En résumé, l'imprévoyance n'est pas un vice, mais l'absence d'une qualité difficile et rare entre toutes. Fût-il vrai que la misère du travailleur procédât de cette cause, la société ne serait point pour cela dispensée de le prendre en commisération et en tutelle. Car il y a, soit des individus, soit des collections d'individus qui pèchent essentiellement par ce défaut : il y a des situations dont le désastre dérive uniquement de cette source ; et cependant, loin d'en conclure qu'elles ont mérité leur malheur, et d'abandonner l'imprévoyance à toutes ses suites, la société s'empresse de les prévenir ou de les corriger. Pourquoi donc y aurait-il une autre logique et d'autres procédés à l'encontre du travailleur ? Sans doute, il en est dans la classe ouvrière qui pratiquent la prévoyance et l'épargne, mais à quelles conditions ? Par la plus infatigable énergie, par le renoncement le plus complet à toute joie et à tout repos. La société est-elle en droit de demander ici une prévoyance qui serait de l'héroïsme, quand elle ne demande pas ailleurs celle où suffiraient le moindre bon sens et le moindre empire sur soi-même ? Y aurait-il justice de sa part à dire au travailleur : tu peux vivre avec des prodiges d'activité, de persévérance et de privations ; donc, je n'ai pas à m'occuper de toi. — Tandis que le prodigue, qui par le plus simple usage de ses facultés pouvait éviter les pièges d'un emprunt onéreux, obtient de la loi qu'elle intervienne et fasse rendre gorge à l'usurier ?

CHAPITRE XXVII.

Chapitre XXVIII.

Comment l'état doit-il intervenir dans les relations du travail avec le capital ?

Il ne peut être question ici de spécifique. Le mal a des causes trop diverses pour céder à l'action d'un seul remède : il a des racines trop profondes pour se laisser extirper entièrement.

À quoi bon régler le taux des salaires, si l'on ne règle en même temps le prix des denrées contre lesquelles il s'échange ? À quoi bon fixer le prix des denrées alimentaires, si l'on ne fixe en même temps l'étendue de terrain qui doit y être consacrée, à l'exclusion des autres produits non tarifés ? À quoi bon enfin toutes ces précautions, si les mariages restent libres, c'est-à dire si la classe à laquelle s'adressent ces nouveautés, peut encombrer le pays de plus d'ouvriers qu'il n'y a d'ouvrage et de pain ?

Vileté du salaire, cherté des subsistances, excès de population, voilà les trois points capitaux où il faut porter remède : c'est assez dire que le redressement doit varier comme le grief.

Parmi les utopies nées du spectacle de ces maux, il en est une qui se distingue par les limites qu'elle s'est assignées, par les analogies dont elle s'autorise, et par l'encadrement des projets les plus hardis dans l'enceinte des faits et des institutions actuelles. C'est la théorie des *ateliers nationaux* [1]. Il semble qu'il y ait là une manière infaillible d'élever les salaires, sans recourir à l'entreprise exorbitante d'un tarif. — Trompeuse apparence ! Suffit-il d'élever le prix pécuniaire du travail, si l'on n'avise aux moyens d'en assurer l'échange équitable contre les choses de première nécessité qui sont à l'usage du travailleur, et de prémunir celui-ci contre l'excessive fécondité de ses unions ? Tel est le vice d'une conception ingénieuse entre toutes. Moins préoccupée des entreprises du capitaliste, elle eût démêlé que le péril n'est pas là tout entier, et que la classe ouvrière doit compter en outre, soit avec le monopole du propriétaire, soit avec sa propre intempérance.

S'il ne peut être question de spécifique pour cet ensemble et cette complication de maux, chacun d'eux au moins ne peut-il être attaqué de front, par des moyens directs et péremptoires ?

---

1 Voir le livre de M. Louis Blanc, *De l'organisation du travail.*

Charles Brook Dupont-White

Nous avons à démêler ici un tissu d'inductions et d'analogies qui mérite quelque considération. Il y a un tarif pour le travail que font les officiers ministériels : pourquoi n'y en aurait-il pas pour toute espèce de travail ? — On règle bien le prix du pain : pourquoi l'autorité municipale n'aurait-elle pas les mêmes droits sur le prix des grains ? — Quant à la culture des céréales, pourquoi ne serait-elle pas réglementée, lorsque la loi, dans un simple intérêt fiscal, a chargé celle du tabac de tant de prescriptions et de formalités ? — Enfin, si des mariages inconsidérés ont le tort d'encombrer le marché du travail, que ne suivons-nous l'exemple de la Suisse, où le mariage est interdit à quiconque ne peut justifier du moyen de vivre et d'élever une famille [1] ?

Ici les réponses se pressent, les réflexions abondent.

Chacun de ces faits est constant, mais à l'état seulement d'exception. Peut-on faire de l'exception la règle ? C'est bouleverser la société de fond en comble. Qu'à cela ne tienne, si chacun de ces expédients mérite d'être érigé en loi générale, en principe absolu ; mais c'est chose fort contestable.

Des obstacles au mariage ne seraient qu'un encouragement au concubinage, et la pullulation n'y perdrait rien. Tel est dans nos provinces du Nord et de l'Est, l'effet avéré de la simple difficulté que rencontrent les ouvriers allemands à faire venir les papiers indispensables en France pour le mariage civil. — Même impuissance pour ce qui est des tarifs : malgré celui des frais d'actes ou de procédure, l'officier ministériel n'est pas moins victime de la clientèle qu'il veut acquérir, sauf à rançonner plus tard celle qui lui est acquise. La duperie au début et l'exaction ensuite, voilà la marche de tout office. Là se retrouve cette loi si certaine de l'offre et de la demande ; il n'y a pas de tarif capable de la neutraliser. Tout besoin en répudiera les avantages, comme toute supériorité en éludera les obligations, et le tarif aura d'autant moins d'effet que le besoin sera plus pressant, la supériorité plus dominatrice ; on voit tout d'abord le rôle qu'il jouerait dans les transactions du travailleur et du capitaliste.

Mais s'il en est ainsi, direz-vous, que reste-t-il donc de ce principe d'intervention sociale proclamé tout à l'heure avec tant d'insistance ? Quand donc lui donnerez-vous carrière ? Quel mode et quel champ lui laissez-vous, au milieu de ces limites et de ces épurations où il semble

---

1 Voir à ce sujet le livre de M. De Gérando, *De la bienfaisance publique,* tome I, p. 378.

s'évanouir ?

Contentons-nous de répondre que ce principe, pour être philanthropique, n'est pas absolu ; que ce droit, pour être celui de l'État, n'est pas illimité. L'exception est inhérente à toute règle, comme l'abus à toute œuvre : de là les bornes que rencontre ici l'intervention sociale, et qui ne sont autres, nous l'avons vu, que l'indomptable indépendance des actes les plus intimes et les plus élémentaires de la vie humaine. Les suivre pas à pas, les épier dans leurs détours, les régenter dans leur détail, c'est tenter l'absurde et l'impossible. La dictature la mieux obéie qui ait jamais paru n'a pu imposer le système décimal, et substituer le décadi au dimanche. Se figure-t-on une enquête ouverte et permanente sur le prix de toute espèce de travail, sur celui de toute denrée alimentaire, sur l'étendue de terrain qui doit y être affectée dans chaque propriété, enfin sur l'opportunité du mariage, sur la moralité, les ressources, les aptitudes qui doivent le permettre dans un cas et l'interdire dans un autre ? Sont-ce des lois possibles, celles dont personne ne voudrait, pas même les classes pour qui elles sont faites ? Conçoit-on une société tout entière soumise à *l'exercice*, pénétrée, fouillée à toute réquisition, comme la boutique d'un débitant !

Arrière ces énormités ! Les lois humaines ont mieux à faire ; elles doivent imiter ces lois de la Providence, qui tout en mettant l'homme aux prises avec lui-même et avec ses semblables, par la variété des instincts dont elle l'a composé, n'intervient dans ce débat que par le précepte mis dans nos cœurs, et par la sanction promise à nos actes.

Si l'ordre de faits où il faut porter remède est une lutte, un conflit ; si tel est le rapport du travail et du capital intervenir avant, intervenir après, contient toute la mission de l'État. Mais ici le précepte doit être explicite, la sanction doit être de ce monde : affaire d'éducation et d'impôt.

Inculquer à la classe inférieure un ensemble de connaissances et de principes destiné à la guider sur le terrain de la production, à la soutenir dans le combat de la vie ; frapper d'un impôt les classes élevées, et en appliquer le produit à l'assistance ou à la récompense du travail, tel est le programme où doit se renfermer l'intervention de l'État. Il ne s'agit, on le voit, que de doter plus amplement au budget l'instruction du peuple, et de créer, avec une contribution spéciale sur l'industrie, des ateliers de travaux publics et des institutions de secours et de prévoyance.

Charles Brook Dupont-White

Ici viennent s'offrir des voies toutes tracées, des commencements d'exécution, des précédents féconds et lumineux.

« Depuis la révolution de juillet, dit un savant écrivain, le législateur a donné pour commencer un million de francs pour l'instruction primaire et, dans une courte période, nous avons successivement porté jusqu'à douze millions les subventions du trésor et des départements [X]. »

Il ne s'agit maintenant que d'avancer dans cette route d'un pas ferme et hardi.

Trois classes de personnes sont à considérer ici : l'élève, le maître, le père. Pour l'un, plus d'instruction ; chez l'autre, plus de capacité ; au dernier, un dédommagement du temps dérobé au travail par l'étude, telles sont les améliorations à réaliser.

Pour satisfaire au premier de ces intérêts, c'est peu que l'instruction primaire soit gratuite comme elle l'est maintenant ; il faut de plus qu'elle soit obligatoire, selon l'exemple qui nous en est donné par la Prusse. Cette obligation, pour être fructueuse, doit en outre embrasser un cours d'étude plus étendu qu'il ne l'est aujourd'hui, celui de l'*Instruction primaire supérieure*, c'est-à-dire les éléments de l'histoire et de la géographie, le dessin linéaire et l'arpentage, des notions des sciences physiques et de l'histoire naturelle applicables aux usages de la vie, etc., selon le programme de la loi.

Ce premier progrès, le plus désirable de tous, en appelle et en implique deux autres sans lesquelles il serait impossible.

Le moyen de fonder de telles études, si l'on ne fait aux instituteurs un sort plus avantageux et plus assuré ? Où trouver des maîtres à deux cents francs, capables d'un tel enseignement ? Comment créer l'esprit de corps et toutes les garanties qu'il comporte, parmi des hommes que l'urgence des besoins, que la médiocrité de leur esprit peuvent seuls condamner à ces fonctions ingrates et précaires ? À côté du desservant qui touche 800 fr. de traitement, est-il juste de traiter avec tant de parcimonie l'homme à qui vous confiez l'enfance, et qui a charge d'âmes aussi bien que le prêtre ?

« Permettez-moi d'attirer votre attention sur la situation actuelle des maîtres d'école, disait lord John Russell à la dernière session du Parlement anglais. Il n'est point de fonction plus utile que la leur, ce sont des hommes sur lesquels nous comptons en grande partie pour l'instruction religieuse et séculière des masses, et cependant leur

Chapitre XXVIII.

traitement est pitoyable. Leur état est si peu tentant pour une personne d'éducation, que moyennement un maître d'école n'y reste pas plus de dix ans. J'interrogeai un jour, au sujet des instituteurs formés par les écoles normales, le secrétaire des *sociétés anglaises et étrangères pour les écoles*, il me répondit : « Nous avons à notre école beaucoup de jeunes gens habiles, qui sont très propres « à faire d'excellents instituteurs. Ils sortent, ils prennent une école ; mais il arrive « continuellement que, capables de se faire un sort plus lucratif, plus connu pour « tel, ils sont entraînés dans une autre carrière. Ils passent à des occupations plus « élevées, et laissent l'état de maître d'école à des personnes de connaissances « inférieures. Il y a là, selon moi, une calamité nationale, ajoutait l'orateur au « milieu de l'assentiment général ; car, si importante que puisse être la position « d'un commis dans une boutique, ou celle d'un homme de confiance dans une « manufacture, il n'y en a pas cependant de plus grave que celle d'enseigner la « jeunesse, celle d'élever les enfants qui formeront dans peu d'années le peuple de « ce pays. »

Une perspective d'avancement, un avenir de retraite, la juridiction de ses pairs pour chaque membre du corps enseignant, voilà les modèles et les moyens que nous offre le régime universitaire ! Voilà les procédés qui ont créé parmi ses professeurs, cet esprit de corps où l'homme sert de soutien et de stimulant à l'homme, où la fragilité de l'individu a pour appui l'exemple, les traditions, la conscience d'une classe entière. Dans l'Université, point d'administrateurs, point d'inspecteurs qui n'appartiennent au corps enseignant ; point de fonctions qui n'aient droit à une retraite sur les fonds de l'État. Au lieu de cela tout est défaveur et précarité dans la condition de l'instituteur primaire. La loi n'a pris soin ni de lui assurer une retraite, tout en grevant d'une retenue ses faibles appointements, ni de lui réserver les places d'inspecteurs, seul avancement qui semble permis à son ambition. Enfin, pour des manquements tous professionnels, elle le livre à des premiers juges qui ne sont ni ceux de sa profession, ni même ceux du droit commun.

Veut-on plus de savoir chez l'élève ? Il faut plus de capacité chez le maître, et pour cela, il faut offrir à cette capacité des avantages égaux à ceux qu'elle obtiendrait dans tout autre emploi.

Il faut quelque chose de plus encore : un enfant n'acquerra pas les connaissances de l'instruction primaire supérieure, sans passer plus de temps à l'école, sans lui consacrer même le commencement de

Charles Brook Dupont-White

l'adolescence. Grand préjudice pour la plupart des familles, où l'enfant continue d'être une charge alors qu'il pourrait leur apporter son contingent de gains et de ressources.

Le législateur peut d'un trait de plume déclarer l'école obligatoire, comme cela se fait en Prusse. Il peut interdire aux femmes le travail des mines, comme cela s'est vu dernièrement en Angleterre ; mais doit-il, dans l'intérêt de la société, infliger des pertes et imposer des sacrifices dont elle ne porterait point sa part ? Il est précieux pour le pays de mettre ordre à l'ignorance qui est le principe de tant de méfaits, et de s'assurer le déploiement de toutes les forces, le bénéfice de toutes les vocations qu'il recèle : on conçoit, à ce point de vue, tout ce que doit rapporter une instruction primaire gratuite, obligatoire, supérieure. Mais cet avantage, d'un caractère essentiellement public et national, pourquoi la communauté ne serait-elle pas tout entière à en supporter les frais ? Pourquoi pèseraient-ils de tout leur poids sur l'indigence de certaines familles ? Est-il juste qu'elles aient un ouvrier de moins, pour que l'État ait une chance de plus d'acquérir un grand citoyen ?

Indemnité pour le père dont le fils reste à l'école passé dix ans, tel serait le juste correctif d'une instruction primaire, obligatoire jusqu'à l'adolescence.

Reste à déterminer la forme, à rechercher le montant de cette indemnité.

Dès que l'État retient à l'école des enfants qui pourraient gagner leur pain, son obligation est toute claire : c'est ce pain qu'il leur doit, là du moins où la famille subirait une trop lourde charge à le fournir elle-même.

On se récriera sans doute sur l'énormité du fardeau qui semble imposé à l'État.

Quoi ! dira-t-on, du pain pour plus de trois millions d'enfants qui fréquentent les écoles primaires ? Vous n'y songez pas, vraiment : ouvrez donc le budget, et vous verrez que les vivres-pain de 314,000 hommes seulement ne coûtent pas moins de 17 millions.

Ces chiffres sont exacts ; mais tout en partant de cette donnée, que de circonstances faites pour atténuer le sacrifice demandé à l'État ! N'oublions pas qu'il s'agit d'enfants et non point d'hommes à nourrir : que parmi ces enfants, ceux-là seulement ont droit au pain, qui ont plus de dix ans ; enfin que le nombre des rations primaires ainsi réduit, comporte une dernière élimination encore plus importante, celles que les conseils municipaux pourraient prononcer à l'égard des familles réputées capables de nourrir leurs enfants à l'école. Le principe ci le mode de cette réduction est écrit déjà dans la loi du 28 juin 1833 : « Seront admis gratuitement dans l'école communale ceux des élèves de la commune que les conseils municipaux auront désignés comme ne pouvant payer aucune rétribution ».

Au surplus, il est un document qui peut nous édifier à souhait sur l'importance financière de cette mesure, et qui contient tous les détails élémentaires d'une évaluation assez exacte. Le dernier rapport au roi sur la situation de l'instruction primaire en 1843, porte à 3,164,297, le nombre des enfants qui fréquentent les écoles primaires. D'autre part, il compte environ 600,000 enfants qui semblent appartenir par leur âge à l'instruction primaire et qui sont restés jusqu'ici étrangers aux écoles ; de ce dernier nombre il déduit une moitié qui comprend tous les enfants de familles riches ou aisées, élevés dans la maison paternelle, et de là dans les établissements d'instruction secondaires [1]. À ce compte il n'y aurait pas plus de 3,400,000 enfants auxquels s'appliquerait l'obligation de suivre les écoles. — Que si l'on veut arriver de ce chiffre à celui des élèves qui auraient droit à l'indemnité de nourriture, il faut rechercher d'abord quel est le nombre actuel de ceux qui sont admis gratuitement et qui seraient seuls investis de ce droit : il est de 704,541 aux termes du document déjà cité [2]. Ajoutez-y, si l'on veut, les 300,000 enfants désignés plus haut comme ne recevant aujourd'hui aucune instruction primaire ; retranchez du total la moitié des élèves comme inférieurs à l'âge de dix ans, et vous vous trouverez en présence d'un chiffre de 500,000 enfants, seuls admissibles aux prestations de vivres.

Que le sacrifice délimité de la sorte soit encore considérable, que la dépense ainsi réduite ne laisse pas que d'être fort onéreuse, on en conviendra sans peine ; mais la question n'est pas là. Il faut voir si l'éducation du peuple est trop chère à ce prix, et comparer les moyens, si dispendieux qu'ils soient, à l'importance de la fin. Il faut voir en outre si le fardeau est hors de proportion avec celui que s'impose la communauté, au profit de l'enseignement secondaire. — Or, il y a une subvention de 2 millions pour les collèges communaux qui n'ont que

---

[1] Voir ce rapport, p. 52 et 55.

[2] Voir p. 129, même document.

Charles Brook Dupont-White

26,000 élèves [1]. Comment marchander une subvention, fût-elle dix fois plus forte, aux écoles populaires qui comptent leurs élèves par millions ?

Reste une objection qui s'en prend, non pas au montant, mais au principe de l'allocation.

Fonder sur ces bases l'instruction primaire, c'est, selon quelques esprits, un acquiescement implicite à ces théories insensées qui investissent l'État de tous les biens comme de tous les pouvoirs, et qui l'érigent en pourvoyeur de tous les besoins, en dispensateur suprême de toute richesse et de tout travail.

Accusation peu méritée. — Loin de nous la pensée que l'État ait le droit de tout prendre pour s'acquitter du devoir de tout faire.

Il y a cependant certaine portion de la richesse individuelle que l'État s'approprie sans scrupule : c'est l'office de l'impôt. Il y a certains besoins individuels qu'il défraye sans conteste : ce sont ceux auxquels répondent le prêtre, le juge, l'ingénieur. Les services que ces fonctionnaires rendent aux particuliers, constituent autant de services publics : on sait de reste que l'administration de la justice, l'exercice du culte, les voies de communication sont à la charge de la communauté tout entière.

C'est à ce principe seulement que l'on fait appel, en demandant pour l'instruction primaire gratuité et indemnité.

Il y a des sociétés qui, jusqu'à un certain point, laissent aux individus le soin et la charge de leur culte, de leurs routes et même de leur justice. L'usage de la voie publique n'est pas gratuit en Angleterre, ni celui des églises en Amérique ; et l'on se souvient du temps où le juge, en France, avait ses honoraires.

Tel n'est pas ou tel n'est plus le fait de la société française. Il n'en est pas qui ait porté plus loin la limite de ses obligations, et qui ait pris à sa charge plus de besoins à défrayer. Ses maximes, à cet égard, sont loin de se démentir. La part considérable de l'État dans l'exécution des chemins de fer, le casuel du prêtre, si vivement critiqué, et celui des juges de paix, aboli depuis peu, voilà les marques nouvelles et irrécusables du progrès de l'intervention publique.

À coup sûr, il y a là une base de justice et de bon sens. On a pensé sans

---

1 Voir le rapport au roi sur la situation de l'instruction secondaire en 1843.

« Les subventions communales, dit M. Villemain, s'élèvent aujourd'hui, pour 505 collèges, à 1,997,738 fr. : les collèges ont 26,584 élèves. »

doute qu'il n'y aurait plus de société si certains besoins essentiels de l'homme étaient rationnés au gré de son indigence ou de sa richesse, si la paix de la conscience, le redressement des griefs, la faculté de locomotion ou de transport, étaient choses vénales et tarifées.

Utiles et sages maximes, nul ne sera tenté d'en disconvenir. Mais, comment fermer les yeux sur le complément qu'elles appellent ? Comment nier que l'instruction primaire n'ait sa place marquée, comme service public, à côté de ceux que l'on vient d'énumérer ? Adoucir et épurer les mœurs du peuple, étendre et rectifier son intelligence, le préserver de l'étiolement et de la dégénération, n'est-ce pas chose qui touche de près à la sécurité comme à la grandeur de l'État, et qui mérite au plus haut degré ses soins et ses dotations ?

Y a-t-il un plus grand péril pour la société que ces masses perdues d'ignorance et de brutalité, qui frémissent à sa base ? Un plus grand intérêt que de les préparer, en cultivant leur enfance, au respect de la loi, à l'accomplissement du devoir et au bon usage de la liberté ?

Nous ne voulons pas récriminer : nous concevons la haute importance des cours gratuits de l'enseignement supérieur, des encouragements destinés aux sciences et aux lettres, de ceux même qui s'adressent aux arts de moindre considération. — Ces dépenses, ces allocations de toute sorte nous semblent parfaitement motivées, et celles même dont pourraient s'indigner quelques esprits chagrins, nous n'aurions garde de les réprouver ; car elles ont le mérite d'entretenir dans leur fleur certaines qualités exquises et déliées, goût, sensibilité, politesse, élégance, qui sont une décoration sociale et le complément voulu d'une civilisation florissante.

Il faut cependant le reconnaître, tout cela n'a de valeur que comme fragment d'un ensemble complet et harmonieux, où même part soit faite aux besoins de même importance, aux plus primitifs comme aux plus raffinés ; où les sujets d'élite soient appelés, par tous les secours et tous les stimulants, à conquérir la plus haute perfection, mais aussi où nul ne languisse abandonné à l'abjection de l'esprit, à la grossièreté des sentiments ; où l'on entende enfin par progrès, non seulement l'intensité, mais la diffusion des lumières et des vertus.

Quoi ! La subvention de *l'Académie royale de musique* serait une charge publique, et l'on refuserait ce caractère à l'éducation du peuple ? La place du riche à l'Opéra serait défrayée en partie par la communauté

Charles Brook Dupont-White

tout entière, et celle de l'enfant pauvre sur les bancs de l'école resterait à la charge de sa famille ?

On n'insistera pas sur cette insoutenable anomalie. Toutes les allocations d'encouragement pour les arts et les lettres, l'assistance des bibliothèques, l'excitation des cours, la perspective de l'Institut, tout cela n'est pas de trop pour porter à leur plus haute valeur, pour élever à l'état de types, certaines natures privilégiées qui doivent poser, comme guides et modèles, au faîte même de la société. Mais aussi bien, c'est trop peu pour les masses qu'une institution primaire, gratuite par exception, et qui refuse à l'élève, au maître, au père, tout ce qui pourrait en faire un bienfait sérieux et profond.

Ainsi, tout se tient et se justifie dans cette réforme de l'instruction primaire, non-seulement l'étendue des sacrifices, qui n'ont rien de supérieur, toute proportion gardée, à ceux dont on subventionne l'enseignement secondaire, mais encore le principe même de ces sacrifices, identique de tout point à celui qui érige en services publics, en charges de la communauté, en dépenses du souverain, la satisfaction de certains besoins de l'individu, primitifs et élémentaires.

Nous n'avons pas tout dit ; un dernier aspect de la question reste vague et indécis. C'est un progrès en soi que l'éducation du peuple prolongée et complétée, on n'en saurait douter, mais est-ce bien celui qu'il faut pour corriger les fâcheuses influences du régime industriel ?

Nous en conviendrons tout d'abord : si l'instruction primaire, telle qu'on vient de l'expliquer, avait pour unique effet d'élever les supériorités naturelles au rang qui leur appartient, le résultat serait incomplet et défectueux. Il n'y aurait là que du saint-simonisme, c'est-à-dire beaucoup pour la capacité, rien pour l'humanité. Or, l'essentiel n'est pas que chacun soit à sa place, mais que la dernière place soit tenable, puisque c'est un homme qui l'occupe.

N'oublions pas de quel point nous sommes partis à la recherche d'un palliatif.

Abréviation de la vie, appauvrissement de la race, propagation des délits, tels sont les faits qui éclatent parmi la classe ouvrière. Le principe de ces faits, on ne peut s'y méprendre, c'est la misère et le vice, qui dérivent eux-mêmes de l'industrie. Nous avons expliqué déjà comment elle agit de la sorte sur la condition et le caractère du travailleur.

Sans parier de son entreprise incessante sur le prix du travail, elle a des choses qui mettent au défi la prévoyance et l'épargne ; telle est l'instabilité des salaires. Elle en a d'autres qui sont d'insoutenables épreuves pour l'ordre, la tempérance et les mœurs ; telles sont l'agglomération et le pêle-mêle.

Plus de lumières et de culture donneront plus de force à l'ouvrier pour avoir raison des unes et des autres. — Non-seulement les hommes supérieurs, nés parmi le peuple, y puiseront de quoi monter plus haut, mais la moyenne des esprits, mais la majorité qui doit perpétuer cette classe, y gagnera le surcroît de prudence et de combinaison dont elle a besoin à chaque pas. Ce qu'elle verra plus nettement, elle le pratiquera plus volontiers, et les effets dûment connus d'une conduite déréglée, du salaire gaspillé, des unions précoces, des mariages trop féconds, n'en auront que plus de chances d'être évités et neutralisés. — Le maître aura désormais en face de lui un ouvrier plus laborieux et plus économe, c'est-à-dire plus capable de débattre son salaire et de se suffire, en attendant des conditions équitables. Cet ascendant que le maître exerce sur les vices d'un ivrogne, sur les besoins d'un père de famille, ces avances de salaire qui assurent sa domination et qu'a si justement flétries M. Villermé, tout cela lui échappera, le jour où les qualités d'ordre et de prudence viendront à l'ouvrier. Que si le travailleur succombait quelquefois dans cette lutte contre l'intermittence des salaires et contre la misère qui en découle, l'éducation qu'il a reçue le sauverait au moins de ces conséquences de mortalité et de dépravation qui semblent inhérentes à l'indigence. Entré dans les ateliers à l'âge de quinze ans seulement, il ne s'est pas étiolé de bonne heure dans leurs fatigues et leur insalubrité. Élevé dans les notions d'une saine morale, il sera moins accessible aux suggestions souvent criminelles de la misère et du désespoir.

Voilà l'éducation, voilà le précepte que la société doit aux classes laborieuses, et qui figure au premier, rang dans le programme de ses obligations envers le travailleur. Quelques-uns penseront peut-être que, cela, fait, la société est quitte de tout devoir, et que le travailleur, ainsi prémuni, peut être livré à ses œuvres et à sa destinée ; que le bien-être et la souffrance seront la juste sanction de son obéissance ou de ses infractions aux lois dont il a été dûment instruit. Ce n'est pas ainsi que nous comprenons cette sanction, invoquée plus haut comme le complément de l'intervention sociale. Il n'y a pas que l'ouvrier qui soit sujet à des règles et qui doive porter la peine de leur oubli : à côté

Charles Brook Dupont-White

des principes qui lui font un devoir de l'épargne et de la prévoyance, il y a ceux qui imposent au maître la modération et l'équité envers ses semblables, attachés à la même œuvre dans des conditions précaires et subalternes.

Or, nous l'avons constaté maintes fois, il n'y a rien de plus certain que la méconnaissance et la violation de ces principes. C'est donc là que doit porter la peine, la sanction : la forme la plus douce qu'elle puisse revêtir est celle d'une réparation pour les maux inhérents à la loi violée.

La nature du grief ne saurait laisser de doute sur le redressement qu'il comporte. À l'intermittence des travaux de l'industrie privée, à l'insécurité dont elle frappe le travailleur, aux chômages qui accompagnent souvent le débat des salaires, le correctif qu'il faut, c'est l'assistance des ateliers de travaux publics. Le moyen n'est pas neuf, mais jusqu'à présent il a été une charge pour les communes, un expédient pour les crises. Il lui manque de prendre un caractère plus régulier, plus légal, et de se faire défrayer par qui de droit.

L'industrie, d'où vient presque tout le mal, doit supporter seule les frais de ce correctif. C'est assez dire qu'ils doivent peser sur les patentés, représentants de l'industrie aux yeux du fisc, et spécialement sur ces catégories que le compte général de l'administration des finances a groupées sous le nom d'*établissements industriels*. Là se rencontrent les fabricants à métier, les filateurs de laine et de coton, les entrepreneurs de moulins à soie, les entrepreneurs de fonderies, de forges, de verreries, d'aciéries, de blanchisseries, de papeteries, etc. C'est bien là qu'il faut demander les centimes additionnels destinés à l'assistance des classes ouvrières.

Classés comme dépense obligatoire du département, votés par les conseils-généraux, employés sous leur contrôle, placés sur les fonds publics dans les années qui n'en comportent pas l'emploi, ils constitueraient la dotation du travail, la providence des crises.

Craindrait-on de surcharger ces diverses catégories de patentés ? Mais sur les 44 millions dont se compose l'impôt des patentes, elles n'en payent que 3, ce qui fait pour chacun de ces contribuables une cote moyenne de 8 fr. Toutes les catégories, toutes les classes du tarif des patentes, excepté deux, ont une moyenne d'impôts supérieure à cette cote de la haute industrie et des grands capitalistes.

Serait-ce par hasard une anomalie que des centimes ajoutés à une seule branche des contributions directes ?

Rien de moins exact. Le budget des recettes fait foi de centimes additionnels qui ne grèvent que certaines de ces contributions. Tels sont, par exemple, ceux qui pourvoient aux *dépenses ordinaires des départements, aux dépenses facultatives d'utilité départementale, aux dépenses du cadastre.* L'impôt des patentes est exempt de cette addition, qui ne pèse que sur les contributions foncière, personnelle et mobilière. Comment pourrait-il se plaindre d'une surtaxe justifiée par ce précédent, et compensée par cette faveur ?

Nous opposera-t-on que la ressource est insuffisante pour la fin qu'on se propose ; que la surcharge de certaines patentes, fût-elle de deux millions, ne pourrait rien pour l'adoucissement d'une crise ; qu'il faudrait ici des francs et non des centimes additionnels ?

L'objection est fort naturelle, Mais nous rappellerons, à ce propos, ce qui s'est passé à Lyon pendant l'hiver désastreux de 1837. Avec 120,000 f., un administrateur habile [1] a su préserver de la faim et de la révolte une population qui arrivait aux dernières limites du désœuvrement et de la misère. Il ne lui en a pas fallu davantage pour ouvrir des ateliers de travaux publics à tout ce qui souffrait des angoisses de la crise ou de la rigueur de la saison. Mémorable exemple d'une grande charité faite à peu de frais ! On a vu là tout le bien qui est possible avec de faibles ressources quand elles sont aux mains d'une autorité intelligente, d'une initiative forte et dévouée qui provoque le concours de toutes les lumières et de toutes les sympathies. N'oublions pas d'ailleurs que les années de crises auraient pour elles les fonds laissés sans emploi par les années normales, et que les économies faites dans les temps ordinaires viendraient en aide aux temps de chômage et de détresse.

Tel est le couronnement désirable des bienfaits de l'instruction populaire. Vainement aurait-elle des préceptes de prévoyance, de calcul, d'économie ; il y a des époques désastreuses qui ne se laissent ni pressentir ni conjurer ; il y a des pauvres d'esprit incapables de concevoir et de pratiquer ces enseignements. La surtaxe des patentes serait le fonds de secours alloué à ces souffrances et à ces incapacités.

---

1 Voir dans M. Villermé le détail des mesures prises à Lyon, en 1837, détail dont M. Rivet, préfet du Rhône à cette époque, nous a lui-même confirmé l'exactitude, (t. II, p. 194.)

Charles Brook Dupont-White

Les mesures exposées jusqu'ici ont uniquement pour but d'élever le prix pécuniaire du travail. Celles qui s'offrent tout d'abord pour en élever le prix réel, c'est-à-dire pour abaisser le prix des choses consommées par le travailleur, ne sont autres que la liberté du commerce.

Dire que cette baisse, en diminuant le profit des capitaux industriels, réduirait la demande et le prix du travail, c'est s'arrêter à la surface des choses. Le fait est que l'épargne universelle, créée par le bon marché d'une foule de produits, susciterait d'autres capitaux destinés tôt ou tard à combler cette lacune. Qui d'ailleurs, pensa jamais à brusquer cette réforme ? Annoncez, ménagez la transition, et les capitaux protégés, émigrant à loisir vers les emplois où ils peuvent se passer de l'être, n'éprouveront pour leur compte et n'infligeront ailleurs ni souffrance ni chômage. Dans un pays dont le territoire est vaste et fertile, mieux doué pour l'agriculture que pour l'industrie, la liberté du commerce a cet insigne avantage de tourner les capitaux vers le sol. N'est-ce pas là qu'ils trouvent leur emploi le plus lucratif, des qu'ils perdent avec le monopole, le bénéfice de l'emploi industriel ? Tels seraient pour la France les bienfaits de cette liberté. Égarée par le régime prohibitif dans les voies manufacturières, elle serait rendue par le régime libéral à l'agriculture qui est son aptitude naturelle, et peu à peu elle verrait s'atténuer tous les désastres qu'elle avait rencontrés dans sa fausse route, tous les maux inhérents à la production industrielle.

Compter une liberté parmi les remèdes que l'on demande à l'action du pouvoir, c'est chose étrange a première vue : mais au fond nul projet favorable aux masses ne demanderait tant de vigueur et d'énergie de la part de l'État. Le monopole industriel a pris la consistance d'une propriété, aux yeux de qui l'exploite. Peu d'intérêts sont intraitables à ce point, et l'on sait que jusqu'à présent il a repoussé avec affront toutes les tentatives du pouvoir pour l'entamer et le circonscrire.

Peut-être nous demandera-t-on si tel est le dernier terme des améliorations possibles et si c'est là tout ce qui peut tenir, en fait de réformes, dans les limites du programme assigné à l'intervention de l'État.

Non assurément ; nous n'avons procédé jusqu'ici que par esquisse et par aperçu. Démêler les intérêts d'une classe et déterminer la satisfaction qu'il leur faut, est œuvre de sagesse collective, œuvre

Chapitre XXVIII.

de législation. Tout individu a échoué, qui s'est mesuré à pareille difficulté. L'illustre auteur de la *Dime Royale* n'avait fait là qu'un plan de réforme pour l'impôt, et cependant, tout Vauban qu'il était, il aboutit à l'absurde : démonstration qui fut faite un siècle plus tard, lorsque l'assemblée constituante discuta la théorie de l'impôt en nature. — Ce n'est pas tout : pour exécuter ce qu'elle a su découvrir, cette sagesse, cette loi doit émaner de ceux qui souffrent, ou du moins doit s'inspirer de leur mandat. Des classes étrangères à cet intérêt n'en prendraient nul soin, ou plutôt n'y apporteraient qu'obstacle et résistance. Rien de plus historique que l'indifférence de la classe représentée pour les souffrances de la classe exclue : rien de plus scientifique que la diversité d'intérêts qui sépare ces deux classes.

La société a donc un autre devoir à remplir envers les classes inférieures, qui est de les admettre au Gouvernement, en les appelant aux élections ; devoir suprême et capital, car il garantit l'accomplissement de tous, les autres, et promet seul aux intérêts délaissés jusque-là discernement et satisfaction.

La réforme politique n'est pas de ces questions que l'on traite en passant et par parenthèse. Mais il y a un élément nouveau introduit dans ce débat par l'antagonisme que nous avons observé, entre les salaires et les profits. Si cette théorie est exacte, elle fait tomber une des objections la plus accréditées à toute extension des droits politiques.

C'est par ce côté seulement que l'on veut toucher à cette grande controverse.

On assistait, il y a quelques années, à une lutte parlementaire des plus vives sur un sujet fort médiocre, l'adjonction des capacités aux listes électorales. À l'abondance et à la force des raisons alléguées par les partisans de la mesure, le ministre doctrinaire n'opposa que cet argument :

« Dans un pays où les castes sont abolies, où le droit commun n'a pas d'exceptions, où tous les intérêts sont égaux et identiques, c'est chose insignifiante que le nombre des lecteurs. — Il en serait autrement sous un régime de privilèges et de pouvoirs héréditaires. C'est alors que les classes non privilégiées ont besoin de nombreux électeurs : il ne leur faut pas moins que cette puissance visible et matérielle du nombre pour balancer le prestige des castes supérieures. Mais en France, à quoi bon

Charles Brook Dupont-White

quelques électeurs de plus ou de moins, pour désigner les représentants d'un seul et même intérêt qui règne dans tout le pays, qui réunit toutes les classes de la nation et qui a fondé à jamais l'unité de la société, française ?)

Admirable théorie, mais le moyen de l'appliquer à une société dont la grande affaire est de produire, affaire qui met aux prises, qui constitue en état de lutte permanente les principales classes de la population ?

Comment reconnaître dans ce conflit essentiel des divers agents de la production, cette identité, cette fraternité d'intérêts qui est le fond de l'argument doctrinaire ?

Si, avec ces mœurs, une société est régie, non, par un monarque absolu, mais par des assemblées représentatives ; si les lois qui en émanent le plus souvent, lois d'impôt, de douanes, de banques, de travaux publics, intéressent essentiellement l'œuvre de la production, il faut bien le reconnaître, c'est chose importante au premier chef que l'extension des droits politiques, que l'accroissement du nombre des électeurs. Car il n'est pas d'autre moyen de se faire écouter et compter, pour les divers intérêts engagés dans cette œuvre et atteints par ces lois.

Il y a trois agents de production, terre, capital, travail. — Est-il juste que les deux premiers soient seuls représentés dans les conseils de la nation ? L'intérêt du travail, c'est celui des masses, c'est le bien public. Étrange cité où l'on ne consulte là-dessus que des voix acquises à l'égoïsme de certaines classes, à l'hostilité de certains intérêts. Mieux vaudrait le pouvoir d'un seul ; il n'aurait pas au moins ces infatuations de propriétaire et de capitaliste, où s'éteint le sentiment, l'intelligence, la sollicitude des intérêts généraux.

Jeu d'esprit et boutade, allez-vous dire : nous en appelons de ce reproche à l'histoire des quarante dernières années. Elle nous montre la défaillance du progrès économique à côté du progrès politique, et l'intérêt des masses tombant dans l'oubli, le jour où la nation semble appelée au maniement de ses affaires. On a vu plus haut la prohibition des céréales étrangères, naître et grandir avec le gouvernement représentatif : ou n'a pas tout vu. — Jusqu'en 1816, point de droits d'entrée sur le bétail : à cette époque un droit de 3 francs par tête sur les animaux de la race bovine ; et en 1822, un droit de 50 francs [1]. — En

---

1 Voir la foi de finances du 28 avril 1816. *Douanes*, titre I, art. 5. La loi du 25 juillet

Chapitre XXVIII.

1806, le fer en barres payait 4 francs d'entrée par quintal ; mais en 1814 il dut en payer 15, et aujourd'hui, sous le régime d'une loi de juillet 1836, il en paye 18 fr. 75 c. [X]. On verrait, en poursuivant ces études, une hausse analogue dans les droits imposés aux laines, aux suifs, aux cuirs étrangers.

Voilà le profit des droits politiques, voilà les fruits de la liberté pour la classe des propriétaires. Les avantages n'en sont guère moindres pour les autres classes représentées au Parlement — à preuve, cette multitude de prohibitions qui protège les fabricants ; ce nombre immuable des officiers ministériels, que l'État devrait augmenter dans une société croissante en richesse et en activité ; enfin cette longanimité du trésor éternisant une dette onéreuse dont il pourrait rembourser le fonds aux termes du droit commun, ou réduire l'intérêt au prix courant du loyer des capitaux.

Les lois, il est vrai, ne sont pas uniquement faites par des assemblées exclusives et égoïstes ; il y faut le concours d'un troisième pouvoir qui semble le représentant naturel, le tuteur nécessaire des intérêts généraux. Mais ici se révèle le vice capital du régime sous lequel nous vivons, régime ainsi fait, que les premiers soins de l'homme d'État sont pour lui-même, pour son existence, pour ses prérogatives de ministre ou de monarque. Là où le pouvoir est partagé, c'est-à-dire livré à des entreprises et à des assauts perpétuels ; où la lutte prend à chacun, gouvernement ou parti, toute sa force, toute sa pensée, c'en est fait de l'intérêt des masses, parce que c'en est trop pour l'État que d'y veiller et d'y pourvoir ; dans le désordre de la mêlée, dans les angoisses du sauve qui peut, sa première trahison sera celle du bien public.

Prenez garde, nous dira-t-on ; avez-vous oublié qui proposa, dès il y a vingt ans, la conversion des rentes ; qui tenta de réprimer les exactions des officiers, ministériels ; qui défendit toujours, et notamment, en fait de prohibition céréale, la thèse la plus modérée et la plus équitable ?

Nous le savons, c'est l'État ; mais la force ne fut jamais chez lui au niveau de l'intelligence, et toujours on le vit plier devant la coalition des intérêts privés. Résultat infaillible ! N'a-t-il pas assez des inimitiés que lui fait l'ambition déçue, sans encourir celles que lui susciterait la cupidité mécontente ?

Il est si naturel aux classes représentées de pourvoir uniquement à

1822, art. 1.

Charles Brook Dupont-White

leurs intérêts, d'établir et de poursuivre leurs calculs à travers l'utilité générale, que toutes les lois rappelées tout à l'heure, sont encore debout et presque intactes à l'heure qu'il est. Une révolution faite dans la rue et des mains du peuple, n'a rien changé, à cet esprit de nos assemblées qui, puisant leur mandat aux mêmes sources, ont persisté dans les mêmes voies.

Un fait s'est produit depuis quelques années, qui n'infirme nullement cet aperçu, c'est la réaction de l'intérêt industriel contre l'intérêt agricole, et la lutte qui s'est ouverte entre diverses branches de la classe manufacturière. Tel est l'esprit de la loi de douane qui, en 1836, réduisit les droits sur les fers, les laines, les huiles, les cotons filés : réformes insignifiantes, car le résultat comme l'intention de ces dégrèvements, est uniquement favorable à l'intérêt de certains producteurs, et, notons-le bien, de producteurs *représentés*. Il y paraît aux droits réduits sur les matières premières, tandis qu'ils sont maintenus sur les dérivés. Le fer en barres, par exemple, est dégrevé à l'entrée, mais le fer plus amplement façonné continue à subir les mêmes taxes. Grand avantage pour les industries indigènes en possession de le façonner, lesquelles peuvent désormais produire à moins de frais, et néanmoins vendre au même prix, puisque les produits similaires de l'étranger demeurent taxés à l'entrée comme auparavant ; il n'y a d'oublié là, comme on le voit, que l'intérêt du consommateur.

Qu'on nous passe un détail des plus significatifs, sur ce que l'on gagne à être représenté, sur ce qu'il en coûte d'être exclu.

La loi de 1836 a réduit les droits d'entrée sur les *chaînes en fer ou câbles,* tandis qu'elle laisse subsister même droit qu'auparavant sur les *faulx*, un droit de 150 francs par quintal. Pourquoi dans un cas seulement cette exception au principe que l'on signalait tout à l'heure, et qui borne les dégrèvements aux matières premières ? La raison en est simple, c'est que le produit dégrevé est à l'usage des armateurs, classe éminemment représentée, tandis que l'autre n'a que des consommateurs frappés la plupart d'exclusion politique [1].

On sait la prodigieuse théorie de M. de Maistre, suivant laquelle les nations peuvent avoir des représentants qui ne soient pas leurs

---

1 Le rapporteur de la loi du 2 juillet 1836 était l'honorable M. Ducos, député de Bordeaux. Personne, que l'on sache, ne représentait dans la commission ces journaliers de la campagne qui font métier de se louer avec leurs outils pour les travaux des foins, de la moisson, de la vendange.

Chapitre XXVIII.

mandataires, à l'instar des tuteurs qui ne tiennent leur mandat que de la loi.

Il y aurait à ce compte un ascendant occulte de la pensée publique sur celle des pouvoirs constitués, une infiltration du sentiment de tous dans l'enceinte législative, et je ne sais quel entraînement gratuit et spontané du législateur vers la satisfaction des intérêts généraux.

Que penser de cette métaphysique, lorsque l'on voit nos assemblées sacrifier à ce point les intérêts du peuple qui les a sauvées en 1830, mais qui depuis lors ne les a pas plus nommées qu'auparavant ?

Il est vrai qu'en Angleterre la loi des céréales si détestée du peuple, touche au moment d'être modifiée pour lui et sans lui. Mais cette loi n'est pas odieuse seulement au peuple ; elle l'est également à toute une classe influente, riche et représentée, qui veut justice pour elle-même et qui l'obtiendra pour les masses, en passant.

On ne veut pas sans doute ramener le triomphe des intérêts généraux, en subissant celui du pouvoir absolu. — Que reste-t-il donc, si ce n'est d'appeler là où se font les législateurs, ces classes exclues dont l'intérêt n'est autre que celui de la majorité, et qui, en régnant à leur profit, régneraient pour le bien des masses et de la communauté tout entière.

En résumé l'intérêt des classes inférieures n'est jamais si près d'être méconnu que dans un gouvernement libre, soit que l'on entende par là un gouvernement faible, car il sera impuissant à protéger cet intérêt ; soit que l'on appelle ainsi un gouvernement fort aux mains de certaines classes, car il fera prévaloir sur tout autre l'intérêt de ces classes. À cela quelques exceptions sans doute : le bien public est le grand prétexte des partis, si c'est le moindre de leurs soins, et ce champ de bataille sera quelquefois fécondé par les concessions qu'ils s'arrachent les uns aux autres. Mais le principe et le fond même de toute politique représentative n'en sera pas moins le triomphe exclusif des intérêts représentés. Les partis se mesureront de préférence sur quelque controverse étrangère à ces intérêts. N'a-t-on pas vu, sous la restauration, tous les partis consentir les lois déplorables que l'on rappelait tout à l'heure, et réserver leur colère pour le sacrilège et la septennalité ?

Est-ce à dire qu'il faille revenir à la monarchie absolue ? Non, mais à la représentation de tous les intérêts, et surtout de cet intérêt quasi universel du travail…. Réforme d'autant plus nécessaire, que le remède ne consiste pas dans quelque mesure une fois aperçue et réalisée, mais

Charles Brook Dupont-White

dans un ensemble de mesures qui, pour être découvertes, pratiquées et maintenues, veulent en permanence l'inspiration et le contrôle des parties intéressées.

Un mot avant de finir, un dernier mot à l'optimisme sur cette diffusion de la félicité sociale qui n'a pas attendu, dit-on, celle des droits politiques, et qui peut s'en passer à l'avenir comme elle a fait jusqu'à présent.

Nous ne contesterons ici ni le fait, ni les symptômes, ni l'universalité actuelle du progrès. — Il s'est opéré sans doute un grand morcellement du sol — la longévité nationale s'est accrue de quatre années — il y a enfin, c'est M. Moreau de Jonnès qui nous l'enseigne, dix millions de consommateurs de blé, en sus de ce qu'il y avait sous le règne de Louis XIV.

Mais à côté de ce bien-être, il faut noter la condition de tout ce qui s'appelle journaliers de l'industrie agglomérée : là, nulle propriété ; mais une vie qui s'abrège, une alimentation qui se détériore, une race et une moralité qui tombent en ruines.

Prendre son parti de cette déchéance, parce qu'elle n'affecte qu'une faible minorité de la nation ; exalter ce progrès, parce qu'il règne partout ailleurs, serait d'un jugement exact mais borné [1].

Veut-on savoir ce que valent ces deux faits ? Il faut les étudier dans leurs causes et dans leur avenir.

Or, le progrès a un principe évident et unique, qui n'est autre que le déplacement révolutionnaire de la propriété. Fait immense et bienfaisant, auquel remontent toutes les traces de bien-être énumérées tout à l'heure, mais susceptible de défaillance, d'altération, et qui n'est pas de ceux assurément dont la source soit toujours ouverte, la cause toujours vivante et toujours prête à entretenir, à renouveler, à perpétuer ses œuvres. Un grand capital, il est vrai, a été répandu parmi les masses ; mais doit-il y rester ? Et n'avons-nous pas vu plus haut, officiellement vu, la tendance qu'ont gardée les capitaux à se réunir et à se concentrer dans un petit nombre de mains ?

Quant au principe d'étiolement et de dépravation qui pèse sur certaines classes, il y a là un fait d'une toute autre valeur, car c'est celui

---

1 La classe ouvrière en soie, laine et coton, d'après M. Villermé, ne se compose que de 2,234,900 personnes. Ce chiffre comprend les ouvriers et leur famille, c'est-à-dire tout ce qui vit du travail industriel. La moyenne de M. Villermé est de trois personnes pour chaque salaire.

Chapitre XXVIII.

de l'industrie, c'est-à-dire d'une cause actuelle, incessante, progressive, qui n'agit pas encore sur les masses, mais qui tend à les gagner et à les posséder. Chaque jour ce sont de nouvelles conquêtes de l'industrie sur le domaine de l'agriculture…. C'est à son profit apparemment que depuis vingt-cinq années le nombre des familles agricoles a subi cette diminution d'un sixième, constatée par le ministère de la guerre.

Ainsi, la société est livrée à deux influences de l'ordre économique — l'une toute salutaire, mais penchant vers son déclin, frappée d'épuisement, à bout de moyens et d'effets — l'autre, d'une insigne malfaisance, qui ravage les mœurs, les tempéraments, les esprits : c'est cette dernière qui est en voie d'expansion et d'envahissement.

Singulier moment sans doute pour refuser une arme politique aux classes qui portent tout le poids de cette situation, toutes les menaces de cet avenir !

FIN

ISBN : 978-1511751339

Charles Brook Dupont-White